巷肆前尘

民间语境下的军民、团结、抗震、胜天四里巷

张振东／著

天津出版传媒集团
天津古籍出版社

图书在版编目(CIP)数据

巷肆前尘：民间语境下的军民、团结、抗震、胜天四里巷 / 张振东著. -- 天津：天津古籍出版社，2018.6

(汛海文丛 / 王振良主编)

ISBN 978-7-5528-0693-9

Ⅰ.①巷… Ⅱ.①张… Ⅲ.①城市道路—史料—河北区 Ⅳ.①K922.13

中国版本图书馆 CIP 数据核字(2018)第 108561 号

巷肆前尘：民间语境下的军民、团结、抗震、胜天四里巷

张振东 著

出版人 / 张玮

*

天津古籍出版社出版

（天津市西康路 35 号　邮政编码：300051）

http://www.tjabc.net

天津市天办行通数码印刷有限公司印刷

全国新华书店发行

开本 880×1230 毫米　1/16　印张 37.75　字数 372 千字

2018 年 6 月第 1 版　2018 年 6 月第 1 次印刷

ISBN 978-7-5528-0693-9

定　价：120.00 元

复活历史的记忆

王振良

这部《巷肆前尘》,是问津书院推进“口述津沽”的新成果,涉及巷肆创意产业园及其周边四个里巷——军民里、团结里、抗震里、胜天里。顾名以思义,可知这是1976年唐山地震的产物。此地初为旧式里巷,以低矮平房为主,地震时损毁严重,1981年天津市政府统一规划,改建为砖混结构住宅楼并命名。在这约10万平方米的地段里,旧时痕迹今已了无踪影,而同时失去的,还包括相关的历史记忆。在长达数十年的时间,天津历史文化的研究者,对这里几乎“失语”。

偶然接触张振东先生,慢慢改变了我的看法。张先生的家,离这四处里巷不远。他在报刊或博客发过些短文,触及的话题时常落在四处里巷之内。后来见面渐多,闲谈之中能够感到他的塌实——不但勤奋,而且能干。其时,我已在规划问津书院五周年纪念丛书,于是趁机鼓动张先生,希望他集中一段时间,采访生活在四处里巷的居民,搜集些已经被遗忘的往事,然后纳入纪念丛书正式出版。这样的历史记忆发掘，对于巷肆创意产业园，还有处于其间的问津书院，无疑都是有意义的——它可以让我们感受到，“巷肆”及其周边近百年来的历史迁变。而这些已化作前尘的往事，如果没有张先生这次打捞，也许真的要沉埋不彰了。

《巷肆前尘》的书写策略和表达手段，大体以张建先生开创的“口述津沽”为范例，不但文字整理上遵循着相同的原则，而且也手绘了诸多反映历史风貌的画图，虽然宏观方法上属于沿袭，但细节操作上或有过之，这对从未做过口述历史的作者来说，已经是十分难能可贵了。本书之出版也表明，张建先生的城市田野调查实践有了追随者，今后若能逐渐推广普及，对天津口述历史研究的发展，真的是功德无量呢！

通读书稿我们就会发现，其间涉及的历史地段，俨然天津沦陷时期日租界之外的又一个日侨社区，不但掌控着众多工厂，而且还有住宅、学校、邮局等配套设施。虽然历史的评判尚须深入，但客观的面貌已大体呈现。即以巷肆创意产业园来说，也留下了日本人活动的痕迹。2012 年之前，这里是天津市橡胶制品四厂，人们习惯称之为“橡四”，产业园之名“巷肆”即取其谐音。橡胶制品四厂自然是后来的称呼，那再往前呢？根据张先生采集的口碑，我们可确定如下沿革过程：20 世纪 30 年代，日本商人在此建东洋橡胶厂(持这一说法者虽偏少，但笔者以为仍可采信)；1945 年抗战胜利，厂子转手给中国人荣子政，更名为南洋橡胶厂；1949 年天津解放，最初沿袭南洋之名，“文革”间更名永红橡胶厂，“文革”后定名橡胶制品四厂，2012 年以企业改制裁撤。而日本人建立橡胶厂之前，“巷肆”又是什么样子呢？查 1921 年的天津市地图，标注的是“长途电话局”，这也有口碑可以为证。长途电话局再往前呢？推想起来只能是村舍茅店，甚或荒野之地了，在袁世凯规划建设河北新区时，因濒临四马路才得到开发。当然，最后这仅仅是“推想”，不过应该大致靠谱！

有了张先生的劳动，巷肆创意产业园暨问津书院，还有周边促狭之地的历史，一下子变得鲜活起来，这也许就是口述历史深入社区之后，所产生的必然结果和魅力吧！这个并不起眼儿的历史地段，通过口述手段复原之后，变得充满了生机，充盈着趣味，更充溢着沧桑的记忆和时代的风尘。

无论是作为创意产业园的“巷肆”，还是作为民办书院的“问津”，依托橡胶制品四厂建筑，走过了五年的崛起之路，为天津历史文脉承续和地域文化普及，树立了高蹈的标杆，更为军民、团结、抗震、胜天四里巷写下了全新的历史。相对于走过百年历程的社区来说，五年的历史并不能算长，但其间的文化累积却已相当厚重。当然，对履迹这里的生命个体来说，厚重也好，轻薄也罢，昨日的一切，都已成为过眼云烟。

张振东先生复活了历史的记忆。往事不堪回首？往事可堪回首？作此以序《巷肆前尘》。

2018年6月8日匆草于沽上恐高轩

前言

天津中山路，是一条百年历史的老街，这里曾经是河北的荒地，在袁世凯建设新车站时，规划建设了新河北。这里是天津最早由中国人自己规划建设的城区，呈现出当时先进的城市建设理念。从清末到抗战胜利前夕，中山路曾经是天津政治、经济、文化中心，衙署林立，工商业发达，街道整洁，开风气之先。这里文化底蕴深厚，历史人物众多，历史事件纷纭，是天津近代史的缩影。

黄纬路曾经是天津工商业、文化、教育最先发展的地区，也是近代女子教育的中心。这里历史建筑遗址多，有李纯公馆、马公祠、曹锟花园等。民国时期，这里是重要政治人物活动的地方，诸多历史人物在此留下足迹，诸多历史事件在此酝酿发生。孙中山曾经到黄纬路曹锟花园，会晤暂住这里的张作霖，商谈“建国大计”。那些曾经叱咤风云的达官贵人、军阀政要、商人富贾、名流学者、爱国志士曾经寓居于这里，使其形成为浓缩了近代百年历史、风云变幻的路段。

文之缘起，情有独钟

中山路是我从童年直到今日仍在居住的地方，从小学到中学，都是在这里读书，我对中山路充满了深厚的感情。因为我爱人从小生活在黄纬路四马路附近的黄道里，经常对我忆起儿时在胡同里经历的往事，特别是她曾住的九号院子，与四马路上的橡胶四厂有着千丝万缕的关系，橡四的前身是南洋橡胶厂，这个厂的日本老板在抗战胜利后回国时，带着住在这院里的邻居李万芝去了日本。而后，李万芝在日本发展成功，回国探亲的事，嘱我把这一段经历写下来。于是，就有了《黄道里与南洋橡胶厂》这篇文章。今晚报副刊主任王振良先生看到我这篇稿后，提议我把橡胶四厂(现巷肆创意产业园、问津书院新址)的历史情况和周边居民区的历史状况，以及生活在这里的老百姓几代人的经历和生活情况，通过采访，以口述形式记录下来。

在这里的居民区，年纪大一些的人都知道，有一位历经政治风云，曾经在四马路开设南洋橡胶厂的荣子政，邻居们敬佩他白手起家，开办工厂。建国后，成为红色资本家，曾担任过河北区第一届副区长，后在历次运动中受到冲击，郁郁而终。

我曾一直在寻访荣子政的子女，想掌握到第一手资料。一个多月来，一直在这几个居民区打听寻访，费尽周折，最终还是找到了荣子政的长子，已经74岁的荣大成。荣先生结婚时住在地纬路，拆迁后，还是在团结里买了住房，住在其故宅位置不远处，并伴着四马路对面的父辈经营过的橡胶厂而居，这是他对故地的眷恋和对逝去岁月深深地的怀念。

我一直在寻找橡胶四厂的老职工，虽然有了三条线索，最终也没有消息。荣大成先生为我介绍一位从 14 岁就在南洋橡胶厂工作，八十多岁的潘志良，电话打过去，得知潘志良已于去年因肺癌去世了。我骑车近一个小时去潘家采访他的老伴，却拒绝了我的采访，说是怕钩心思，引起心里难过，我只得作罢，非常遗憾。于是，我有了紧迫感，要抓紧时间去走访、记录。这些老年人是最宝贵的财富，他们的脑子里记忆着难忘的经历、见证了近百年沧桑的历史。

口述历史，留下记忆

黄纬路，这里的历史厚重，内涵丰富，岁月沧桑，世事变化，令人回味不尽。这里每一条胡同的命名，也是有着儒家文化传统，比如，德厚里、三益里、四知里、四勿里，都是宣扬做人的行为准则，对社会风尚起到潜移默化的作用。

经过长时间的走访，我发现这一大片地区，在日本侵华时期，日本侨民在四马路一带居住比较集中的地方，曾有小日租界的称呼。通过走访，对日本在天津日租界以外的日本侨民情况，有了进一步的了解。

这里的居民热情、朴实、怀旧、感恩，提起震后重建，很多人还在讲述着是亲人解放军给我们建房，帮助我们度过难关。有的居民在楼群小区里还能指出来，原来胡同的位置走向和自己家原来的大致位置。大多数老居民热情地为我讲述他们自己的经历和自己家几代人住在这里的故事，也有的人对自己家的往事讳莫如深，不愿提及，也许是曾经受过创伤，仍然心有余悸，怕触及到伤痛。我记录的这些都是老百姓自己的历史，最普通的故事。有些被采访人说到自己家的往事,竟情不自禁地哭了起来,也令笔者唏嘘不已。一年多时间的走访,这里的很多居民已经认识我了,见面总是对我笑道:“你又来了,这么长时间了,还没有写完呀。”

田野调查被公认为是人类学学科的基本方法论,它是来自文化人类学、考古学的基本研究方法论,是取得第一手资料的好方法。研究对象从国家层面上转向民众历史,从精英转向平民,从文献转向田野。民间口述历史是当今文史研究的新的方向,记录并补充了史料的不足和遗失的历史片段,民间叙述的点点滴滴,也可以汇聚成有参考价值的江河。

这些采访来的口述史料,属于三亲史料,即亲历、亲见、亲闻,他们是我们城市历史的当事人、见证人、知情人,是撰写城市历史的第一手资料。亲历者讲述的历史片段,是具有民间史料性质,通过口述、文字记述下来,可以作为方志史料的补充,根据亲身经历或见闻,回忆并记述的。虽然这些历史片段的记忆比较零散,却都是真实的、精彩的历史片段。是非常珍贵的,极富特色的历史资料。具有鲜活性和可读性,用来缅怀先辈,教育后代,是一份非常珍贵的精神遗产。

这是我第一次采用民间口述的方式记录天津地域的历史,经验不足,尚待提高。我曾经写过不少天津卫老胡同历史的文章,一条胡同采访一到两户,再查阅一些历史资料,就可以写一篇文章了。可是,口述史的记述就不是那么简单了,先寻找到目标被采访人,按采访提纲询问、录音记录、给口述人拍照、翻拍老照片、记录联系方式。回去后要整理录音,修改文稿,还要几次回访,才能完成一位被采访人口述历史的记录工作。

在采访过程中,经历过被怀疑和拒绝,更多的是支持和帮助。我也在采访过程中,倾听口述人讲述的事迹,启迪心灵,感悟人生,受益良多。

书中还原的40多年前的街巷平面图,都是在老居民的回忆和指点下,笔者才得以绘制了较为详细的老胡同图。书中的插画,是这些老住户留存在记忆里的,再经过我的艺术加工而呈现出来。

我在少年时期喜欢绘画,逐渐学习国画、书法、篆刻、雕刻。只是,从来没有系统的学习过,也没有拜师学艺,只停留在业余爱好上。到了青年时期,对绘画特别痴迷,买来大量的画册和碑帖临摹,经常去杨柳青画店,买画具、篆刻用的石料。后来为了生计,一直忙于工作,没有坚持自己的爱好。如今,写这本访谈录,需要画一些插画,虽然自己的绘画基础差,只能硬着头皮画下去。因为画这些已经拆迁四十多年的胡同、老宅,需要带着草图多次去老住户那里征求意见。所以,这些插画也就不能让别人代劳了,虽然画的不好,也只能自己来完成。

人物辈出,敬佩怀念

在这四个居民区里,有人们非常熟悉的人物,更多的是普普通通的老百姓。其中,被评为感动中国的支教模范白芳礼,生前早年住在黄纬路东兴里,平房改造后住在抗震里。这位平凡的老人,13岁时逃难到天津,先是乞讨流浪,后来做了三轮车夫。解放后,他还是靠蹬三轮谋生,被评为劳动模范,拉扯大了自己的3个孩子。白芳礼在74岁以后,在生命中的最后19年,靠着蹬三轮,省吃俭用、顶风冒雨奔波在街头,挣下35万元人民币,全部捐给了天津的多所大学、中学和小学,资助了300多名贫困学生。而他的个人生活几近乞丐,他的私有财产账单上是零!2005年9月23日清晨,93岁的白芳礼老人走了,留给我们的精神却是永远的。

通过对白芳礼的长子白国富夫妇的访谈,不仅对白芳礼的家庭生活多了一些了解,更觉得白芳礼的家人也是感动我们的人,在白芳礼老人的这些捐款中,也有其家人省吃俭用的一部分。家人的付出,却很少有人提及。

还有一位是在马公祠(后改为黄纬路小学)旁开煤厂的已故的姜尽兴,他14岁从山东徒步来到天津,开设煤厂,经历传奇,七十多岁还在为居民送煤上楼,与人为善,热心帮助别人。

我在这四个居民区采访中,谈到最多的是在四马路上悬壶济世的中医潘一先大夫,潘大夫医术高超,治病救人,遇到生活困难的病人求医,分文不取,还送上丹丸,为病人治愈为止。所以,这里的居民至今还在口碑传颂,盛感其德。

民国时期,美国人崔伯在天津从事英文教育工作,娶中国名媛何淑娴为妻,成婚后,曾住在仁田西里,并在家里开设"模范英语学校"。用他的新教材和新教法,为中国培养出大量的英语实用人才。

这些人成为这一带的灵魂式人物,也是这里的老居民对受尊敬的人的怀念和对过去生活的美好记忆。我在整理这些文稿时也为这些人的事迹所动容,感动落泪。

著名相声女演员、爱心使者刘春慧住在军民里,她自幼家境贫寒,靠着政府资助、邻居的帮助照顾才长大成人。她先后做过糕点厂工人、商场广播员、卖过羊肉串。2005 年开始专门说相声,2010 年刘春慧加入了天津市名流相声艺术团。刘春慧还有一个“甜妈妈”的称号,这是她多年来默默资助 100 多位贫困儿童得来的。她还经常为灾区捐款,因为从小就受到他人的帮助,因此,刘春慧常怀着一颗感恩的心,发誓长大后,自己也要帮助有困难的人。

京剧童星刘小源曾住在军民里,附近的居民提起刘小源,都是带着一脸的骄傲,这里的居民们是看着小源成长起来的,为小源取得的成绩由衷地高兴。

家族传承,源远流长

曾经紧邻橡胶四厂的德兴恒杂货铺是这一带最有名的、居民生活离不开的店铺,店主金辅田热心助人,诚信经商,被这里的居民亲切地称为金老五杂货铺。金家后人在近年写了一本家谱,世系六代一百余年,详细记载了金氏族人在四马路的创业、生活的经历。并且,对于自己家族寻根溯源,追寻出金家姓氏在清代曾经是爱新觉罗姓氏的渊源。

家谱是家族繁衍、发展的记录,是家族文化的载体,子孙后代才能找到根。新修家谱可以认祖归宗,家族和睦,增加凝聚力。新家谱尽可能在上接历代先祖世系的前提,重点载入现代的人文信息。对于家族内部世系、聚居、人口状况、个人传记、个人成就、人物照片、家族活动等,都可以记入现代家谱之中。家谱曾经断了几十年,是子孙历史的遗憾,我们现代人就应该从现在开始,就是能够编出三代的新家谱,也是给自己的后代留下了根。

这本金氏家谱简介就是一本现代家谱的范本之一。经金家人的同意,家谱全文及世系图收入本书中。这是一件非常有意义的事情,应该倡导现代人编写新的家谱。家谱就像家族历史的户口簿,是一本永远不注销的户口簿。

军民团结,抗震胜天

在河北区黄纬路与四马路交口四角处,有四大楼房居民区,分别为西北方位的军民里、东北方位的抗震里、西南方位的团结里、东南方位的胜天里。其命名寓意为“军民团结、抗震胜天”之联句。

1976年7月28日,唐山大地震波及天津,黄纬路一带房屋震损严重,“抗震救灾,重建家园”,黄纬路一带被列为天津市第一批危陋平房改造重点规划重建的试点地区。震损的房屋被拆除,自1976年到1979年,以最快的速度,陆续建成军民里、团结里、抗震里、胜天里四大片居民楼社区,这四个地块做为市重点重建样板工程。陆续建成了宝兴、二美、二贤、元吉、求是,共九个楼房居民区。

1978年9月20日下午,邓小平来天津视察黄纬路这四片新建的楼房住宅区的建设成果,先后视察了已经竣工的军民里和抗震里,当邓小平看到一排排整齐楼房,居民已经搬进去居住,非常高兴。看到对面的胜天里正在热火朝天地建设之中,提出了很多建议,嘱咐一定要保证质量,抓紧时间建设,让受灾居民早日住进楼房。对天津抗震救灾、重建家园的成绩给予肯定。

1979年,胜天里是四大重建居民区中最晚建成入住的,当时建筑的方式创新,楼房均为浇筑预制板的大板楼,胜天里的建筑工地上醒目的布标写着:“甩掉秦砖汉瓦，建设美好家园。”这里的住户反映，住在大板楼里，夏天不隔热、冬天不保温，住着不舒适，可谓是建筑的技术革新中不成功的例子。

创意巷肆，探索天津

位于四马路158号巷肆创意产业园，2013年6月29日问津书院在这里复建，问津书院发起人学者王振良、李云飞以及天津的文化学者，将这里打造成文化研究的活动场地。这里聚集一大批历史文化学者，对天津民间历史文化进行挖掘和研究，并开办独具天津特色的“问津”杂志，定期举办“问津讲座”，编撰“问津从书”等文化品牌。发扬天津地域的文化，传承天津文脉。

这里的巷肆书吧是公众的读书场所，具有图书室、咖啡厅、文化沙龙等功能，这里环境优雅，书香萦绕，书香氛围浓厚，成为市民读书的好去处。

巷肆创意产业园是由天津市橡胶四厂整体厂区的老厂房改造而成，这里改造后的建筑格局保持了原有厂房的结构和风格，使老的工业建筑遗存焕发了青春，赋予了新的功能，延续了人们心目中的城市记忆。产业园内引进了现代的创意公司，使这里成为以科技产业、文化产业、现代服务业、创意产业为主和集产学研于一体的国际化企业。

1976年大地震，已经过去四十多年了，却在这里留下了永久的地标，永恒的记忆。在这本书中，记录了这些普普通通的居民，他们凭着自己的记忆，来讲述这里的历史和家族史，保存了这座城市的记忆，共同书写城市的历史。这些口述人生于斯，长于斯，追忆早已逝去的、渐行渐远的沧桑岁月，重新审视那些被遗忘的过去。将那些烟尘往事,呈现出鲜活、具体、生动、有趣的内容。

我要感谢出现在我书中的每一个人，他们将自己对这片土地的记忆和自己的生活经历讲述给我听。通过我的手笔,展现给关注和热爱这片土地的广大读者。

张振东　2017年10月18日

目　录

军民里

团结里

抗震里

胜天里

采访日记

军民里

从南洋橡胶厂到巷肆

河北区四马路 158 号，现今是“巷肆创意产业园”和“巷肆书吧”所在地，也是天津问津书院新的院址。这里是天津的文史界学者、媒体精英经常活动的场所。

橡胶四厂老照片

追溯历史，这里在上世纪三十年代，曾经是日本人开办的南洋橡胶厂，主要生产橡胶轮胎。因为，橡胶在战争年代属于战略物资。不仅民用需求量大，对于工业和军用都是非常重要的。所以，日本人在天津开设多家橡胶厂，以使天津作为大后方的生产供应基地。厂区占地的形状为长方形，其范围：南临四马路，西到元纬路，北到高

改造前照片

阳里，东到仁田西里。南洋橡胶厂当年还在不远处的黄纬路黄道里，购置四个院落做为厂管理人员的宿舍和行馆。

1945年日本无条件投降后，日本人在中国的产业很多作为敌产被没收。南洋橡胶厂的日本老板只得抛下工厂回国，将工厂转给了年轻的资本家荣子政，工厂继续运转。

荣子政的家，在橡胶厂四马路对面新元善里的一所大三合院里。把家安在这里，就是为了离自己的工厂近，把精力全部投入到工厂的管理上。厂内当时有六十多人，荣子政接管后，主张扩大生产。由于车间的设备陈旧，主要工序炼胶车间的炼胶机，还是日本昭和十五年（1940）的产品，设备噪音大，粉尘飞扬严重，工人的劳动强度高，产量低，混炼不均匀，不能适应产品的要求，阻碍了生产的发展。为了提高产品质量，又添置了新型练胶机和压胶机，并增添了产品的品种，使工厂增加了利润，得到了更大的发展。

1949年后，南洋橡胶厂公私合营，厂名还是南洋橡胶厂。工厂主要生产工业和民用橡胶制品，以后逐渐生产体育用品，足球、排球、篮球，胶皮管、胶板、汽车橡胶配件等，产品用途广泛，质量优良。曾经一度生产雪地鞋、凉鞋和皮鞋，产品销往各地。注册商标为："飞翔""展翅"牌。南洋橡胶厂的厂房在上世纪七十年

改造前照片

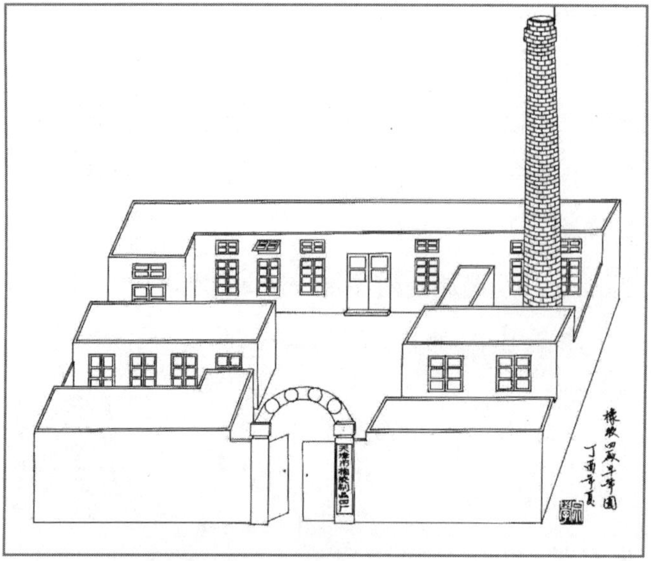

橡胶四厂早年厂区图

代由平层厂房改建起三层楼房。

在文革时期，由于政治的需要，南洋橡胶厂改名为天津永红橡胶厂。文革结束后，厂名改为天津市橡胶制品四厂（简称为橡四），原厂门牌号为元纬路四马路36号。

在橡四的四马路对面还有一个该厂的车间，如今已是煤气站。工厂的斜对面原是工厂倒煤渣的地方，当工人推着小车将煤渣倒在此处时，住在附近的很多孩子带着小盆、簸箕、筛子捡拾尚冒着热气尚未燃尽的煤核。因为当时居民的生活都很困难，为家里节省一些煤钱。

四马路的道路，在1976年地震前，还不是柏油马路，而是土道。橡四附近的路上铺的都是煤渣，成了一条煤渣路。遇到大风天气，尘土飞扬，在此玩耍的孩子们脸上都成了黑灰色。

在厂外的围墙下，总是堆着黑色长方形的橡胶原料，顽皮的小孩子们喜欢爬上去，在弹性的橡胶原料上蹦蹦跳跳，厂里的工人看到后出来驱赶，孩子们则一哄而散。

黄道里与南洋橡胶厂

在1945年前，黄道里五、七、九、十一号四个院，曾经是南洋橡胶厂的宿舍，日本老板因为看上四马路对面的黄道里，离橡胶厂不远，将这四个院子买下来，做为高级员工宿舍和行馆。抗战胜利后，橡胶厂的日本老板回国，将工厂转给了资本家荣子政，黄道里四个院的产权仍归厂方所有。1949年后，南洋橡胶厂公私合营，这四个院的产权也就变为公产房。

黄道里这四个院的房屋都有很深的檐廊走道，有木廊柱支撑，廊下镶嵌着木制云纹装饰，屋内铺着坚固耐用的木板地。每个院里住着五、六户人家，九号院李

高阳里，左侧是橡胶四厂车间后墙

民国时期橡胶车间

压胶车间

橡胶车间操作图

奶奶家的大儿子李万芝，在1945年日本投降前，在南洋橡胶厂做事，日本老板特别喜欢这个聪明实干的青年，在厂里对其委以重任。1945年日本投降后，橡胶厂的日本老板被迫抛下工厂回到日本。临走时，带着当时二十四岁的李万芝到日本去工作。李万芝与住在小关的一名女子匆忙结婚后，夫妻俩跟着日本老板到了日本。日本战后人民生活非常艰苦，李万芝到了日本后，经过多年的奋斗，在日本创办一所华语学校，自任校长。其间，李万芝做了很多中日友好民间交流的工作。

1972年9月，中国与日本建交。同年，已经五十多岁的李万芝，随访华代表团，携妻子回到中国，得到周恩来总理的接见，并与周总理合影。然后，回到黄道里探亲，他的母亲已经双目失明，近三十年的分离，母子团聚，激动不已。李万芝和妻子身穿的服装，让住在这里的邻居非常惊奇和羡慕，李万芝身穿西服系着领带，妻子穿着非常漂亮的套裙。那个年代中国人的穿戴，不分男女都是穿着灰色、军绿色、蓝色的统一款式的服装。所以，胡同里的年轻人这时候才知道，竟然还有这么漂亮的衣服。

旧貌新颜

2012年，橡胶制品四厂由于企业改制被裁撤。同年，该厂址改造为“巷肆创意产业园”和“巷肆书吧”等企业，巷肆之名系沿用老厂谐音“橡四”而得名。2013年，具有二百多年历史的天津问津书院在这里复建，书院文化以新的方式得以传承。昔日的车间厂房，如今已经成为文化艺术的殿堂。

橡四门外捡煤砼

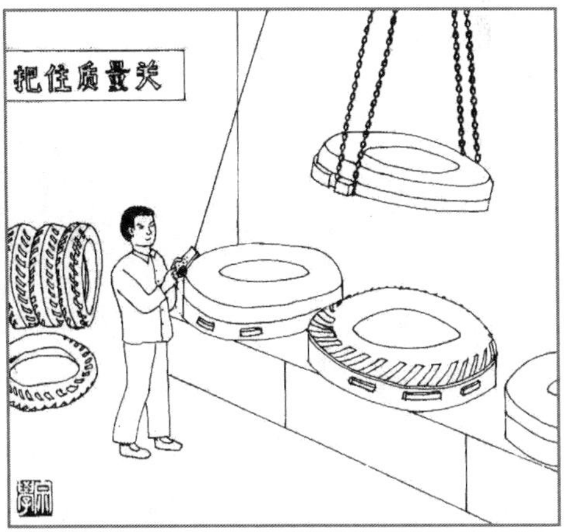

橡胶车间

问津书院与巷肆

天津市巷肆创意产业园坐落在在河北区四马路与元纬路交口，始建于清朝乾隆年间的问津书院在这里复建。这里毗邻军民里居民区和佛教寺庙大悲院，距离璀璨夺目的海河仅百米之遥。

问津书院的前世今生

问津书院原址在天津城内鼓楼南约五十米处，大门坐西朝东，是清代天津最有影响的书院之一。乾隆年间，清廷命令各省会成立官办书院，“于学宫之外，另建肄业之所，礼聘名儒掌教”。乾隆十二年(1747)长芦盐商、前太平府通判查为义捐出运署旁(今鼓楼南大街)废宅基地一块。书院始建于乾隆十六年八月，落成于乾隆十七年二月，

巷肆创意产业园暨巷肆书吧(即双槐书屋)外观

经长芦盐运使卢见曾(号雅雨)报请直隶总督方观承、长芦盐政高恒批准,并亲自捐资督建。他与众商人前后投入白银2400余两,建成天津城里最早的书院。书院前为大门,正中为讲堂三间,讲堂两侧设东学舍、西学舍,后面为山长书室。共64间,占地面积为2004.62平方米,其中建筑面积为901.47平方米,取名“问津书院”。每岁膏火、束修、馔食等经费由运库的“闲款生息项内支给”,年终报部。

掌院山长有两人分官斋两课,每月课生童2次,该院重制义,其活动内容以考课为主。

书院作为官办儒学的补充,对推进天津传统教育起了重要作用。正如《建立会文书院碑记》所记:天津“数十年来,科第之胜,甲于他邦,大抵得力于书院居多”。

直隶学政、尚书钱陈群提倡“于制艺、试帖外,增设经古课”,并亲自额其堂名

书吧外的牌匾

曰“学海”。该书院的办院宗旨是“延师选士”，“肄业讲学”，“日集诸生课之”，为科举提供学习场所。

书院中担任主讲的均为天津学界名人。其中乾隆四年（1739）进士、杭州人金文谆，在乾隆二十八年（1763）任天津知府期间，“崇尚文士，惠政甚多”。后调任顺德，因事落职，复来津主讲问津书院。

卢见曾还“日集诸生课之”。天津道董承勋于乾隆十六年（1751）莅任，在任期间，曾聘名进士吴联珠主讲问津书院。该院在乾隆五十七年（1792）重修。

咸丰年间，问津书院在东门里、文庙对面的杨家大门院内设问津行馆，作为往来天津讲学者的下榻之处。

问津书院的匾额，是由李鸿章的老师、同治年间曾主讲书院的李铁梅题书。他也曾主讲该院。李鸿章在任直隶总督时，他在此办过书局，将书籍原价卖给学生，以鼓励学生学习。后来天津著名人士卢雅雨、管椒轩、伍实生、叶筠潭、杨慰农等人先后在此任教，讲授诗赋、乐府。乾隆五十七年，运使稽承志重建，嘉庆六年（1801）众商人重修之，同治九年（1870）李嘉瑞任院长，光绪四年又增设经古课。

光绪 26 年因遭兵乱书院被毁，只有讲堂三间未损，厨丁王恩荣把院长李嘉瑞补书的“学海堂”匾额撤而藏之，才免遭劫难。

岁月沧桑，庚子年义和团运动后，问津书院改名为民立两等第二小学堂，民国初期大约在 1911 年至 1915 年间又改名天津民立第二小学堂，当时袁世凯手书匾额一块，悬挂在大门口上。1926 年改为私立第二小学，1937 年又易名为问津小学，1956 年人民政府接管后改名为南门里小学。

由于年代久远，问津书院的院内尚有一棵腰围 2.07 米的古槐，这是问津书院仅存的古迹。问津书院在天津教育发展史上具有里程碑的作用。

2013 年 6 月 29 日问津书院举行复建揭牌仪式，冯骥才为问津书院揭牌，问津书院发起人学者王振良、李云飞以及天津的文化学者到场庆贺、座谈。

问津讲坛每月在学海堂举行

2013 年 6 月 29 日问津书院在巷肆创意产业园揭牌

复建后的问津书院，侧重于天津民间文化资料的挖掘整理，通过所聚集的一大批天津文化学者的共同努力，打造"问津"杂志、"问津讲座"、"问津丛书"等文化品牌，为传承天津文脉、打造天津软实力创造条件，提供基础。

除了天津的问津书院，外地也有几家名曰问津书院。问津者，有其探寻之意，用在书院的名称上，则为探寻学问的地方。天津的问津书院，却在字意上又多了地域的含义，探寻学问之外，也是发扬天津地域的文化。

天津问津书院的复建，却有着不同的含义，如今已不再是授业解惑、"高考补习"的学堂，而是津门学者聚集于此，问津于天津的历史文化，探讨切磋的场地。时至今日，书院的文化传承的意义依然重要，在我们这座延续了六百多年的历史文化城市，问津书院的复建更彰显出天津丰富的文化底蕴。

问津书院发起人之一、理事长王振良先生、李云飞等学者，眼光独到，不辞辛苦，为问津书院的复建做出贡献。这些学者只为学问，乐此不疲，编辑数种学术刊物：《问津》《参差》《开卷》。"问津文库"丛书，是由问津书院策划，天津古籍出版社出版，很多著作填补了天津地方文化研究的空白。截止目前，问津文库已推出二十多种，分属七个子系列。

问津讲坛，每个月底都要举办天津历史方面的公益讲座，至今已经成功举办了四十余场讲座，成为学术文化交流，切磋学问的讲坛。

问津书院里环境优雅，文化氛围浓厚。这里聚集了众多的学者名流，媒体精英。招觅才俊，一起挖掘研究整理天津地域历史文化，服务于文化事业，问津书院成为天津历史文化研究的翘楚和中心。

创意的巷肆

巷肆创意产业园坐落在天津河北区四马路 158 号，位于元纬路与四马路交

巷肆书吧（即双槐书屋）内景之一

巷肆书吧(即双槐书屋)内景之二

口,是由天津市橡胶四厂整体厂区的老厂房改造而成,原厂改制合并到城郊的橡胶行业。这里的建筑格局与整体造型沿承着上世纪70年代天津工业建筑典型特征,是天津市重要的工业遗产资源。为了延续了人们心目中的城市记忆,故取其谐音为“巷肆”。

巷肆创意产业园是中意设计及创新天津中心所在地,巷肆的改建也是该中心的第一个设计作品。通过中意两国设计团队的精心设计,并投入了大量的节能环保设施进行提升改造,如今已经成为风格独特的低碳园区。在保持厂房原有结构、形态和风格不变的基础上,加以改造和创新,使老的工业建筑遗存赋予了新的功能和定位。

巷肆创意园提升改造后，建筑面积为5200平方米，园区呈长方形环绕格局，主体建筑为三层砖混结构。楼梯之间以外架露天走廊贯穿，起到了连接、美化及结构加固的作用。楼内办公区域3000平方米，其中包括小型会议室5处，大型会议室2处。

园区入口的左侧一楼，为400平米的巷肆美术馆，定期举行与中心主题有关的各类展览交流活动，园区二楼南侧为260平米的综合活动空间，宽敞明亮，可容纳近200人举行各种类型的会议及交流活动。三楼南侧230平米的多功能厅及100余平米的会客室内，陈列着二十余组各个时期的绘画、雕塑作品及古董家具，每一件都堪称精品中的精品，房间布置高贵而又低调，奢华中透露出清雅，体现了极高的艺术品位，是整个园区中最具看点的部分。

东侧四楼是在改造过程中加设的钢结构玻璃幕墙观景平台，建筑面积140平方米，通透、精致，格调高雅，外部连接着210平米的空中花园，防腐木漫地，四周环绕着玻璃围栏，树丛花香掩映，闲坐桌边，眼中尽享大悲禅院金顶的幽古和“天津之眼”炫目的时尚。

在园区东侧一楼，设有160平方米的书吧兼咖啡厅，取名双槐书屋，书香萦绕、环境优雅，使得这里书香氛围更浓厚。

书吧是近年来在大城市流行起来的一种读书场所，是集书店、图书室、咖啡厅、文化沙龙等概念于一身，以全新理念打造的多功能市民读书的文化综合体。读者可以在这里品茶、喝咖啡、聊天的时候翻阅时尚杂志、流行小说，在舒缓的音乐中放松身心，陶冶心灵。

军民里早年的几条里巷

在河北区元纬路与黄纬路、四马路与五马路之间，是一大片楼房居民区——军民里。早年，这里曾经有几条历史悠久的里巷。这一带昔为荒郊坟地，杂草丛生，洼塘遍地，人烟稀少。清光绪二十九年(1903)，袁世凯督直时，责成天津道兴建天津北站，将南起北运河(金刚桥)到北站的广大地区开拓，新建了东西为纬，南北为经的马路。其后冯国璋、曹锟、李纯、卢木斋等官僚军阀，富商大贾，相继在这一带建公馆、辟花园、建民房，形成规则划一的里巷。

同仁里的胡同口在四马路上，胡同走向呈 L 形的实胡同。这里原系国务总理张绍曾建于 1911 年的别墅。在 1932 年卖与河北省立女子师范学院齐璧亭院长等七位同仁，经七人通力合资，将别墅改建为胡同住宅，作为学院的教职员工宿舍，故起名为同仁里。

该胡同的横胡同比较窄细，院墙却很高大。因为是实胡同，平时人迹罕至，白天行人到此，亦会觉得幽僻，令人生畏。

同仁里6号是一排二层楼房，房屋装修考究，室内铺着厚实的木板地。这里住着一对日本老年夫妇。老先生扁平脸，总是戴着一副黑框眼镜，据说，他曾是某学院的教授。家里非常讲究卫生，总是窗明几净，一尘不染。在日本战败投降后，这对夫妇没有回国，终老于此。

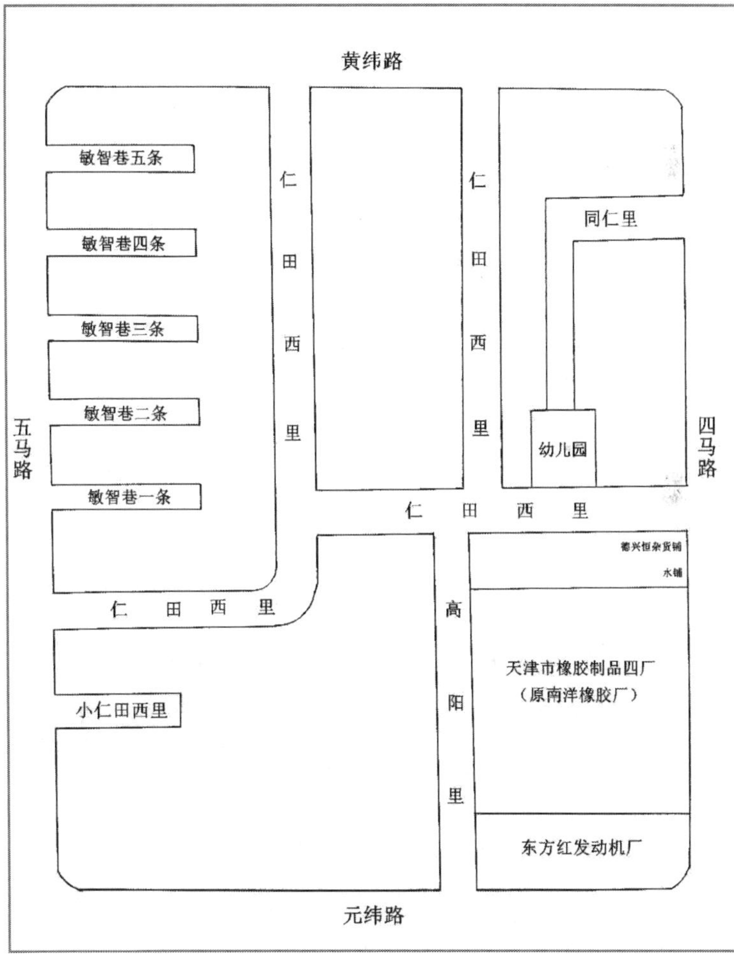

军民里改造前胡同图

同仁里横胡同的右面有三个院，平时总是关着大门，其中一个院里，住着五家印尼人。胡同里建有男女厕所，总是比别处洁净,周边胡同的居民经常到这里来如厕。

仁田西里,胡同里四通八达,两条胡同的东口通到黄纬路,北口与五马路相通,南口与四马路相通,该胡同比同仁里宽阔,整齐幽长。为 1903 年李鸿章的师爷与娄木斋合建,娄有药铺“仁寿堂”,卢有药铺“田木堂”分别取二铺名首字组合得名,又因胡同进口在黄纬路西面,故起胡同名为仁田西里。

在北洋大学和天津官立中学执教的美国人崔伯与毕业于直隶女子师范学校、出身大家闺秀的何淑娴结婚后,曾经住在仁田西里 6 号,并在这里开办模范英语学校。清华大学终生校长、教育家梅贻琦的老宅也在仁田西里。

高阳里,胡同口在元纬路上,与仁田西里相通,胡同一侧为橡胶四厂的后围墙。是在 1900 年,由许世昌所建,因为许世昌是河北省高阳人,取胡同名为高阳里。高阳里在元纬路的一部分为庆兴铁厂,1965 年改为东方红发动机厂,至 1981 年拆除,建起楼房,名为东发楼。

敏智巷,胡同口在五马路,共有五条胡同,均为实胡同。1902 年南方人杨某在此购地建房,杨某以其子杨敏智之名,取胡同名为敏智巷。胡同里的公共自来水在敏智巷的五条胡同里,这五条胡同的人家早年都是到这里来打水。著名相声演员马志纯,曾居住在这里。

在 1976 年地震后,这一带房屋损坏严重,1978 年这里的里巷拆除,由政府统一规划建设为楼房居民区,整个地段命名为军民里。其范围:北到五马路,东到黄纬路,南到四马路,西到元纬路。与黄纬路另外临近的三处地块统一规划,建成楼房居民区,取“军民团结,抗震胜天。”的联语命名至今。

仁田西里与崔伯

在河北区黄纬路中段西侧的仁田西里，胡同为T形，两条胡同东口通到黄纬路，北口与五马路相通，南口与四马路相通，该胡同比临近的同仁里宽阔，整齐幽长。为1903年李鸿章的师爷娄椒生与卢木斋合建，娄有药铺“仁寿堂”，卢有药铺“田木堂”分别取二铺名的首字组合得名，又因胡同进口在黄纬路西面，故起胡同名为仁田西里。

仁田西里

仁田西里6号曾经住过在北洋大学和天津官立中学执教9年的美国人崔伯

和毕业于直隶女子师范学校、出身大家闺秀的妻子何淑娴。

崔伯的英文名是伯西·布来克福德·崔伯(Percy Black— ford Tripp)，字仰西,1881 年 12 月 5 日出生在美国华盛顿市附近弗吉尼亚州费尔法克斯镇的法尔斯邱吉村。纽约哥伦比亚大学文学学士。

1906 年，清政府直隶学务处委托天津基督教青年会(Y.M.C.A)在美聘请英文教员来津任教。崔伯在校时就非常喜欢中国古老文化、民族风俗,闻讯后他欣然就聘。来津后崔伯执教于官立中学(今天津三中,创建于 1901)。崔伯热爱中国,把中国视为第二故乡。

1913 年，崔伯受张伯苓校长的聘请兼任南开中学英语老师。1913 年 5 月,周恩来考入南开中学就读,担任其英文教师的是崔伯。翌年 11 月,南开新剧团正式成立,时子周任团长,马千里为演作部部长,周恩来为布景部副部长。有一次演话剧,剧中有一个角色是外国女传教士,崔伯自告奋勇扮演了这一角色,与时子周、马千里、周恩来等同台演出。

6.書籍
各班課本皆由本校教授特別編纂在本校出售，但每人祗可
7.報名手續
學生須填寫姓名，年齡，住址，曾讀英文幾年，保證人姓名，
本校交費註冊，每班祗限三十人，名額不多，報名從速，
交費。
8.證書—二年畢業，成績能使教師滿意者發給證書。
9.校址—河北黃緯路馬公祠對過仁田西里六號。
一九二七年一月訂

1927 年 1 月模范英文学校招生报刊广告

崔伯喜爱中国女性的温柔娴淑,他早在官立中学教书时,经常到得意弟子何清儒家串门,有时留下吃饺子。何家有一位小妹妹,叫何淑娴,此时,何淑娴正就读于直隶第一女子师范学校,与邓颖超同窗。崔伯非常喜欢她,崔伯先以帮助何淑娴补习英语为契机,又不断赠送小礼品,并邀请她一同去观看南开中学的话剧演出，逐步建立起感情。他托张伯苓等人打通“老岳父”何铭周（名永祥，字铭周，在外国洋行担任“华账房”）的思想，并做了加入中国籍的保证。1913年9月，崔伯与何淑娴举行了订婚仪式。

崔伯夫妇合影

1915年4月5日在广东会馆，崔伯和何淑娴结婚盛典隆重举行。婚礼开风气之先，新郎穿的是中式礼服，新娘披西式婚纱，手中拿了一束鲜花，张伯苓校长当证婚人。崔伯在婚后申请加入中国籍，并在1917年10月15日得到了批准。

崔伯和何淑娴结婚时的住宅，在河北区黄纬路仁田西里6号。这是一套经过他修改后的平房四合院，正门朝北，正房在南，两明两暗，带有外走廊。正房南面有门窗，从走廊可以通向小后院。正门进去，迎面用影壁隔成一个前院，西边是一个小跨院。内有会客厅，东边是门房、管家及车夫的居室。正院内有假山、铁树及大鱼缸等，东西各有厢房两间，并用藤萝架遮荫。正房东端是用木雕门隔开的餐厅，中部是较大的起居室，而西端则是用镶有字画的隔扇门隔开的卧室及与之相连的洗漱间。室内主要的家

崔伯夫妇结婚照

具陈设都是崔伯托人定制的，客厅里摆的是一套硬木家具，卧室的家具是用桃木制成的,半西半中的梳妆台、大衣柜及小柜等。最有特色的是一个大铜床，这张床的四角是用带抽屉的小木箱架起来的，而床本身却是用铜管制成的一个框笼式的小屋。床的正面上部横幅刻着“福、禄、爱、寿、喜”五个大字,其中“爱”字最大。床的正面两侧为竖形窄窗式的门柱，其四框镶有镜片，床的顶部中间也镶有较大的一面镜子,藤子床屉,挂着帐帘,铺着被褥、枕头等。西厢房为书房,陈设着桃木制作的书桌、扶手椅、摇椅、躺椅及 8 个有可开启玻璃门的 5 层木架等。1917 年 2 月 27 日,崔伯的长子崔约翰在这套四合院里降生了。

到 1918 年,崔伯在津门执教已 10 余载。深感英语教材不适用。为了更好地研究英语教材,他携眷赴美国进行自修性的研究。起初是钻研一套能更好地帮助中国学生学好英语的新教材和教学方法,然后研究如何使其他一些课程(音乐和美术等)更能适应中国的实际情况。

1924 年崔伯回津后就任南开中学中学部英文科顾问，对英语教员进行业务指导。并与妻子何淑娴在仁田西里6号的家中，创立了一个"模范英语学校"。他征得邻居、好友梅贻琦的同意，把梅家东面的两间房子圈了过来并打通，改为一间大教室。他还在男青年会的夜校开课，用他的新教材和新教法，培养出大量的英语实用人才。

崔伯在广东会馆结婚时的照片

1927年，崔伯一家搬到靠近英租界马场道的中国地伟夫路4号(今河西区湛江道19号)新建成才两年多的美式小洋楼。

1947年7月18日，崔伯因病情恶化，医治无效逝世，享年66岁，葬在天津万国公墓。1949年后，万国公墓改为海口公园，崔伯的遗骨和石碑迁到北仓公墓。1988年12月25日，其妻何淑娴病故，1990年11月11日他的家属将他与夫人何淑娴的骨灰合葬于天津南马集"寝园公墓"，并重新设立了石碑。

崔伯在津执教40余年，为培养我国早期英语实用人才作出贡献。

同仁里与天津新生活运动

黄纬路四马路的同仁里在民国时期，是省女子师范学院的教职员工宿舍，在1934年蒋介石发起的新生活运动中，这里曾经做为都市新生活运动的实验区。

1934年2月，时任国民政府军事委员会委员长的蒋介石发起新生活运动，“礼义廉耻”（国之四维）是新生活运动的中心思想。蒋介石要民众把“礼义廉耻”结合到日常的“食衣住行”各方面。新生活运动想要做到的，不仅是表面的市容清洁、谨守秩序，而是要改革社会。使一般人民都能过上除旧布新，过一种礼义廉耻的新生活。从衣食住行的小事做起，用礼义廉耻规范国民的日常生活，改变社会风气，最终达到国家和民族复兴的目的。

天津当局积极响应蒋介石的号召，3月份，天津市民新生活运动促进会筹备委员会成立，推举省主席于学忠，市长王韬等11人为筹备委员。

新生活运动以“三化”做为实践理论的行动指引，所谓“三化”，就是“生活艺术化、生活生产化、生活军事化”。“艺术化”就是以艺术为全体民众生活之准绳，告别“非人生活”，力行“持躬待人”并以传统六艺为榜样，以艺术陶养国民。“生产化”，则旨在“勤以开源，俭以节流，知奢侈不逊之非礼，不劳而获之可耻”。从而“救中国之贫困，弭中国之乱源”。“军事化”在新生活纲要中虽然列于最末，但却是新生活运动的核心。

面对普通国民推行的新生活运动由个人生活做起，不外乎是提倡清洁和守规矩，清洁运动，改良婚丧宴会陋习，提倡节俭，集体结婚，提倡国货，推行社会教育。“规矩”方面有守时运动、节约运动、升降旗礼等。“清洁”则有夏令卫生运动、清除垃圾和污水、灭蝇竞赛等。亦有针对愚民陋习、不良风气的活动，如识字运动、禁烟消毒（即禁毒）运动等。新运促进会亦举办了各种活动。

1936 年 2 月，新生活运动妇女指导委员会成立，由宋美龄任指导长。天津组织检查队，检查实行新生活的成果。省立女子师范学院配合新生活运动，由历史系和家政专科成立家政研究会，制定实施计划，设立家政咨询处。并在四马路的同仁里该院的教职员工宿舍，做为都市新生活运动实验区。从环境卫生角度，居室的卫生，胡同的整洁，厕所的清洁等方面起到示范作用。

新生活运动从 1934 年至 1949 年中华民国政府推出的公民教育运动，横跨八年抗战。新生活运动虽然标榜着新生活，内容却是旧的儒家伦理思想。抗战胜利后，中国旋即陷入内战，国民政府节节败退，对新生活运动也实在无余力兼顾。历时十五年的新生活运动无疾而终，总体成效不大。

岁月沧桑，时代变迁，同仁里在 1976 年大地震后拆除，1978 年这里建成军民里楼房居民区。

长途电话局旧址考察

在河北区元纬路四马路交口的第四橡胶制品厂（今为巷肆创意产业园），追寻其建厂之前的旧址情况，则是清末建立的长途电话局。笔者采访附近的仁田西里已经91岁的老人，据其记忆，在1935年以前，这里曾经是清末建立的长途电话局设备处，见到过院内堆着木电线杆和电线。从民国二十一年（1932）天津市财政局绘制的天津政区图，在这里标明为长途电话局，则可为佐证，尚未找到更详实的的史料可供查证。

说起天津设立的长途电话局，则要从清末洋务运动后期引进西洋先进技术为肇始。1884年（清光绪十年），直隶总督李鸿章架设了自总督行馆到津海关、北塘、大沽等处的电话线。并架设了中国第一条自建长途电话线——天津至保定长途电话线。据当时的报纸报道："德律风（即电话）之设，虽数百里不殊面谈。事为李傅相闻知，亦饬匠竖杆设线，就督辕接至津海新关等处，文报传递，诸形便捷。

随又通至北塘唐元圃统领营中，大沽罗协副戎荣光署内。现又丈量地段，将迤逦接至保定府城矣。”此为中国最早架设的长途电话线。

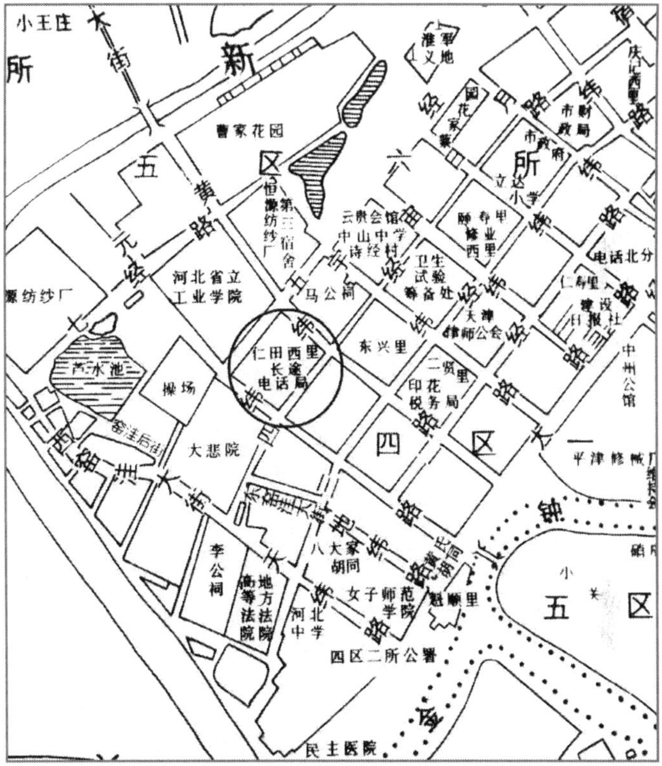

根据民国二十一年(1932)天津财政局地图绘制

光绪二十六年(1900)，荷兰人鲍尔森经天津都统衙门和各国领事团的认可，设立天津电话公司，以单式电话线，架设于天津到北京之间，以此为开端。至光绪二十八年(1902)，当时的袁世凯计划架设天津、北京、塘沽之间的电话。聘请日本吉田正秀为工程师，购入日本的电信器械材料架设。1904年(清光绪三十年)，天津至北京长途电话线架设竣工，并成立天津电话局，为中国自办长途电话之开端。

光绪三十一年(1905)设立天津及北京的电话交换局，逐步设立交换总局和各支局及设备材料部门。

1937年日本占领天津后，租界以外天津电话局闸口街二、五局，河北六局(月纬路)，河东八局及法租界的电报局先后被日军强行接管。河北六局在月纬路上被日本人接管后，势必将离此不远的元纬路四马路的长途电信局一起接收。就是在这一时期，日本商人便在长途电话局原址开设南洋橡胶厂。

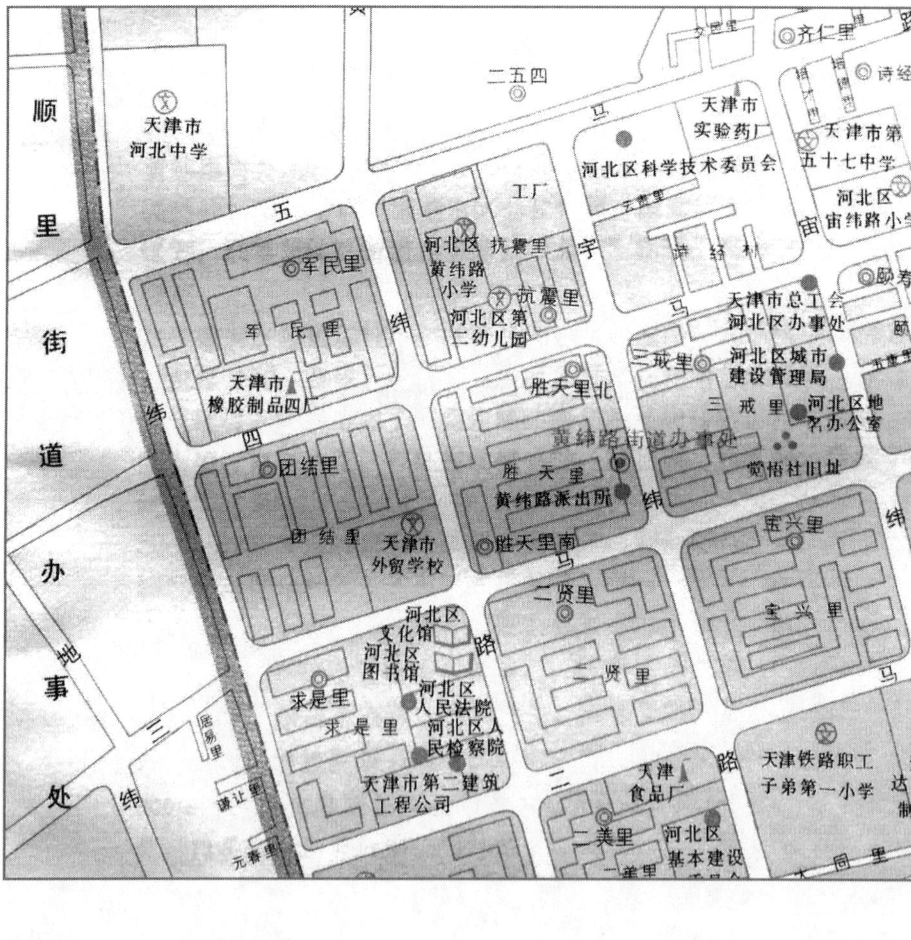

黄纬路和四马路交口附近地图

刘春平四姐妹

采访对象:刘春兰(1956 年生)

刘春平(1959 年生)

刘春梅(1962 年生)

刘春慧(1965 年生)

采访时间:2016 年 10 月 12 日(星期三)

采访地点:黄纬路军民里烧烤店

二姐刘春兰

1949年前，我姥姥家在黄纬路上的门脸房开了一间白记牛羊肉铺。我父亲是入赘到白家的，我们一家就住在铺子后面的房子里。这一带商业繁华，从四马路到五马路这一溜，就有十多家商铺。我母亲姓白，是独生女，她人特别心善，经常救济穷人，曾经出钱给困难的人买房子。那时候，我们家生活比较富裕，母亲外出都是坐胶皮车。你看看，这是我母亲的老照片，年轻的时候特别优雅吧。

五六年公私合营，我家的羊肉铺就关门了。我父亲到北站副食店卖牛羊肉，每月工资54元，我母亲没有工作。我家有七个孩子，两个男孩子，五个女孩，加上我父母，还有姥姥，共10口人。

我父亲的收入低，家里人口多，生活极度困难。每个人一天只有两个棒子面窝头吃，饿的不行。我们家的兄弟姐妹都是在黄纬路小学上学，我上学的时候经常饿晕过去，被老师送回家。黄纬路小学的周校长挺好的，给过我家很多关照，出身不好的女老师邵傅生，因为给我家送了两个馒头，因此还在学校挨批斗，段老师也给我家送过粮食。同班同学杨林，家里比较宽裕些，时常接济我家，有时给我家3–5元。回民马三奶奶也接济过我家，有时候在副食店排队买东西时遇到，就给我几角钱。

我家经常借钱,发工资时先要还钱,去郊外的地里捡人家不要的山芋头。我上小学没交过学费，河北区工会还发给我两元的困难补助。我家没有钱添置衣服,都是拾别人家不穿的破衣服,缝补一下,鞋也是破窟窿的还继续穿。因为穷,被人瞧不起,经常遭到别人的白眼。

你知道吗,文革时期,市委书记万晓堂死在黄纬路三马路口的职专学校里,就是以前的李纯公馆,我还跟着进去看了,万晓堂躺在一口特别小的薄木板棺材里。

三姐刘春平

小时候,我们一家 10 口人住在十多平方米的两间房子里,全靠父亲每月微薄的工资生活,日子过得十分艰难。除了上学、写作业之外,常跟着哥哥姐姐们一起拾菜叶、捡煤渣,或帮着妈妈拆棉纱、织网兜,即使这样,家里还是常常连温饱都解决不了。学校老师、邻居、亲戚朋友经常接济我们,奶奶和父母时常告诫我们,长大后一定不能忘了这些人。

有一次中午吃饭,我姥姥看到我们几个孩子吃不饱,还饿的慌,把她的窝头分给了我们,她饿着肚子去邻居家串门,邻居看她饿的不行,就将一锅饭都给了姥姥。我们一直感恩那些曾经帮助过我们家的人,现在我们就想回馈社会,尽自己的能力帮助有困难的人。

马路对面四马路的潘一先大夫特别好,有一年,我母亲得了伤寒,病的很厉害，伤寒在当时是非常难治的病，我母亲到潘大夫的诊所看病，潘大夫分文不要，给治好了。至今，我们家人还在感念潘大夫的恩情。

四姐刘春梅

我们这几个孩子都是在黄纬路小学上学，学费当时由单位出证明可以免费。学校老师经常帮助我们，给我写过字的本子，反面可以写。有一位老师给我二哥两个馒头，就是因为这事，老师的成分又不好，学校就批斗这位老师。马路对面有炭黑厂仓库，职工在我家门口坐班车，赶上下雨天，我们让人家进屋避雨，看我家困难，哪怕是二两粮票，也给了我们。

有一次我母亲带着三姐刘春平，去金刚桥附近的菜道去捡菜叶，三姐睡着了，我妈就把她放在送菜的马车上了，只顾捡菜忘了孩子。这时，赶马车的结完账赶着马车走了，马车快到引河桥了，三姐睡醒了就哭起来，赶马车的人还不知道呢，过路的人看到这种情况就给拦住了，派出所警察联系到我父亲，才将三姐接了回来。

2005年，我们刘家发生一件大悲事，我父亲因病归真了。大哥刘春明去清真寺请阿訇和乡佬，跟阿訇说着话就犯心肌梗死，当时就不行了，送到医院抢救，没有救过来。我大哥曾经上山下乡，回城顶替母亲，平时身体挺好的。因为家里困难，上两个班，劳累加之父亲归真，悲痛过度，就这样……（一边说着，哭泣起来）。父子俩归真相差一个小时左右，同时办两个人的丧事，一家人都懵了，让人无法接受这个事实。

前几年，我家在军民里开了“老黑刨冰”，现在也小有名气，特别是周边地区，大老远的特意来买我家的刨冰。我家的刨冰配的料好吃，绝无添加剂。比如说，红果酪，都是手工捻制的，后来试着用机器绞，出来的口感不行，而且看不到果蓉。所以，不管多累，我们还是坚持手工制作。我们是凭良心做人，实实在在的做事。每年的开斋节，我们老黑刨冰到金家窑清真寺门口，免费发放酸梅汤给大家喝，我们就做一些力所能及的事情。

小妹刘春慧(天津著名相声女演员)

我是家中最小的妹妹，现在是天津名流相声艺术团相声演员，说相声的女演员很少吧，是不是。1973年我在黄纬路小学上学，1978年进河北中学，我自小喜欢文艺表演，从1978年开始，我到河北区文化馆，参加业余话剧团，一起演话剧，话剧不景气了，就演小品，又参加影

母亲白玉萱在1948年的照片

视演出，再后来跟他们学说相声，经常参加文艺演出。1983 年我高中毕业，到天津市桂顺斋糕点厂当了一名工人。1993 年，我下岗，离开了工厂自谋生路。我曾经在服装城当过播音员，在公司做过文员，卖过烧鸡，后来和姐姐一起经营烧烤店。

参加工作后，我经常参加市内的各种小品比赛汇演并多次获奖。1996 年，天津市举办宜兴埠万达杯文艺大赛，我报名参加比赛，得了三等奖。

经相声表演艺术家于宝林的发掘，1998 年开始跟于宝林先生学相声。终于进入了相声的大门，后来我加入到众友相声团，而烧烤店也一直在经营着。我要特别感谢三姐，原来她不支持我说相声，觉得我是女孩子，不适合说相声，有点不务正业。我们经常为此吵架，后来她慢慢理解支持我了。现在烧烤店里的事情都是我姐姐在打理，我只有在不忙的时候才过去帮忙。

我从 1998 年 9 月 13 日，正式不间断的在园子里说相声，一直到现在，将近二十年了。成为全国唯一的天天在台上说相声的女相声演员，出场次数最多，也是赚钱最少的相声演员。我一边说相声，业余时间一边卖羊肉串，周围的人叫我“说相声的羊肉串西施”。2005 年，父亲去世后，我不再卖羊肉串，而是开始专门说相声。后来我加入到天津市名流相声艺术团，长期在名流茶馆表演节目。

我永远也忘不了，自幼我家境贫寒，是靠着政府资助、周围邻居、学校老师、同学的帮助照顾才长大成人的。我的收入虽然不高，仍执着地回馈社会，做公益，基本上不存钱，从 2000 年开始到现在，资助了近 200 个贫困孩子上学，得到了“甜妈妈”的称呼。一些社会团体组织的义演，我都是随叫随到。我曾经获得各种奖牌、证书：全国“三八”红旗手、全国道德模范提名奖，受到习总书记的接见、天津市劳动模范、天津市德艺双馨文艺工作者、天津道德模范、爱心使者，以及“慈善之星”、“爱心妈妈”等称号。以我为原型创作的电影《为你喝彩》曾在中央电视台热播，很多电视台采访我。

四川汶川地震，我积极捐款，塘沽大爆炸我也亲自去慰问。说到做公益，我三姐刘春平总是帮我，说资助孩子钱不够，我给你添，吃饭没钱我管你饭，这是我们感恩回馈社会的情怀。上小学时学费交不起，老师经常给铅笔头，给点纸，给二两粮票。我最遗憾的一件事，是我在黄纬路小学上学时，我是班长，班费三块多钱在我这放着，我们家这么困难，也没动过这班费。班主任焦老师，让我去地纬路百货商店买军棋，钱却让小偷给偷了。哎呀，当时我那个无助啊，怎么办呢，老师拿出钱给垫上

刘春慧因经常捐助困难学生而获得爱心妈妈的称号(图片来自网络)

刘春慧在舞台上说相声(图片来自网络)

了。我回家跟我妈说，我妈让我告诉老师说，等到咱家3号发工资再还上吧，到了3号就是不吃不喝，也要先还这三块多钱。等到给焦老师钱时，焦老师说什么也不要。家里穷啊，我就把这事记在心里了。我上了班，发了第一个月的工资，我就去找我的老师。以前老师住在大悲院旁边，是旧的木头楼房，现在是素食馆的位置，到那一问，说是搬到小海地去了。多少年了，我一直找焦老师就是没有找到。通过学校，派出所找，人家说你得说出具体名字。我小时候傻呀，谁知道问老师的名字，我在电视做节目的时候，也说过这件事，也没有得到反馈。后来，我在助学的时候遇到一位黄纬路小学的老师，现在是靖江路小学的校长，告诉了我焦老师的名字，叫焦振琴。你看我说着鸡皮疙瘩都出来了，激动啊。我听了转天就去派出所了，警察说只要知道名字、住的位置就能找到。我说这个老师如果健在的话应该80岁左右，警察给找出来了，激动的我呀，一看照片就是焦老师。警察打电话过去一问，老师在去年就去世了。唉，这真是我一生的遗憾，我眼泪当时就下来了。三块多钱，按现在来说一棵冰棍都买不着，可当时三块多钱可以是半个月的饭钱呀。父母经常教育我们，不能忘了这些帮助过我们的人，一定要知道感恩回报。所以，我的目标是生命不息，爱心不止，反馈社会。

我上班没几年就下岗，自己创业，酸甜苦辣咸，没有我们没吃到的，我姐刚流产后就出摊了，姐夫为了养家出去卖血。都是上有老下有小，刚有点饭吃又下岗，我们都赶上了。现在，我们姐几个浑身都是病，也得干。按我们回回来说，第一，多赚钱改善自己的生活，第二，多帮助需要帮助的人。

陈文仲

采访对象：陈文仲（1943 年生）

采访时间：2016 年 10 月 17 日（星期五）

采访地点：黄纬路军民里

过去住在高阳里的蹬三轮的多,不是专门拉胶皮的那种,什么都拉。1949 年后,公私合营都归到三轮社了,在小关那的三轮三社。胡同里还有干电气焊的、打草绳的,做胶皮斗的,作坊就在家里,他们的后人还在这里住着。

我家很早就在高阳里 16 号住,那一片房子原来是一个姓赵的,那人年龄比我父亲小,我见过这个人,挺胖的,在一宫附近住,叫嘛名字想不起来了。高阳里过去是左右两面的院子,院内的房子都不大,一间是九平米左右,也是对面的房子。后来,在五几年南洋橡胶厂扩大,将胡同的一边给吃进去了,单号的一溜院子给拆了,只保留双号的院子。那不是荣子政扩建的,是公私合营以后的事。我那时看到,橡胶厂生产皮球、球胆,别的就没注意。

我父亲 1949 年前是在一家布铺里,站柜台卖东西,学徒学做买卖,以前很多店铺是前店后厂,后面院里有两台织布机,妇人、女孩子忙活织布,都是家大人、男孩子在前面支撑门面。那时候,布匹的销路比较好一些,大多数人还是重视吃和穿,富裕人家才讲究买红木家具,古董什么的。

我小时候,和几个小孩在胡同里玩,听说过新开河那边是枪毙人的刑场,好奇啊!想看看刑场是什么样的,就和几个小孩偷偷跑过去看看。那时黄纬路不通新开河,给封住了。从元纬路绕挺远的,那里是一座木桥,过了桥是刑场。如果去那边玩，回来要被大人打，跑那么远玩去，还得了。京津木桥走汽车，是通往小王庄唯一的桥，另外一座木桥是法政桥。1949 年后京津木桥年久失修，改建成洋灰桥，不是很宽，现在是两边加宽了。

我上小学，是在旁边的高等工业学校的附属小学，工业学校的几个学生教我们。刚解放嘛，这附近大部分孩子，都是在那学校里上课，学校的校门是个四面钟建筑。等到高等工业学校的学生一毕业，我们这些孩子就迁到三区二小，也就是黄纬路小学。那时候，上学是义务教育，不收钱的。等到中学毕业时，工厂大批地招人，那时高中生，就了不起了，大学生少啊，上了中学就不简单了。

工业学校后来改为石油学校，最后改为河北中学。工业学校传达室的刘大爷以前就住在我们楼里，看传达室的过去叫唐衣，上课下课摇铃铛，就是学校的后勤工作。现在他的儿媳妇还住在这，也有八十多岁了。她孙女是天津那年春节晚会上唱戏的京剧童星刘小源。当年才三、四岁就在电视台上表演节目，挺出名的，刘小源是我们这里居民的骄傲，我们是看着她长大的，现在已经二十岁了吧，以后肯定成名角的，了不起啊。

以前橡胶四厂的车间后墙正对着我家的院，车间后墙上有一溜排风扇。有一个排风扇正对着我家的屋子，排风扇总是哇哇响，半夜也响，睡不着觉啊，我们就去找厂里。然后，厂方就隔一个拆一个。那时候的人只是知道噪音影响休息，不知道排出来的烟有没有毒啊。

大地震后，胡同里的老房子也不行了，我们这一片楼房是地震后最早重建的。房型虽然不是太好，地震后马上盖的嘛，却很结实。

现在我哥哥都没了，姐姐都九十多了，哥六个，现在我老兄弟也 70 岁了。我跟荣子政的大儿子荣大成是同学,他弟弟跟印尼华侨结婚,后来跟着一起走了,是去境外了。那还是在文革时期,荣子政还在挨斗,荣大成的弟弟跟媳妇走了。

1949 年前开杂货铺的金老五的儿媳妇也八十多岁了,就在前面住,你可以采访一下她,是这里的老住户了,再不去就该记不住以前的事了。她儿子给她买了一个小提示器,走出多少米范围就响,只在楼下小花园转悠,怕走丢了,都这么大年龄了。

说相声的马志存以前住在这后面的敏智巷,唱京剧刘小源的爷爷家过去也住在敏智巷。

我以前是在机械厂干翻砂的,铁粉的粉尘污染,造成矽肺,现在我住在疗养院定期疗养治疗,一会儿就得回去,有什么要问的回头再找我。

姜凤翔

采访对象：姜凤翔（1933 年生）

采访时间：2016 年 10 月 17 日（星期一）

采访地点：黄纬路军民里楼下

我今年85岁了,身体还硬朗,我家族中都是非常长寿的。我是小时候随父母从老家北郊刘怀庄子来到谦德庄益寿里。闹日本时期,闹大水那阵子,从益寿里搬到黄纬路仁田西里,什么时候搬过来的记不住了,那时候还小,住在这我大约才8岁左右吧,天津解放时我才18岁。我爹是在鸟市卖烟的,批发烟。

我在秀山小学上的小学,就在马路对面位置,现在是二幼。我从小是继母带着,她不让我上学,我奶奶非让我上学,我挪到三区二小继续上学,就是马公祠里面的学校,才上了二年就不上。到了16岁,我就学徒去了,为嘛学徒呢?是因为一件事,曹锟花园那时候还随便让我们小孩进去玩,我在那里救了一个人,他父亲姓徐,他给我找的事由在三条石,做台灯、电闸。天津解放那年,一响大炮我就回来了。没活干,就去蹬三轮,蹬了六年三轮,一看没有什么出息,把三轮卖了,报失业,街道给我分了一个工作,在天纬路一个单位。因为那里地方小,就挪到北郊的粮食局的粮库,就是普济河道粮库,那里存的粮食特别多,我一直干到退休。

你问我救人的事,嗨,那时候我们一帮小孩子,经常到曹锟花园玩,花园湖水特别多,有个破船,我们划船玩,上的人多要翻个了,那姓徐的小孩掉水里去了,差点没淹死,我就给救上来了。回来他爹给我买点心到我家看我来,我奶奶说咱别要礼物,给人家送回去。他父亲说,好吧,你不收礼物,我给你找个工作。于是,我就在三条石堂子胡同那个工厂学徒，厂子的名字叫三聚成。

曹锟花园那时候大了去了，我们小孩经常去那里玩，都是小孩，人家不管。以后啊，日本人来了，占了花园改作陆军后方医院，就不让进去了。以前曹锟花园大门在宇纬路，1949 年以后大门改到黄纬路上的。

日本人在曹家花园建陆军后方医院，把黄纬路从五马路口，用木头板墙给截死了，后来改成砖墙，墙头上是电网。再去新开河边，要从元纬路绕着走，到河边右拐到摆渡口，以前那还没有桥呢。过了摆渡前面就到了小王庄，再过铁道那边是刑场，枪毙人的地方。1949 年后，枪毙于鹏飞，于鹏飞在黄纬路东兴里住，是地痞恶霸。当捉他的时候，他在房上一看跑不了了，四外都架满枪，他就自己跳下来了，说我跟你们走。枪毙他那天，穿着一身白，留着大背头，押到刑场。他说，别架着我，我自己下去，他就自己从刑车上跳下来。然后跪在那了，真是一条汉子。

有一次，五马路的日本油库着火了，火特别大，我们看了大半夜，还发生爆炸，响了一下。因为我家离那特别近，听着声音特别大，我家的房子都震动起来，快天亮了大火才扑灭。

曹家花园旧照

经常看到日本兵打人，那时吃的是三合面，难吃啊。在五马路日本陆军医院外面，我们去买日本饭，是人家食堂剩下的饭，那就算改善伙食了。1949 年以后才把围墙拆的，黄纬路又畅通了。

对面马公祠胡同里有日本人盖的洋楼,住着不少日本人,日本投降后,改成了马公祠派出所。胡同里面有一个院,也是日本人住着的,住在这一带的日本人特别多。仁田西里胡同口,有一家门脸房是做醋的,醋还没做,日本人就给占了,日本人住了进去,谁敢惹他们呀。

马公祠前门在黄纬路,后门通到宇纬路,我小时候偷着进去过,两个大殿,院里有大石碑,是王八驮的石碑,后来政府来人给拉走了。我小时候淘气,放了学就去玩呗,我的同学陈家琪的兄弟陈家友跟我同岁,他们家就在马公祠里面小房子住,我就说,让我跟你进去看看,他就说别去了,看祠堂的黄老头看见你不愿意,把打你出去。我就偷偷进去,那大院里没人,后殿慎的慌。那里的房子都是高台阶,磨砖对缝的房子,气派而且结实。

仁田西里旁边的杂货铺是金老五开的,公私合营时没有合进去,一直是自己干的,后来改成副食店,附近的居民都是在这里买东西。

于金兰

采访对象：于金兰（1934 年生）

采访时间：2016 年 11 月 13 日（星期日）

采访地点：黄纬路军民里家中

我已经八十多岁了，好些事情记不清楚了，想起什么就说什么吧。

我家是 1963 年搬到黄纬路临街、仁田西里附近的，以前住在五马路，我是在五一年结婚，在这附近的第八塑料厂上班，六二年下来了。我婆家在 1949 年前是做酱油、醋的作坊，1949 年后公私合营了，归到调料厂。所以，我老头子在调料公司工作。

我搬到这里，就在仁田西里居委会当主任，一直干到退休，干了几十年了，对这一大片居民区的情况，我都特别清楚。只是岁月不饶人啊，好些事记忆模糊了。

我就讲讲我们这片居委会早年的事情，先说 1958 年大跃进时，我带领群众烧砖建房，砖窑在五马路河北中学的后面，那有一个大院，那时候是吃大锅饭，居委会在仁田西里建了食堂。1960 年到 1962 年，三年度荒，就是粮食不够吃的，盼着 25 号借粮啊。然后 1963 年到 1965 年三反运动，反贪污、反浪费、反右派。接着就是文化大革命，那时候，街道居委会领着人组织赤卫队，开批斗会，斗人的时候，我们是给维持秩序，我们街道有一个主任，叫崔秀兰，我们都是一块的，挨批斗了，戴着高帽子，整的够呛。

六七年开始上山下乡运动，街道居委会开始动员下乡，家家去做工作，做了好几年，挨骂呀。我家四个孩子，七七年我家有个孩子下乡走了，是最后一拨。

文革后期，计划生育开始了，先消灭小三，不让要，有怀小三的我们去动员流产，领着孕妇去医院做流产。后来提倡只生一胎，住五栋的一户人家，两口子是哑巴，怀上了二胎。我们去动员，却怎么动员也不听，就是不去医院做流产，我们街道也没有办法，就报区里了，区里下来指示，说要照顾双残的，两口子都是哑巴，就没强迫她，让她把小孩留下了。

墙上挂着的镜框，于金兰过八十大寿合影

后来，街道在仁田西里开小工厂，给大中华橡胶厂做鞋，就把仁田西里的一条胡同给堵死了。

我什么都干过，赤脚医生，建立卫生站，我是站长，给人打针，头痛感冒的给人看看。治头痛感冒的药，卫生站都准备。仁田西里居委会又建起了群防站，打针卖药，打针不要钱，药是得花钱的，小病小灾的我们就能治。对呀，我也给病人打针。

同仁里我不是太熟，也归我们管，从四马路进去，胡同里住的都是有名的人物，为嘛叫同仁里，就是人家那些人呐，同仁盖的房子，历史很早了。胡同里住着华侨，还住着一家日本老夫妇，早死了，六八年就死了，那里是个大院，院里都是大瓦房。临四马路的大院，那院里有两层的楼房，胡同里的幼儿园是六八年建起来的，在胡同中的一个院子里。胡同外面门脸房是金老五开的副食店，旁边是粮店。再往前走是橡胶四厂，以前他们厂长我都认识，现在也忘了叫什么名字了。不是做产品的，是做橡胶原料的。最早的厂长是荣子政，文革时挨斗了。对了，荣子政曾经当过河北区副区长。

六八年，仁田西里和黄道里居委会合并，变成一个居委会了，两处都归我管。六九年换届，选人民代表，选的我当人民代表。到了七〇年，根据区里的意见，两个居民区又分开了。

我们那时候搞街道工作，跟现在可不一样。下雨阴天，跟几位代表见见面，开个会，串串门，做卫生，扫扫死角。那时候，还没有铺边道，就去拔拔草。平时我们可闲不住，居民家里打架了，半夜十二点砸门来叫，我就得起来给做调解工作去。五点、六点打架的，叫你来了，你得解决到半夜十二点。那时候还没钱呢，以后才有的钱嘛，都是无私奉献。

到了年节，慰问军烈属、孤老户，街道都要管的，到时候去看看，帮着洗洗涮涮，擦擦地。孤老户那时候没有送养老院的，都是街道居民管。

你看我这墙上贴着的照片，这是我八十岁过生日，孩子们都来给我过生日，二十多口人了，四世同堂啊，你看多热闹，我天天看着照片就高兴。

陈瑞东

采访对象：陈瑞东（1931 年生）

采访时间：2016 年 12 月 1 日（星期四）

采访地点：黄纬路军民里

我刚从老家武清回来，天凉了孩子们不放心，让我回来过冬。我平时喜欢在农村待着，退休我就回农村了，远离闹市心有静，淡泊名利一身轻，哈哈。长寿跟人的生活有规律和情绪大有关系，我今年 86 岁，按阴历虚两岁，就是米寿了。

1949 年前后，这一带小工厂小作坊不少，最大的是南洋橡胶厂，第二就属我家的恒丰机械厂了。

我家以前一直住在仁田西里 7 号，是一套大四合院，北房五间，南房五间东西厢房各两间。在我家对面的四个四合院特别大，房屋也讲究，其余的院子都是小的了。现在我家住的楼房的位置，就是以前的仁田西里胡同的位置。

你问我家 1949 年前开的机械厂呀，是在日本投降后的这两年开的，准确说是 1946 年，是我父亲开始筹备恒丰机械厂，一直干到公私合营，干了整整十年。原来恒丰机械厂的厂址在仁田西里 7 号，厂子的房子不够用，又占了 6 号院。说起这 6 号院，听家里老人讲，以前是美国人崔伯住在这个院里，他跟中国女孩子结婚住这，还在这个院里办外语学校。这两个院子都挺大的，后来，厂子又发展了，需要大一些的车间，就迁到黄纬路对面四马路，就是现在的二幼的院里，是用 130 匹布换的厂院，这是恒丰机械厂的老底。

我是 1950 年从武清老家来的，在恒丰机械厂里跟我父亲学徒，学机械模型，这种技术人才不多。学好这个技术,以后就可以凭本事吃饭。

我父亲早先在三条石三益成机械厂工作,是工头,负责机械设计、绘图,姚叔是钳工,马三叔是车工,黄二叔是账房的会计。掌柜的视这四个人为厂里的台柱子,人家资本家会用人啊。后来,看出来了这四个人要另起炉灶,烦一个人从中说,如果你们要是嫌工资少,我给你们提高工资,再不行的话,给你们股份,到年底分红。这四个人一看消息透漏了,就说实话了,我们四个人就是想出去单干,另起炉灶。这时是在1946年底,在外面把厂房子都准备好了,几个人保密,没让别人知道这件事。其实,哪有不透风的墙呢。

等四个人走了没有一年,三益成机械厂就完了。俗话说人杰地才灵了,能人都走了,那厂子也就垮了。父亲与那三个人从三益成出来后,在黄纬路仁田西里七号创立恒丰机械厂。创业也不容易啊,购置机械设备,招募工人,推销产品,都是一样一样地来,慢慢就走上正轨了。

四马路北边有一个裕大电线厂,我们厂给电线厂做全套设备,从拔丝一直到编织,最后到成品,整套设备都是我父亲设计的。到了1949年以后,给军工做过一次产品,又给铁路部门做铁道用的紧固件,抗美援朝时,给战地制作小推车。后来还生产捻稻子的磕皮机,当时是比较先进了,一台机器能捻一万多斤稻米,是最早的农业机械化。所以,就打开销路了,种稻子的地方都来我们厂买机器。要是搁到现在,可以申请专利了。

就这样,一直干到公私合营时为止。合营的时候,交的图纸就有两大箱子,说这些技术图纸都是商业机密,嘛机密呀,都上交就完了。以前,厂子还做机制煤球机,以前做煤球都是手摇,这机器就是压煤球,提高效率嘛。反正恒丰机械厂生产的机器，在当时都是很先进的。

前边的裕祥机械厂有几台机器设备，规模没法跟我们恒丰机械厂比，我们厂有三十几台设备，车钳刨铣的机器都有，规模不小，徒工就十几个，设备有的都是自己装的，都是当时比较先进的，当然不能跟现在的机器设备比了。

我从小是在老家读私塾，记得那时候正是日本侵略中国时期。我们在私塾里学三字经、百家姓，朱子治家格言、上论语、下论语、中庸、大学。都是老的传统文化，学这些打的基础特别牢，到了现在还有印象。你看朱子治家格言，一个家庭怎么管理，怎么操持家务，黎明即起，打扫厅厨，关闭门户，必亲自检点，防盗得提高警惕，亲自看看到底插没插门。

我们那时学论语，老师高兴给你讲两段，不高兴不给你讲，让你自己读，自己悟去。上学讲的都是做人的道理，先学会做人再学做事。小学应该必读的弟子规，守孝悌、忠义信。

上次我去大悲院看到一本弟子规，有的地方给改了，对小孩如果灌输这样的规矩，对孩子成长大有好处，影响一生啊。后来我又上了三年学，就到我父亲厂里学徒了。

我特别喜欢咱们天津的大鼓、单弦这些曲艺，文学性特强。每一段都有教育人的意义，有的教人怎么对长辈的孝敬，比如风雨归舟，写的真好。咱们的汉学博大精深，我特别喜欢看四大名著，曹雪芹写的《红楼梦》真好，其中写的王熙凤，十四个字儿:粉面含春威不露，丹唇未启笑先闻。这几句要是翻译英文就麻烦了，哈哈。

在老家自己一个院，我也没有种地，地也有，一个人就不干了，现在那里发展的也更城镇化了。早市、夜市卖什么的多有,热闹。跟 1949 年后我刚出来的时候不一样,变化太大了。

公私合营以后,我就到河东那边机械厂上班了。我父亲因为是资本家,出身不好,我没少受冲击。单位总是把我们这些出身不好的坐一块堆儿,告诉说跟家庭划清界限。让我发言,我就说怎么划清界限呢,我也不能不承认他不是我父亲。好么,这一句话惹祸了,挨批斗,后来才给平反的。

退休前我是八极工,工资是一百多块钱,正八级是一百一十八块钱,还有副八级。我退休一个月又把我叫回去了,开始杨柳青一个厂子让我去,给六百块钱工资,一礼拜回家一趟,车接车送,都说好了,过了年就去上班。可是就在这个节骨眼上,过年的时候,我们厂的人给我拜年,说领导让我回去工作。虽然只给三百块钱,我还是回去了,对自己的企业有感情嘛。就是说你干什么就得吆喝什么,对技术就要专研,你有技术,人家就离不开你。

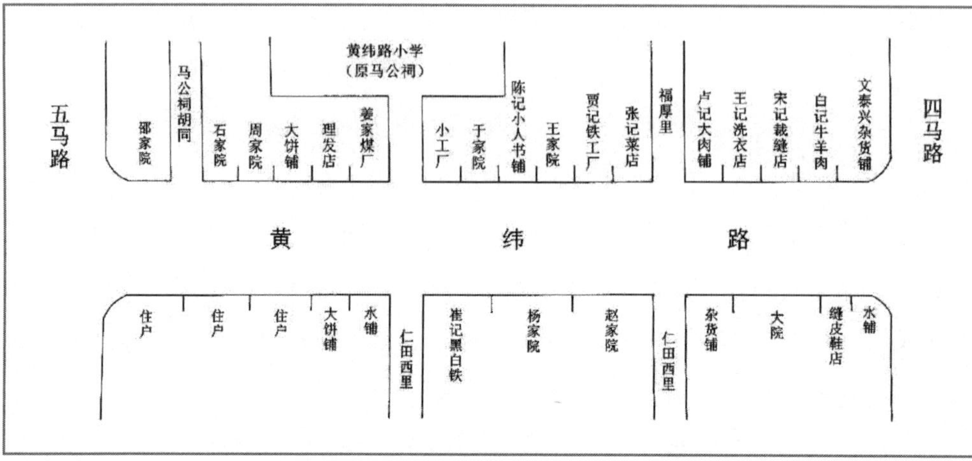

黄纬路小商业街，根据姜德成提供的草图绘制

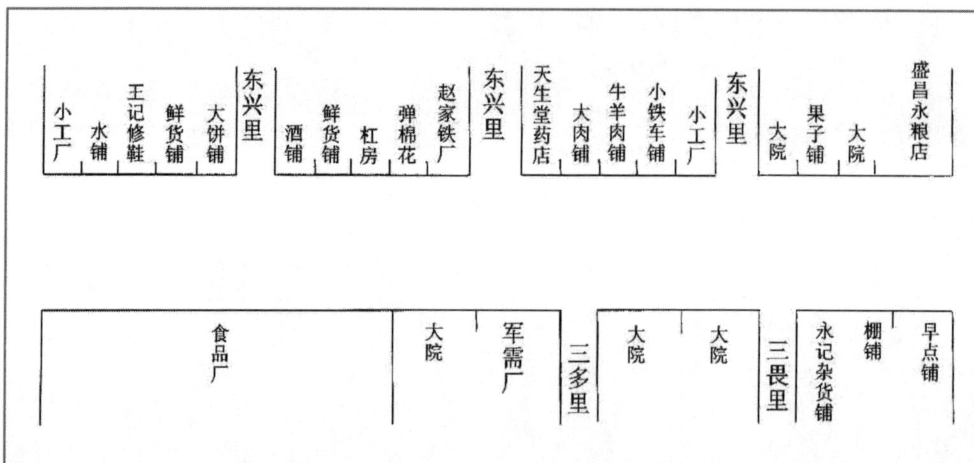

三马路东兴里商铺情况图

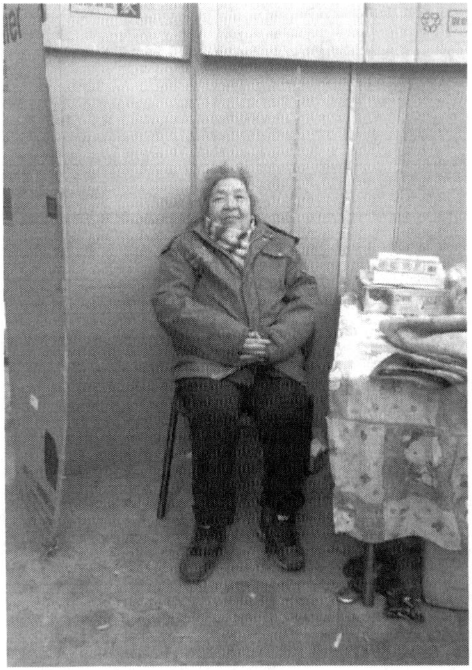

孔祥荣

采访对象：孔祥荣（1941 年生）

采访时间：2016 年 12 月 7 日（星期三）

采访地点：黄纬路军民里楼下

我家以前住在东兴里老胡同,其实也没有什么好讲的,都是普普通通老百姓的生活,每天就是上班下班,吃饭睡觉,很平常。

我结婚就到东兴里24号住了,十八、九岁嫁到这里来的。婆婆家1949年前就住在这了。家里老人干嘛的?有砸核桃的,串糖堆的。公公在菜店上班,婆婆是家庭妇女,不是告诉你了嘛,在家砸核桃的,就是去街道领来核桃,拿榔头砸,核桃仁还不能砸碎了,砸完了,把核桃仁和核桃皮送回去,过秤,领走多少斤,送回来就是多少斤。那时候的人都规规矩矩,一点不敢偷吃,也没有做手脚的。核桃砸了好多年,有时候还砸松子。那时候,大量的核桃仁做罐头出口,也不知道出口到哪个国家去。

我家住的院,出胡同口就到宇纬路了,这里的院子都不大,细长条,五、六家一个院,房屋大多都是十二平米左右。现在住的军民里楼房盖的结实,刚地震后盖的,起码能抗大地震,住着踏实。

我是四一年生人,娘家在西头住,就在西关西的习艺所对过,强子河北边。那临近御河,水好喝,最早喝的是那河里的水,甜呀。天津解放时我才九岁,按现在来说,七、八岁就该上学了,可那时候没钱,上不起学,一个女孩子,家里更不让上学了。

要说老东兴里有什么历史，听婆婆讲过，在五八年大跃进的时候，东兴里曾经搞过幸福大院，街道办让把胡同里所有的院子大门都拆了，档胡同口，把几个胡同口堵死，只留中间的胡同出入，建茅房，建食堂，本来挺格局的胡同，变成大杂院了。不过，都没长了，又得恢复。把每家大门都给拆了，还得给人家安装上去，这是嘛事儿呀。

要说东兴里干净，确实干净，胡同里的地，铺着青砖。下雨天也没见过积水，没趟过水什么的，可能是地势高呗，别处可不行，下雨积水是常事。

我家住的是公产房，现在住的楼房也是公产房，以前胡同里有很多私产房，过去房子便宜，一袋面的价。可那时候，一袋面咱也买不起。我以前在光荣酱油厂工作，传统工艺，都是粮食做的，是用黄豆、豆饼发酵制作的，醋是拿米制作的。是呀，质量不错，现在还在卖这个牌子。

以前住在胡同的时候，买东西还是挺方便的。我家出胡同口右边就是粮店，副食店在三马路。就是买什么都要凭本，要票证，买粮食要凭粮本，买副食品要凭副食本。以前粮食定量哪够吃的呢，到了 25 号借粮，就是预支下个月的定量。10 月份开始到副食店买山芋，也是凭粮本去买，一次买了很多，存放在床铺底下。到了冬天，屋里点上炉子，把山芋放在炉子边，烤山芋吃，特别甜。

11 月份开始买大白菜，家家都是大量储存大白菜，一次买一百斤，借邻居家的小轱辘平板车，用自行车拉要拉好几趟。吃的时候要先批帮子，放在院里的小屋里，经常冻坏了。现在多好，现吃现买。

那时候兴置几大件，自行车、缝纫机、手表。买自行车、缝纫机需要票证，没关系没路子是很难买到的。那是七几年的事了，我们院有一家，一直想买缝纫机，学不来票着急。说是在马路边,遇到一个女人问买缝纫机吗,有缝纫机票证可卖。他心里一动,家里正需要一台缝纫机呢,就问买缝纫机票需要多少钱,说是十二块钱。那时候,工资才三十多元,他犹豫了一下,还是买下这张缝纫机票。那卖票证的女人走后,还是一步一回头,怕有人抓她呢,哈哈。人家有路子学来缝纫机票也能卖钱,新鲜事吧。那家人有了买缝纫机的票证,就到指定卖缝纫机的商店,把牡丹牌缝纫机买回来了。那年月,很多都是自家裁剪做衣服。而且,经常需要缝缝补补的,有了缝纫机确实方便呀,这是女人的梦想。

文革后期穿鸡腿裤还是不允许的,如果小青年穿着走在马路上,民兵之类戴红袖章的人见到了,就当场捉住拿剪子将裤腿剪开,那个穿鸡腿裤的小伙子垂头丧气地低着头走了。八几年时候开始时髦起来,年轻人更是追求时尚,穿着喇叭裤,戴着蛤蟆镜,提着录音机放磁带,听邓丽君歌曲,也成马路上的一景了,为嘛?显摆呗,哈哈。

贾重刚

采访对象：贾重刚（1948 年生）

采访时间：2017 年 5 月 3 日（星期三）

采访地点：黄纬路军民里

我住的楼房临元纬路，你看我窗户外边就是大悲院的后墙，天天有烧香的烟飘进来，呛的慌。

现在我还记得特别清楚过去这一带的状况，黄纬路那边是东兴里，四马路对面是黄道里，咱这边是仁田西里。对面是马公祠胡同和福厚里，那一溜门脸最多了，粮店、羊肉铺、裁缝店、洗衣店、大肉铺，挨着福厚里。然后又是门脸，小人书铺、一个大院，挨着一个小工厂，然后就是黄纬路小学，这小学过去是马公祠，利用旧祠堂办的小学。马玉昆，又叫马三元，是安徽蒙城人，李鸿章的部下嘛，都是淮军，八国联军来了，马玉昆抵抗一阵子，然后到了北京，护送慈禧太后到了西安，这老爷子不简单。

我在马公祠里上小学的时候，旧祠堂的左右两个配殿还有呢。进了大门左右都带走廊，通到两边配殿檐下，比较讲究的。后来盖起教室了，学校进去是大操场。你问迎面的正殿？在我入学的时候就没看见过，只剩下大殿的台基没给平了，当领操的高台，有原来的石头台阶走上去。两边的配殿也挺大的，特别高，都是大坡顶，在我上学的时候改成办公室、教研室、校长室。后来拆了，在操场中间盖了三层的教学楼，现在改成二幼了。

后来在正殿遗址后面盖了一溜教室，教室后边有过道，又盖了三间教室。再后来学校建教学楼，我们学生跟着运土，老师拉着车，我们跟着推。废土倒哪去？倒恒源那边的一个大坑里。就是后来盖鸿顺里的地界儿，我去那逮蜻蜓，看那大坑脏极了，坑里都是黄汤子。

操场上原来的石碑给挪到左边去了，那时候还不懂保护文物，建了围墙，把石碑给封进夹过道里了。夹道通到煤场，是姜家开的，老姜是河北定兴人，在天津开煤场的保准是定兴人。煤场在小学校门口把边，还有小人书铺院，小人书铺是小孩的称呼，这个院也是好多人家了。

从黄纬路到海河边，净是祠堂，聂公祠呀、张公祠呀、李公祠呀、曾公祠呀，咱们三十三中学过去不就是李鸿章祠堂嘛，为嘛沿着海河叫李公祠大街，原来的位置就在轻纺城，对过是大悲院。李公祠拆了挺可惜的，有个亭子挪到北宁公园湖心岛上了。如果不动它，保留下来是一个旅游景点。主要的是看看那历史建筑的意思，碑文记录的历史，碑是袁世凯给立的，因为袁世凯是李鸿章的学生。

马公祠胡同在马公祠侧面，胡同从黄纬路进去，快到宇纬路胡同就拐到五马路，拐弯的地方有个大影壁，后面是一个大院，不是一般人住的。

我爱人家以前住的院，是黄纬路 57 号大院，你如果能查查原来是谁住的才好了。院的位置在仁田西里左边，拱形的大门楼，跟前边的李纯公馆的门楼的样子差不多。门楼上大石头雕刻的特别精细，院子大门上有小门，平时进出人走小门，进车才开大门呢。院里是木头建的二层楼房，迎面是木头楼梯。那院有历史背景，过去住的反正不是一般人家，院门口还有传达室、电话。屋里都是护墙板，木地板，门都是横拉的，是日本造的日式的，是日本人曾经住的。1949 年前住着国民党一个军官，跑台湾去了，我岳父是老八路，进城干部，就搬进去住，院里住的都是局级干部。开始是解放军后勤部接过来的，后来是皮革公司管这个院，搬进来的都是这个系统的人。

黄纬路这边大一点的胡同是仁田西里和东兴里，仁田西里的特点是四通八达，东兴里也是这样，但是，东兴里比较大，它是三横三竖，三马路三条胡同通四马路，黄纬路三条胡同通宇纬路。

要问我家什么时候搬到这来的？那可早啦。我父亲从农村来天津学徒，在三条石。那时候，从农村来天津的，只能奔三条石学徒，要不你干嘛去，学徒三年，出师后在仁田西里的一个机器厂干，这家姓曹，就住在仁田西里。后来我父亲结婚了，掌柜的没了，就开始自己干。1949年以后，说是保护民族工业，老家来的亲戚投奔来的，就跟着一起干，人一多了，就干了一个小厂子。没想到，没过几年就公私合营了，我父亲被合到机床电机厂上班，开始还不错，人家说你当个副厂长吧。后来，一看形式不对了，慢慢地就干车间主任吧，再不行就当小组长吧。

我家的历史比较简单。老家也不远，在南郊。我父亲有时候回忆起来这么多年的历史，从农村来学徒到自己开小机器厂，感觉自己太顺了，后来一合营就不行了。我家一共八口人，就住在原来小机器厂的门脸房里，是前后间，人口多呀。

我们家里人也没有参过军的，也没有当过什么官的。我弟弟上山下乡走了，我母亲就带着他们回老家了。然后，在七五年又选调回来了，来回折腾。七六年地震，平房拆了，盖起了楼房，军民团结抗震胜天，四大居民区。我家回迁到军民里，一直住到现在，是这么个全过程。

平房改成楼房，河北区可能是最早的了，而且是还迁。建楼房的时候，这四片居民基本都是住在北站体育场，铁路工程运输学校。军民里和团结里楼房都是二建盖的，抗震里楼房是六建盖的，二建干不过来了，把六建调过来的。我跟你说，为嘛咱这楼房质量好一点呢？因为当时国家物资比较奇缺，你想正是文化大革命后期，国民经济就不行了，据说这洋灰都是国防军用的，盖楼房没有水泥，就从部队调来的。

贾重钢的母亲与大妹妹在1960年的合影，这是贾家找到的唯一老照片

你画的胡同复原图画的不错，准准准！黄道里、四知里、四勿里，南洋橡胶厂的老板荣子政就住在新元善里头一个门，正对着橡胶厂。这胡同里还住着林大夫，院子也不小。

四马路口是中医大夫潘一先的诊所，我记得特别清楚，牌匾上写的是“中医师潘一先”，他家自己住一个院，自己有药房。他死后，他闺女也是大夫给病人看病，叫潘双辰，也是中医，他爹传下来的呗。

同仁里胡同比较清静，住着印尼华侨，是文化大革命以前了，印尼反华嘛，咱们用船把他们接回来了，安置在这里，胡同的厕所是后来改的。高阳里就是在橡胶四厂后边的胡同，现在位置没变。胡同口是兴业电器，一直通到元纬路。

橡胶四厂，我们小时候那厂子叫南洋橡胶厂，地震以前是平房式的厂房，厂里是一个大院，厂门是对开的方门，两边是围墙，迎面的车间后来虽然盖楼了，还是原来的车间位置没变，它的面积在那了。好在哪呢，这个厂子到现在没拆迁，基本保持它的原面积。他厂子是做嘛的？我看见过，厂里边是做自行车内胎的。它厂里大锅炉的炉灰都在门口堆着，原料也堆着，特别乱。它的厂房挺高，只有一层，厂房的窗户挺特别，下边是细长的大窗户，上边还有一个小点的窗户，一个挨着一个，不是那么近，中间有个车间门进出。我们从车间后面的胡同走，总是听到里面噼里啪啦的声音。

荣子政住新元善里的那大院里，特别讲究，院里还种着大树，搞运动把他们一家子赶到元和里一间房子去了，原来的大院分给别人住了。后来，地震又住临建，荣子政就死在临建了，再回来就给分到团结里。我跟你说，荣子政在公私合营以后，当过一段河北区的副区长。他老伴是河北区妇联的副主任，这是刚一开始呀，后来就下来了。

你做的是挺重要的事，还原历史又接地气，非常有意义，辛苦啊，一般人很少做这个。

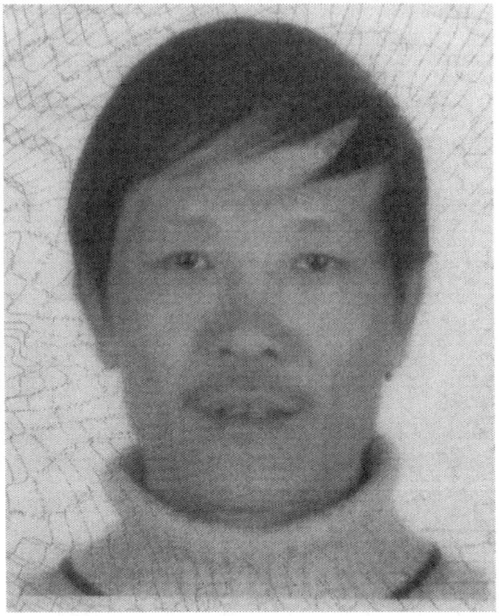

田爱明

采访对象：田爱明（1957 年生）

采访时间：2017 年 5 月 23 日（星期二）

采访地点：黄纬路军民里楼下

我家以前住在敏智巷四条胡同，敏智巷一共是五条胡同，相声演员马志存就住在我们胡同里，胡同左右一共四个院，马志存住右边第一个院，他教好些徒弟了，他闺女跟我是同学，叫马素琴。最早他家在窑洼住，开马记包子铺的嘛。

自我爷爷那会儿就在这住，还没有解放就住这。我父亲是民警，新开河派出所的，还没解放就干，后来转业到房管局了。我爷爷以前在元纬路开木厂，卖木料。我家在洪顺里还有房子，文化大革命给没收了。听我父亲讲，日本时期，我爷爷跟日本人有什么矛盾，给逮进去了，我家里就找到一个姓王的，叫王三爷，老人都知道，他给我爷爷弄出来了。

我父亲也是笔杆子，字儿写的倍儿棒，是高中文化，没文化能去派出所吗。那时候填出身，工人，职员，讲究成分，我家定的职员。

我是五七年二月生人，我小学是在黄纬路小学，过去是马公祠。你问还有没有大殿？没有了，我上学的时候，已经盖好三层教学楼了。这几年改成幼儿园了嘛。还是那个楼，多少年了，过去的人干活好啊，楼房结实。

我家六个孩子，都没有赶上下乡，我是七四届，销完户口了，趴，地震了。那时可走可不走的，就分配到建筑行业。地完震，我们都在五马路搭临建棚，解放军都来了，上房揭瓦了，没黑没白地干活。没菜吃呀，过一辆拉菜的马车，呼的一下，大伙儿全给抢着买光了。

自来水要去五条胡同挑去，我家几个孩子轮流挑,住五条胡同的老沈家也是大户人家,一个院里都姓沈。胡同对过就是河北中学,一直没变！旁边是保密厂,过去就有,小时候跑那去玩,内里头没有本市人,都是外地的,南方人,上海人特别多,说话听不懂,嘀嘀噜噜的。厂子一个大门,两边是小门,到了年节的挂着彩灯,特别热闹。厂里书记的儿子是我的中学同学,姓张,那阵儿,他把林彪倒霉的消息告诉了我,我说别瞎说,他说没事,是我爸告诉我的,还没公布了。回家跟我爸一说,我爸给我一个大脖溜！可别瞎说,给家里惹祸。没过多少日子就公布了,林彪投敌叛国。

田爱明21岁时照片

那时候,将红宝书都是放在书桌右上角,该上课了,一个同学给碰掉了,后边一个同学一跑踩上了。好么,倒霉吧！到现在还是神经病没治好。过去就住在二条胡同,姓雷,比我大一届。我们同学姓罗,她妈妈在黄纬路口那挨批斗,戴着大尖帽子,踩着两块砖,挂着一个牌子,嘴咬着一双鞋。那时候人太傻,也不敢说话。

我老家是武清县的,听我父亲说,最早是盐山县田家寨的,从我爷爷这辈儿就在天津了。

我家还有老画,是爷爷辈留下来的。文革的时候,写上十六条嘛,盖在上面才保留下来,红木框子镶的四幅画,地震那年我家住在六O九,院里两家住,着火了,消防队也来喷水,那画愣没事儿。去年在电视台鉴宝节目鉴定过,说是真迹,是女画家,姓嘛忘了,两字儿,她爸爸就是有名的画家,画已经一百多年了,属于文物了,好好保存。

老照片没有了,以前有。这么多年搞运动呀,不知道哪去了,我小时候看过我家有老式相册,老照片,有的是光头戴礼帽,穿着大褂的先辈。

我妈的娘家是堤头的,一家人住在大院里,院里有大树,我姥爷在堤头有名,一提王二爷都知道,是捏环的,胳膊掉环了,找他一捏就好了。

金双路

采访对象：金双路（1956年生）

采访时间：2017年6月19日（星期一）

采访地点：黄纬路军民里

提起四马路，我儿时的记忆就俩儿字，繁荣！从我家住的仁田西里出来，到四马路上，对过是磁电机厂，两侧有张家油铺，傅家大饼铺，金老五杂货铺，煤铺，鞋铺，水铺，南洋橡胶厂，内燃机厂，再过元纬路就是机床厂和东窑洼小学，大悲院。

我们金家原本是满族人，爱新觉罗就是金的意思，爱新是金，觉罗是族名。所以，到了清末民初的时候，我们家的人就改姓金。现在有政策恢复民族嘛，我们爱新觉罗家族只是在老家的二爷家这一支，已经恢复民族成分。天津这一支没改，觉得也没嘛用，加之种种原因就没改。

从我爷爷这一代从河北徐水老家来到天津创业，二几年在四马路开了一家德兴恒杂货铺。你提德兴恒，大家可能不知道，你一提金老五杂货铺，这块没有不知道的。我爷爷叫金辅田，在家行五，大家就叫金老五。

在新大路东六经路把角，有我金家开的鸿记煤场，我家一共有三个商号，德兴恒、德兴厚、德兴顺，德兴厚杂货铺是开在三马路的马路把角，位置特别好，是个小二楼，是小日本木制的二层楼。后来，我爷爷把这个铺子给他外甥了。我家最有名的是鸿记煤场，就在新大路和东六经路的把角，这个地界儿也大。公私合营之后改成东六副食店，全国劳模张士珍在光复道副食店出名后，曾经在这当过经理。

鸿顺里小学毕业照，第一排左起第六人为金双路

老一辈人有吃苦耐劳的精神，比如进货去，都是自己瞪着三轮去。卖的煤球，大部分都是自己摇的，所有人兢兢业业，赚了钱，赶着马车送回老家。那时候钱不值钱，一马车钱也顶不了现在的一千块钱，那时叫法国票嘛。为嘛赶着马车往老家送呢？是因为在老家要买地、圈地。那时候兴这个，跟现在人的思想不一样。有了钱就置房置地，我爷爷还给他外甥投资了一个染布厂。

老太爷让到天津发展的是大爷、三爷，和我爷爷，四爷去东北挖金子去了，到现在下落不明，不知道去哪了。后来把二爷留在老家，因为老家有地有产业，老太爷住在老家。我们家里的规矩特别大，谁干嘛都分的特别清楚，不是你想干嘛就

家里还挂着当年爷爷创业的字号牌匾

金双路 9 岁时(左一)与同学合影

干嘛。

从我记事起,就记得一大家子,吃饭都是在一起,我爷爷一家八口,我三爷一家,我姑姑,我老叔。每次吃饭都是这么多人,也不闹意见,一直延续到文化大革命以后,到了地震以后住楼房了,这才分开。

我下次把家谱给你拿来,上面写了我爷爷怎么从徐水来到天津的详细情况,这几个买卖是怎么形成的。就是说过去人的奋斗精神,还是值得我们现代人去发扬。你看墙上挂的是我家老字号的牌匾,是按原来华世奎写的匾复原的,是华世奎他侄子华泽淳九二年给写的，他侄子现在也作古了。我今年已是耳顺之年，也为我家写了一块匾。

家谱是我姑姑发起写的,我的两个弟弟整理的,姑姑她现在快八十岁了,身体挺好的,你有机会可以采访一下她,她有文化,是南大肄业生。地震的时候,她就是和平区工业局当办公室主任了,她是公务员,后来在二轻党校任办公室主任,直到退休。

我小学是在鸿顺里小学，现在同学聚会,同学还提起小时候去金五爷的铺子里买糖,现在还记得呢。我跟你说吧,为嘛我爷爷这么有名呢?我

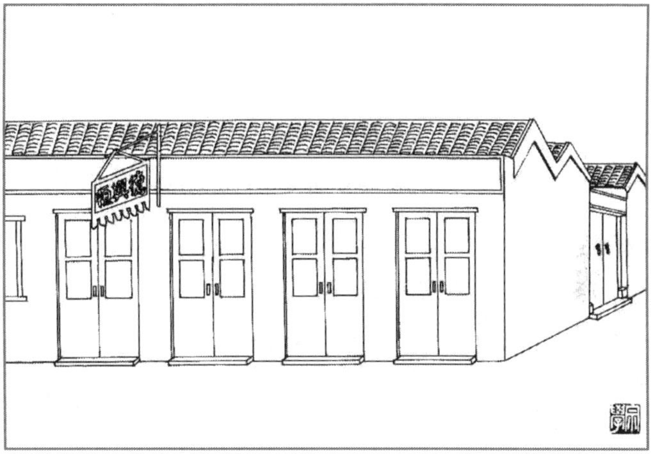

▲金家的德兴恒杂货铺

▶金家的德兴恒杂货铺内景

一九六一年全家人合影,右一为五岁的金双路

爷爷是属于爱帮助别人的人,附近的工人,年轻的小伙子干活累呀,他们一饿的时候,就到铺子里来了,不管是饽饽还是馒头就给他来一个,倒一碗咸菜,他总做这些事儿。文化大革命的时候,有一些不良动机的人就想斗他,斗不起来,没人斗他,但房子是给压缩了。但是,触及到要批斗他的时候,红卫兵不去斗他,工人们也说,金五爷没有剥削过我们,对我们特别好。斗不了你,日后你就老老实实的,靠边一站,别说话就完了。后来,我们对那些不良动机的人也没有去怀恨在心,因为,这些人也是随着大潮流而动的。

我家三爷是吃喝玩乐一辈子,也没儿女,我四叔就过继给了他。公私合营的时候,三爷太老了,就回到新大路东六的房子那住,一直到死。煤场就是我四叔管着，前边是门脸，后边是住人的院。

我家杂货铺旁边的橡胶四厂，1949 年前后叫南洋橡胶厂。厂子后面是高阳里，原来橡四旁边有一条小胡同通高阳里，胡同没有名字。这个厂子用草绳子特别多，厂子外边堆着都是草绳子，大块的橡胶啊。在四马路上，围着它的厂子都是堆着厂里的东西，马路对面堆煤、煤灰。

当时橡胶四厂里有个大烟筒，是这一带的标志性建筑，因为这一带工厂少，大烟筒特别特别的高，就在锅炉房旁边的位置。这里是一个天井，就是为大烟筒隔的一个小院，除了烟筒嘛都没有。因为橡胶生产主要靠热气，所以，锅炉房是厂里特别重要的。我家在仁田西里 39 号，从这数，数到最后一个院，住着一家姓户的，户宝明是我同学，他们家的后窗户，就是橡胶四厂锅炉房的天井。这个天井里黄鼠狼特别多，我们这些小孩们，就在那打黄鼠狼子，那时候还不懂了，还拿黄鼠狼皮毛做毛笔。锅炉房每天从这向外排热气，特别特别热啊，走道路过这里的人都能感受到。

厅里的陈设

南洋橡胶厂 1949 年前后的老板是荣子政，他有亲戚是南洋华侨,在南洋有橡胶林。荣子政以前跟王光英有关系,他们都是那个时期的实业家,他在这一带是大户了。文革抄他家的时候,我亲眼看见的,那手表,用绳子拉他们的院两头,挂了一溜。光手表就这么多,就别说别的东西了。

我们这一带曾经住过的名人特别多,如周恩来邓颖超,都在这一带住过。大户人家也非常多,同仁里有一家,叫李升乔,东窑洼小学的房子过去是他们家的,在这一块挺有名的人。他们家九个孩子,搞运动他家也是重点户。

过去这附近的买卖家,在过年的时候都要互相拜访,有的见面拜年,有的用一个帖子,从门缝里塞进去就算拜年了。我爷爷每年这些家必须亲自去,特别讲究礼节。

我小时候七八岁有记忆了,好些老事,都是听老人说的,我就耐听这个,有这个爱好。好些事,不管过去多少年了,也要给人真实的东西。

你什么时候写大悲院的时候,我给你提供一个资源,这件事肯定是天津市没有人干的,我收藏了一百二十张佛字,都是名人题写的。原来我想把这些佛字办一个展览,现在这个想法没有了,我觉得随着年龄,对所有的事物都看得淡了。我那时候在宗教局工作,九四年,政府把我派到大悲院素菜馆当经理。这些名人到素菜馆,吃饭喝茶,就是有这个缘分,我这个工作位置比较特殊,经常跟他们接触。等到将来有机会你写大悲院的时候,我会给你提供好的素材。

金淑珍

采访对象：金淑珍（1940 年生）

采访时间：2017 年 7 月 22 日（星期六）

采访地点：南开区八里台

我父亲叫金浦田，是在二九年从徐水县老家到天津来的，我爷爷叫金洛德，是 1871 年出生的，生了 5 男 3 女，我父亲是老五，大排行，有一个老姑英年早逝。

现在我们金家是三个民族，一个是满族，爱新觉罗这个姓氏，按女真语翻译出来就是金的意思。清朝的时候，圈地，到了河北省了。实际祖上就是正黄旗，民国的时候，就改成金姓了，一直延续到现在。河北省在八六年，落实民族政策，恢复原来的民族。现在老家我二大爷那一支的二十多口子，恢复了满族。我们在天津市的这些人还是汉族了，我还去了一次民族委员会。人家给我解释说，咱们是直辖市，不执行那里的政策，那是根据当地县里的政策改的。另外，我有一个侄子，娶的是回民，娘家就在天穆

金淑珍在为笔者画图

相册里保存的一张十中毕业照

住。所以说,我家现在是三个民族大家庭。

我家这个四马路的杂货铺是怎么开的呢?我大爷叫金俊亭,这人为人正直,挺好的。他跟着我二大爷金洛佩,为了家庭生活吧,到了东北,挖金矿,也是给人干活嘛。赚来钱就送回家,特别顾家。老家就把这些钱置地,置房产。我爷爷叫我三大爷和我父亲带着钱,来到天津做生意,就到了河北区四马路的仁田西里旁边。那是在二九年,因为这一带的胡同刚建好,还没有杂货铺了,买生活用品不方便。就想到在这里开一家杂货铺,租了临街的两间门脸房,摆货架子。房后带一个胯间,是存货和伙计睡觉的地方。经营的商品也全,针头线脑的,连小孩的婴儿安都卖,主要是卖菜,嘛都有。居民有熬鱼的,拿只碗来买熬鱼的佐料,就给他盛酱豆腐、酱油,醋、老抽。所以,居民都愿意来我们杂货铺买东西。

铺子里的伙计姓刘,是从老家来的,这个伙计有点文化,就管记账一起跟着

在和平税务局工作时的合影，二排左一为二十二岁的金淑珍

经营。那时候，都是用毛笔，竖着写的账本。我家的杂货铺供应周围的居民区，还供应几个工厂，有南洋橡胶厂和对过三益里的浦业铁工厂，这些厂食堂的大师傅，都在我们铺子买东西。先不给钱，记账，每月结一次账，关系搞的挺好的。这样，杂货铺逐渐地就发展起来了。

到了五六年公私合营，铺子都统一归副食店了，投入的资本，一年给四十多块钱股息。也算可以了，当时一个学徒工一个月的工资才十几块钱。我父亲给合到酱菜厂去了，伙计就另谋职业，进广播器材厂了。

我大哥在东马路青年会学的会计，也没在外面找工作，就回到杂货铺记账。合营以后，就调到小王庄大街，那是副食店的总店。因为我大哥是会计，算账好，管了几个分店。后来，在副食公司当总会计，还给分店培养了很多的会计，在那一直干到退休。

我记得还特别清楚，土改的时候，我在1948年回老家，参加土改。老家解放的早，天津是四九年一月解放的。我那年8岁，家里没事的人都回老家。结果，我也算个人头，还我给分了二亩地。我在老家上小学整一年，回天津上的二年级，就在黄纬路小学。这个学校过去是祠堂，原来的大殿还都有呢，改成校长室、办公室，屋里特别黑。天津解放的时候，就听东浮桥那边枪响，就不敢出来。

中学我是在十中上的，学校的前身最早是市财政局，后来改成财经学校，然后是第十中学。我是五九年在学校入党，六零年毕业的。考上天大。只是因为当时度荒，我身体不好，肄业了，就算专科毕业。然后，参加工作，进了二轻局系统的单位。后来，调到二轻职工学校，地址在大桥道，我在那退休。

金淑珍十七岁时照片

黄纬路小学门口两边，都是做买卖的商铺，挺热闹的。羊肉铺子的马路对面，有一个大院子，院门老大的，院里有挺讲究的两层楼，住的都是官面上的人，我们小孩都不敢进去。

同仁里是教师村，住的都是老师，胡同特别静，干净整齐，平时看不见人，住的人素质特别高。

南洋橡胶厂的荣子政我知道，他家就在我家铺子的马路对面住。我小时候的印象，荣子政他老婆不像人家有钱阔太太那样，挺好的人，跟邻里之间关系也挺好的，她家三个闺女也不错。

金淑珍 22 岁时照片

我们住的仁田西里，住着一家日本人，在我家斜对过院住。是在天津经商的，跟邻里关系都挺好的，我们称呼叫本娘！就是日本娘。四五年日本投降了，日本人都回国。我们说，送送本娘吧。

五八年，大跃进的时候，不让自己家做饭。一个院里大伙做饭大伙吃，就留一个锅做饭，其他的锅都交了。大炼钢铁嘛，不过时间不长。东兴里变成幸福大院的事，我知道，因为那胡同特别整齐，我们仁田西里只能一个院一个院的。

我给你说一个有意思的事，东兴里在四马路那有家豆腐房，我们去上学总得走那。人家早晨熬豆浆的锅，铲锅里糊的地方，刷干净了，放在门口晾晾。不一会儿功夫，锅没了！这肯定是学生干的，上交废钢铁嘛。在学校怎么炼钢铁？大铁桶里面套上灰，把废钢铁放进去，铁倒是化了，出来的铁水是钢吗？等冷却了，就是一堆铁渣子。

四马路上有几个看病的大夫，都在我们马路对面。有中医潘大夫、西医李大夫、住在新元善里的林大夫。那时候，我们称呼叫先生，不叫大夫。

再有一个事，大悲院里原来有一个塔，特别高，后来给拆了。我年轻的时候，去新大路看我大爷，回来的时候从冈纬路穿过来。走回到四马路，远远的一看到那个塔，就知道快到家了。如果能恢复，把塔重新建起来就好了！

附：金氏家族简介

本家族谱从金洛德记起，金氏家族祖居河北省徐水县南白塔乡南白塔村（现河北省保定市徐水区大因镇南白塔村），祖先属清皇满族正黄旗，清朝初期“跑马圈地”入关到河北省。1911 年辛亥革命后，满族失去了统治民族的地位，在特定的社会政治形势下，为求自保，民国初年由原来的爱新觉罗姓氏更改成金姓（“爱新”，女贞语，意译“金”；“觉罗”，语尾，有宗室的意思），解放初期民族成分登记也随之改为汉族，但家族内满族特定传统称呼，却一直延续至今。中国共产党十一届三中全会以后，随着民族政策的逐步落实，各族人民享有的民族平等权利。为了正确表达本人的民族成份，根据国务院人口普查领导小组、公安部、国家民委下发的《关于恢复或改正民族成份的处理原则的通知》的精神和少数民族群众的要求，1986 年 9 月，河北省开始了核实民族成份工作。在此基础上，本着群众自愿，实事求是的原则，通过严格的取证和审批手续，徐水老家一支的族人就由汉族恢复成原来的满族成分，因天津市没有执行该政策，居住在天津市的族人，仍然为汉族。族人金士诚之长媳王怡芬、长孙金松系回族，故此金氏家族由满、汉、回族组成和睦大家庭。

金洛德，生于清·同治十年（1871），卒于 1958 年 11 月 26 日，为人善良、耿直、勤劳、节俭，有着中国传统农民的美德，以务农种田为生，兼营染房、烧锅等买

金辅田，早年经营德兴恒杂货铺

金辅田妻子马秀鸾

卖。春耕秋收是全家的主要生活来源。生有五男三女，一生教育子女“曰仁义，礼智信，此五常，不容紊”。自十九世纪末至二十世纪三十年代初，家业不断发展，已有耕田八十余亩，房屋二十四间，大牲畜四头。解放初土地改革时，全家已有耕田一百一十余亩，房屋二十六间，大小场院三处。三十年代初，金家已成为农村典型的自给自足、丰衣足食的小农经济家庭，并逐步向城市发展。

二十世纪初，金洛德之长子金俊庭从家乡来到天津，在南市杏花旅馆当差。他为人正派，勤于事业，精诚对待兄弟姐妹，将他们逐一带到天津，是长兄为父的榜样。金洛德之次子金洛佩将村里的耕地安排好，由其外甥焦栓子耕种，为了发展家庭事业，他不辞辛苦，远去中国东北挖金矿，将挣得的银两不断寄给长兄。此时兄弟俩已积攒些资金，与其二妹夫焦山合伙，于二十年代初开设了德兴恒杂货铺。开业后金俊庭全面负责店铺的买卖，焦山及雇员负责经营。金洛德之五子金辅田（时年 20 岁）与其二外甥何庆林（时年 14 岁）也由徐水老家来津在德兴恒杂货铺学做生意。

德兴恒杂货铺坐落在河北区元纬路四马路64号(仁田西里旁),居住在四马路仁田西里39号。杂货铺铺面房两间,内挎间两间,共约40余平米。当时的大经路(今中山路)金钢桥旁是清末直隶总督衙门的旧址(今金钢花园和第二医院所在),民国初期经过南京政府的直辖市改为河北省辖市,天津公署仍设在直隶总督衙门旧址。中山路是一条拥有百年历史的老街,中山公园、觉悟社、李鸿章祠堂、李叔同碑林等一批极具历史价值的建筑、文化遗存均位于这条路的两侧。从清末到抗战前夕,这条城市交通干线曾是天津政治、经济、文化中心,沿街衙署林立,工商麇集,文教发达,人气、文气、商气浓郁。中山路厚重的文化积淀曾在海内外产生过重要影响,而且绵延不衰,传承至今。随着大经路的繁荣,其周边的天、地、元、黄、宇、宙、日、月、辰、岗等纬路,二、三、四、五、六等经路也相继建成,青砖瓦房一排排的胡同里巷,也逐渐落成。德兴恒杂货铺南临南洋橡胶厂,北临以教师居住为主的同仁里,铺面前面对着三益里、元善里等里巷。

德兴恒杂货铺主营副食品、调料、烟酒、蔬菜、杂货,兼营婴儿胺、头痛片、药膏等小药品。针头线脑等日用百货有上百种小商品。德兴恒杂货铺小本经营,以诚为信,买卖公平合理。商品除供应附近居民外,还供应附近的工厂,如对面辅业铁工厂、和记铁工厂、南洋橡胶厂等厂家的厨房大师傅都在这里进货,大多数是购货记帐,月底结帐,相隔黄纬路的东兴里诗经村的学校、商店都来买东西,买卖一度很兴隆,赚了钱带回徐水县南白塔村老家购置田地等家业。

德兴恒杂货铺开业几年后,金俊庭到天津公署当差,几年后又回徐水老家帮助其父亲掌管家业。掌柜焦山因病去世,其掌柜由金辅田续任。这时雇员有徐水县伍级村刘振明任管帐先生,兼主管业务。四十年代初,何庆林离开德兴恒杂货铺,在河北区元纬路三马路自建售货亭子一座,经营烟酒、干、鲜果品等。后在元纬路三马路口租赁铺面一间开设了德顺永鲜货铺,自营买卖。在掌柜金辅田的主持下,德兴恒杂货铺得到了进一步的巩固和发展,又积蓄了部分资金。三十年代初,金洛德之三子金养泉带着这些资金在其兄金俊庭的帮助下开设了鸿记煤厂。

鸿记煤厂坐落在河北区新大路与东六经路交口处,有经营用房四间(约 50 平米),储煤库房两开间(约 40 平米),手工摇煤球的场院约 400 平米。新大路北起天津北站,南至小树林大街,当时昆纬路至新大路一带刚刚修成马路,东二经路至东七经路居民住房、小工厂、商店等逐渐建成,形成了大经路东面新开发出的一片新居民区。鸿记煤厂以经营民用煤为主业,兼营灰砂、耐火土等炉料。煤球自制自销,主要运输工具是人力拉车,德兴恒杂货铺也是煤球、劈柴、烟煤的销售点。鸿记煤厂生意发展很快,同时在新大路与东六经路交口场院内,又盖了约 50 平米房屋,准备开设新的生意买卖(后成为新开业的德兴厚杂货铺的经营门脸)。

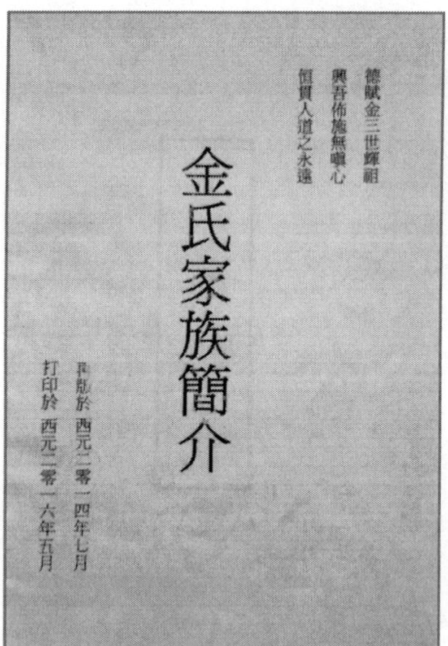

《金氏家族简介》封面

1936 年,金俊庭继续经营鸿记煤厂,金养泉用鸿记煤厂的房屋,德兴恒杂货铺的部分资金与其内弟刘洪柱、徐水县高桥村的张献亭、甄某等人合伙开设了德兴厚杂货铺,金养泉出六股,其余每人一股。以经营副食品、调料、烟酒、日用百货等商品为主,兼营米面等粮食买卖,是当地开设较早的商店之一。经营几年后,由容城县崔德芳全股收回德兴厚杂货铺股金,与其三弟崔德茂、张风祥等继续经营德兴厚杂货铺至 1956 年公私合营。

在国民党、日伪统治时期,德兴恒杂货铺、鸿记煤厂也是艰难地维持着,在日伪动乱年代,苛捐杂税繁多,生意难做,民不聊生。德兴恒杂货铺无故被日寇查封,被迫停业数月。金俊庭、金养泉兄弟俩四处托人走动、请客送礼才重新开业。颇有经济头脑的长兄金俊庭为人精明能干,经营有方,善于交友。没有金俊庭兄弟们在天津艰苦创业,就没有德兴恒杂货铺、鸿记煤厂,也就没有金氏家族在津的根基。

德兴恒杂货铺、鸿记煤厂经历了多年创业发展至 1949 年后公私合营前,全靠金氏兄弟们做生意兢兢业业,不贪不奸,以勤为本,待客如宾,童叟无欺。店铺的发展完全是走的小业主自食其力的中国工商企业发展的道路。全家老少忙忙碌碌,勤俭持家,两个店铺的经营收入是金氏家族在城市的主要经济来源。财产积累虽不富足,却也过着不愁吃、不愁穿的平安生活。金门世家城乡互相照应,同舟共济,同心同德发展家业,老哥几个从未分家。

金氏家族人丁兴旺,和睦相处,三十年代后期,全家人曾一度都来天津居住,家长金洛德考虑到祖籍徐水县偌大的家业,百余亩田地没有自家人主管不行。为了不荒废家业,命次子金洛佩回徐水,当时已在东六经路裕善北里安了家的金洛佩,率全家人回祖籍守业。

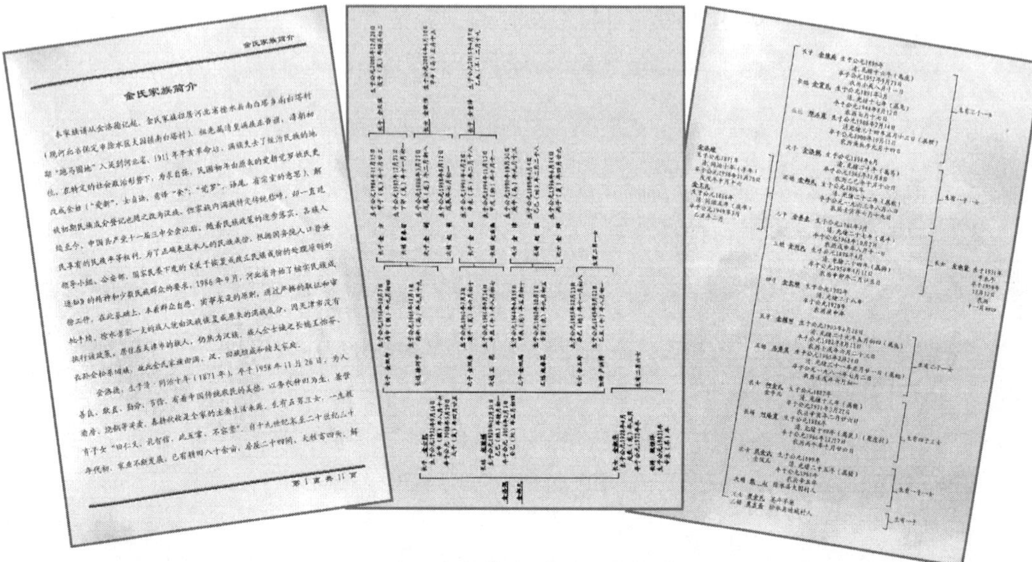

《金氏家族简介》中的世系表等

以金洛佩为首的一家人，以务农为主，勤恳劳作，待人宽厚，在村中扶贫济贫，人缘好，威望高。八年抗日、三年解放战争中，支前捐粮，腾出房子给八路军、敌后武工队居住，蒸馒头、烙大饼款待八路军进村，并掩护八路军干部躲过敌人的追捕。金养泉之妻金刘氏被誉为“好大娘”，全县远近闻名。

金洛佩带领全家人自耕自收，农忙时有外甥等亲友帮忙，家中农具俱全，有两处场院打场，磨房一间，水井一口，碾子、牲畜、大车等生产工具。这些工具、农具曾无偿借给乡亲们使用，并安分守已，按时按量交公粮。1948 年进行了土地改革，金养泉带领侄女金淑珍回乡几年并参加了土改运动，按政策每位家庭成员都核定了土地亩数，当时被评为富农成分。1965 年“四清”运动核查成分，因从未剥削过人，全家自食其力，被改为上中农成分。

公社化后，家乡的土地全部入社，家人成为社员参加了生产队组织的劳动，以挣取工分和家庭人口数分得粮食、棉花、蔬菜维持生活。

金洛佩之长子金士凯为人热情，善于交友，德高望重。乡亲们谁家有了难事，邻里间有矛盾或家庭分家他都愿意帮忙调解。特别是半个村的红白喜事，都愿意请他料理。村里的公益事情，他每次都是积极参加，并组建了河北梆子剧团，他任导演，坚持数十年，为本村和邻村演出了丰富多彩的文艺节目，也弘扬了传统文化，深受大家的爱戴和尊重。

金士凯之妻赵丽娟，贤惠孝顺，温柔体贴。家中的几位老人都是她照顾，妯娌之间互敬互爱，和街坊邻居和睦相处，是一个具有中国传统美德的女人。一生省吃俭用，从不乱花一分钱，只疼爱别人，不善待自己，受到全家及四邻的夸奖好评。

改革开放后，加快了农村现代化进程，金氏家族后人捷足先登，率先跨入发家致富的行列，在所经营的行业中，凸显出巨大成就，后人也继承金家美德，逐步在在自己的岗位上施展才华。

1949 年后公私合营前，在天津的德兴恒杂货铺、鸿记煤厂仍为私营自主经营。1951 年春，金辅田与其外甥何庆林共出资 900 万元（旧人民币），在黄纬路元和里高家煤厂院内开设了林记织布厂，由何庆林之弟何风林全面主持工厂的经营业务。共有厂房两大间，织布机三台，主要生产花格床单布，由百货公司包销。

1951 年至 1952 年是国家经济恢复时期，开展了“三反”、（反对贪污、浪费、官僚主义)“五反”运动(在私营工商业中,反对资产阶级行贿、偷税漏税、盗窃国家资材、偷工减料、盗窃国家情报),刚刚开业的林记织布厂停业整顿。当时工厂有6位职工,每人发点生活费,维持了三个月后,1953年成立初级生产合作社,引导个体劳动者走上社会主义道路,织布厂由黄纬路元和里搬到岗纬路17号教堂内恢复生产。其性质为半社会主义、独立核算、自负盈亏。维持生产时间不长,因运动再度停止生产,林记织布厂入合作组的资金所剩已寥寥无几,织布机作价抵了工人工资,林记织布厂自动破产,其职工部分安置在初级合作社,有两人另谋职业。业主何风林没有被初级合作社吸收为社员,也自谋职业到天津市第六棉织生产合作社当了工人。

解放初期,德兴恒杂货铺买卖萧条,生意不畅,管帐先生刘振明离职到天津广播器材厂工作。期间徐水县崔庄的何四福也由农村来津到德兴恒杂货铺当店员。随着社会主义改造的高潮的到来,工商业全行业公私合营。1956年1月18日德兴恒杂货铺合营。以两间铺面和两间内挎间及其货架子、存货等财产投资合营,所投资年利息40余元,德兴恒杂货铺成为河北区副食品公司的店铺之一。

公私合营初期,店内人员继续经营德兴恒杂货铺,有私方代表金辅田、从业人员金士诚、金养泉、何四福等人。河北区副食品公司逐步改造合营后的企业,金辅田调到副食品基地何庄子酱菜厂工作,金士诚调公司基层管理店(公司中层机构)任总会计,金养泉继续留在该店工作,月薪25元,何四福调到其他副食店工作。从此德兴恒杂货铺也结束了30多年的私营企业性质走上了国有化道路。

金辅田之长子金士诚自幼热爱学习,善于收藏书法。小学在坐落于元纬路上的卢木斋先生创办的木斋学校读书,该校纪律严明,对学生要求特别严格,是当时有名的优秀学校,金士诚以优异的成绩完成学业后,在父亲的店内帮工。天津解放后,又到位于东马路中部的天津青年会会计补习班参加培训,由于基础扎实,很快掌握了记账技能,结业后接管了德兴恒账务管理工作。

金士诚性格稳重,善于思考,办事认真,工作上精益求精,账目管理的井井有条。1956年全行业公私合营后,他调到河北区副食品公司基层管理店(公司中层科级机构)任总会计师,分管几个基层店的财务管理工作。他经常到基层店里帮助年轻会计讲解业务知识,待人热情,乐于助人,与周围的企业、学校、幼儿园负责人都相处的非常和睦,促进了本公司的经营效益。

解放初鸿记煤厂经理金俊庭就在电话大黄页上做广告,宣传企业形象,他善于经营,做买卖方式灵活。既有现钱交易,也可赊销,使鸿记煤厂得到巩固发展,参加煤业商会,广交同行业朋友。金俊庭于1952年秋因病在津去世,鸿记煤厂经理由其次子金士谋担任。金士谋为人谦和,诚实厚道,由于他的明礼诚信,正直仁厚,生意异常火爆。他淳朴的性格和人性化的管理,无论是在生意场上,还是在家庭和睦相处方面,都起到了非常重要的作用。他还经常和工人老王等一起干活摇煤球,送煤入户。终日忙忙碌碌,十分辛苦,勤勤恳恳,艰苦守业。到1956年,鸿记煤厂公私合营。金士谋由煤业公司分配到天津医疗器械厂工作,直到退休。公私合营是国家对鸿记煤厂通过利用、限制、改造的政策。除留有自住房屋外,其余房屋、厂房、场院、库存等资产全部投资,年利息30余元,并厂后的鸿记煤厂原址改为它用。

金俊庭之长子金士谊，土改前在家乡的西小营村小学教书，他广学博才，为人热情。除掌握全面的教学经验外，还写有一笔好字，每年过春节都写春联送给乡亲邻里。西小营村当时就一个教学班，六十多名学生中从一年级到六年级，每个年级都有几个到十几个学生，语文、算数、历史、地理他都教。安排完高年级的语文，又安排低年级的算数……，在村口大街上常常传来他带学生朗朗读书声，为普及解放初期的儿童教育做出了很大的贡献。1950年，为了照顾在天津年迈的父亲来到天津，没有参加家族企业的经营管理，毅然考取了天津消防警察。在队里他受到严格的军训，不怕苦，不怕危险，经常受到队里领导和同事的好评。在消防一线工作十几年后，于1963年转业到人民公园负责行政工作，工作中也是兢兢业业、任劳任怨，直到退休。

1949年后商店、鸿记煤厂公私合营，各小家庭都是以工资为生活来源，过着简朴、平常的百姓生活，勤俭持家，教育子女发奋图强，爱国爱家，努力求学。他们有的获得了学士、硕士学位，有的从事行政管理工作，有的在科研单位开发项目，有的当上了经理、厂长、科长、技术人员。他们受到了良好的高等教育，把智慧和才干凝聚到自己的开发、承包的事业上，无论是在政府机关工作还是经商、务工，都是把工作魄力融于自己的岗位上，努力做到待人诚实忠厚、互谦互让、遵纪守法、勤奋工作，这无疑都继承着金门世家的优良传统和家风。

为了弘扬祖业，在国家改革开放，发展个体经济的形势下，金士诚之三子金双路筹集资金，于2003年5月开办了德兴恒塑料制品厂，相继又创建微信官方网公众平台“德兴恒”公众号，以传播佛教文化、书画交流、古玩欣赏、旅游交友为宗旨，竭诚为大家服务。金士诚之长孙金松，学得一手好的烹饪技艺，于2012年1

月开设“德兴恒饭店”，主营清真餐饮，烹饪技术娴熟，诚信经营，深受顾客好评。

德兴恒塑料制品厂、德兴恒公众平台、德兴恒饭店的创办，使祖业“德兴恒”的商号再现津门，祝“德兴恒”商号世代延续，辉煌金门。

金门世家风雨百年，家业生辉，英才辈出。

望：

桃李花开百业香　春满乾坤耀金门

顾问：金士谊、金士 凯、何风林

撰稿：金淑珍

核稿：金双龙

编辑整理：金 双 瑞

二〇一四 年 三 月

后记　金门家族人口众多，和睦相处。每逢年过节、婚丧嫁娶、老人生日，都登门拜访，聚会祝贺。晚辈们想了解金家的过去是如何由农村向城市发展的，总结家史迫在眉睫。金淑珍于 2004 年初着手搜集资料，撰写简介。金士谊、金士诚、金士凯、何风林经过回忆，为撰写家史提供了丰富的资料。2004 年 7 月整理完第一版，2014 年 7 月修改更新了第二版。

金氏家族简介的撰写以金家城乡两地的经济发展为两条线。在农村以家中房屋、耕田、牲畜等农资变化情况为主线叙述自晚清、民国、解放土改前后农村家中的情况；在城市以围绕“德兴恒”、“鸿记煤厂”创建、发展的创业史为主线，叙述了自民国、日伪统治、1949 年后公私合营、由私营转为国营的历程。

因年代久远，先辈们先后去世，所了解的情况有限，只对家史作了简单、概括的描写，望族人们回顾过去，激励现在，展望未来。长江后浪推前浪，一代更比一代强。继承先辈们的精神，续写金门世家光辉业绩。

金淑珍

二〇一四 年 七 月

团结里

李纯公馆旧址记忆

李纯公馆旧址坐落在河北区黄纬路与三马路交口，今为河北区法院。建于民国初年的李纯公馆，高大的券门开在黄纬路上，高耸的青砖围墙，为城堡式，形似城墙，墙的厚度约三米多，围以四周相通，有楼梯可登临墙头。

据载当年公馆内有一个排的嫡系兵力在此持枪守卫、日夜在高墙上、院内巡视。这反映出其主人明显的戒备心态。院内有两进院落，中院为二层洋房主楼，两侧为游廊，后院亦有游廊，建有一座后楼。

建筑上砖雕、厅房楼座、游廊月台、曲折弯转、绮丽幽雅。其虽为传统建筑格局，但细部也点缀欧式雕饰。

李纯，字秀山，天津人，《辞海》有传。1867 年他生于海河北岸水梯子东兴里的一个小鱼商家庭，打小就在海河畔摆摊卖鱼。1891 年，他由在聂士成麾下任职的二姐夫保送至天津武备学堂，毕业后留校任教，充淮军营官。他精明干练，1905 年

李纯公馆旧址如今已是河北区法院

河间秋操时表现抢眼，受袁世凯赏识。他面面俱到，与袁家深相结纳，屡获重用，仅六年时间便从管带（营长）擢升至统制（师长）。辛亥革命时，他南下对抗革命军，民国后又参与镇压二次革命，是赫赫有名的直系“长江三督”之一。他晋升英威上将军，人称“李英威”。

1905年，李纯就开始参与经营实业。在七年的督军生涯中，他以聚敛著称，“净得也有千万元”。他在京津大量购地开发经营房地产，黄纬路的公馆就是民初时，以两万元购地修建的，他还在黄纬路东侧建东兴里和小东兴里。不过，他并非为富不仁，支持教育的热情很高，不惜斥巨资扶助桑梓。他在河北四马路、河东关帝庙、尚师父坟地相继创办了三所秀山小学。1920 年春节前，他布施 4000 元，经河东崇善社，在大经路一带“查放冬抚，以济贫黎”。他还作出“以百万资财，救灾兴学”的遗嘱，将 50 万元捐助南开学校，作为永久基金，后陆续付给。南开学校曾建秀山堂、秀山铜像以示纪念，直到天津沦陷时被残暴日军炸毁。

1920 年 10 月，李纯猝死于南京督署内，官称其死因为“忧国忧民，自戕身殉”，但多有传闻，成难揭之谜。一说为，其妾与马弁私通，被李纯目睹，但马弁抢先开了枪。11 月 2 日，在南京治丧后，回籍安葬。上午，其灵柩经津浦线抵津，在新车站(今北站)，各届人士举行了隆重、复杂的祭奠仪式。李纯公馆令人瞩目，黎元洪、严修等纷纷来吊唁。21 日，发引出大殡，人山人海、空巷塞途。棺柩从大经路过

李纯捐建的秀山小学如今是河北二幼

李纯照片

金钢桥，经估衣街拐北门、东门，过金汤桥到陈家沟子娘娘庙落杠，入王家场新茔地安葬。李纯妻妾6人，但无子嗣。由同宅居住的其胞弟、曾任公府侍从武官的李馨（字桂山）经营其家产。

一，住在黄纬路团结里高学文，在小学时期曾经多次进去过李纯公馆旧址，高学文回忆道：

我小时候我们家就在李纯公馆高墙底下的小院里住，公馆的侧门也在我们胡同里。李纯公馆的院墙特别高，墙顶上跟长城似的，砖垛上有枪眼，真正是森严壁垒呀。

我小时候，天津还没解放呢，李纯公馆改成针厂，做缝衣针的。针厂老板的儿子跟我是小学同学，他经常让我去他家玩，那里深宅高墙的大院，一般人你进不去。大门在黄纬路上，是高大券门式样的门洞，那气派劲。我进去一看，里面这么阔了，还真好啊，我在大墙外面住，不知道里面的情况，这才知道天上人间的差别呀。

院内有好几进院落，房檐下有精刻的砖雕、厅房楼座、两侧有游廊，曲曲折折的，太幽静了。院里中间才是西洋式的洋楼了，上面都是欧式雕刻，特别讲究，太好了！是督军李纯住的地方，洋楼周围都是房子围着，也都是非常讲究的传统平房建筑，砖雕什么的也是好看极了，不像咱们老百姓住的房子，应该是副官、护卫士兵、佣人住的房子。

同学带我上那墙上面去玩，院子四个角都有楼梯可以登上墙头，上去一看，好嘛，跟天津老城墙似的，特别厚，得有好几米厚，不上去看不出来这么厚的墙。不说悬了，墙顶上可以跑汽车，当然是小轿车了，卡车跑不了，整个围墙上边四周都是通着的，小汽车可以转一圈。过去公馆里保护李纯的士兵特别多，人家是军阀，有的是士兵啊。白天夜里在院里墙上持枪巡逻守卫。

那厚墙拆掉的时候我在家门口看着，拆下来的大青砖这么长，跟老城的城墙砖那样大小。墙里是夯的黄土，特别结实，真可惜给拆了。公馆在元和里还有一个挺大的侧门，成天关着。这几十年来，谁来谁拆，公馆里的建筑就陆陆续续的给拆没了。我都快八十岁了，看到过公馆原貌的人，现在恐怕已经很少了。

元和里胡同，左侧围墙原是李纯公馆的高墙

二，住在黄纬路胜天里石宝华在童年时期经常到李纯公馆玩耍，回忆道：

我家对面的李纯公馆，1949年后改为外贸外国语学校，我小时候经常去那里玩，有看门的，我们小孩就蹲着往里跑，大院特别深，院里四周都是大瓦青砖平房，正中间有一座洋楼，我们爬木楼梯，上洋楼二楼房顶上玩，

李纯公馆大门

它的房顶子特别好上，你看我是小闺女都上的去。那个看门的老头追我们也追不着，哏极了。

三，住在新大路庆记东里的张友芬，曾经在李纯公馆旧址里工作过 10 年，回忆道：

我上班的厂子在黄纬路李纯公馆的院里，以前是外贸学校，文化大革命时这个学校撤了嘛，我们红旗半导体厂就搬进去了，七十年代电子工业相当发达，生产半导体三极管，是河北区最好的单位了。

我们厂是在 1970 年搬进李纯公馆里去的，当时那大院里都是老建筑，后边围墙就两米多宽，我们还上去跑了。哦，你还去那调查过，我在那里工作过。我给你说吧，从黄纬路的大门楼子进去，两边是走廊，连接主要建筑，走廊原来是透风的，以后就拿玻璃封上了。迎面的中间位置是一个二层洋楼，特别讲究的小楼，楼后边还是一个院，两边是走廊，再前面还是一座二层小楼。走廊外侧两边是一些平房,我就在那些平房里干活。院里还有一个礼堂,地震后房子坏了,我们就搬到礼堂干活去了。礼堂对面往前走还有大房子,里面有干机加工的床子。礼堂也不是特别讲究,改外贸学校,学校肯定也经过改造啊,只是中间走廊洋楼部分没动。

我们还在那院里打靶,靶子就在大厚墙下边。保卫还说,你们把枪压低点呀,你们打的那么高,枪子儿要是飞出去掉进人家里就崴了。打这么点小子弹,是朝着大墙打的,要是子弹飞出去就麻烦了。

李纯公馆的围墙特别厚,靠右边胡同的墙是最厚的,其他的三面墙就薄一些了。那面厚墙多少年了一直没动,地震以后才拆除的。

公馆的主结构,旁边的是平房,这个院高围墙圈起来不小了。地震的时候,有一个角塌了,把走廊的位置给砸塌了。走廊得有一米六这么宽吧,走廊的外围还有好些平房呢。

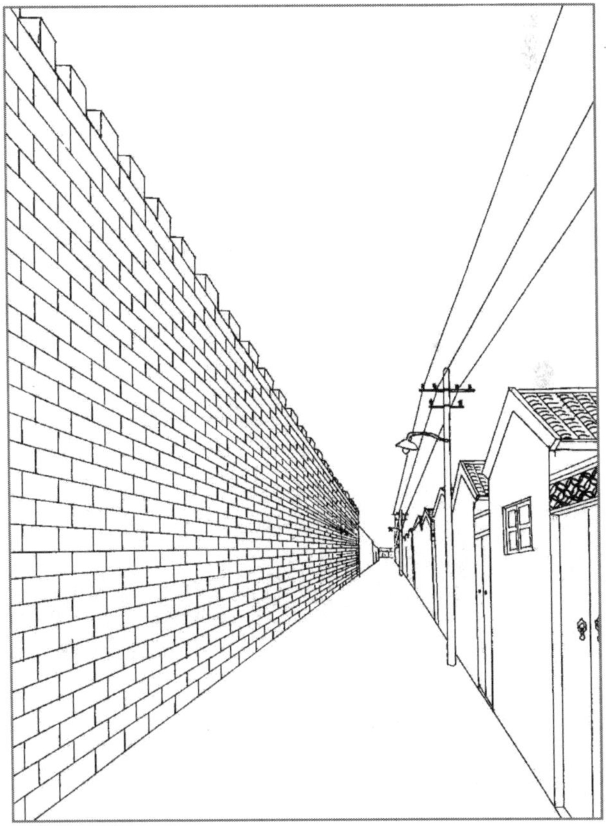

元和里,左侧是李纯公馆高墙

到了七九年，我们厂跟电阻厂合并了，厂子搬出了李纯公馆。因为地震以后，厂里的老建筑有些震损了嘛，整个建筑都拆了。拆下来的房梁这么粗，四四方方的特别长的料，我们当时见过，不是跟你瞎说，都是好料，那是二层楼上的大房梁。哎呀，那么好的房子拆了，真可惜。七六年地震，距现在四十年，再也恢复不了原貌了。

团结里早年的里巷和历史变迁

在河北区黄纬路中段西南侧，是一片楼房住宅区，地名为团结里。在三马路、四马路之间，是在1976年大地震后建起来的。改造前，这里是由多条胡同组成的地块。追溯起始，这里原为荒地，1901年，英商怡和洋行买办、宝兴房产公司股东梁炎卿在此建成多条里巷：黄道里、三益里、三三里、四知里、四勿里、元善里、元和里。1924年后，在临近四马路建起新元善里。此块地段范围：北到四马路，东到黄纬路，南到三马路，西到元纬路。

黄道里，胡同口在黄纬路，与四知里、四勿里、三益里相通，胡同的取名意为黄道吉日。黄道里胡同比其他胡同宽，可以开进去汽车。左侧的六个院子为单号，从一到十一号院，都是单排的北房，没有南房。胡同右边为双号的院子为私产，多为大杂院，私搭乱盖很严重。

三益里，胡同口在三马路，是一条从三马路通到四马路的胡同，并与元善里、元和里、三三里、黄道里相通。其胡同名,以《后汉书》:友直、友谅、友多闻为三益,故取名为三益里。

三三里,胡同口在三马路,紧靠李纯公馆高高的围墙下,胡同不长,呈L形走向,左转与元善里和三益里相通,胡同取名为《三字经》中的:三才、三光、三纲,故名三三里。

四知里,胡同口在四马路,与黄道里和元和里相通。胡同名取自《汉书》:天知、地知、你知、我知,名为四知里。

四勿里,胡同口在四马路,与黄道里和元和里相通。胡同名取自《论语》:非礼勿视、非礼勿听、非礼勿言、非礼勿动;

元善里,胡同与三三里、三益里相通。胡同因靠近元纬路,胡同名取自与人为善之意。

元和里,这条胡同在这里是最长的,从三马路直通到元纬路,一侧为李纯公馆的高围墙。胡同名,因靠近元纬路,取之以和为贵,故名。

新元善里,为两条胡同,属于这一带的高档宅院。胡同口在四马路,与元和里相通,胡同取名,是以元善里派生得名。

在黄道里与三益里胡同交口处,曾经有一所上世纪初开办的女子学校,为天津女子教育的先河。

1927年,三益里开设了一家被服厂,是江苏督军齐燮元在就职后,在天津三益里开设的江苏被服厂,委李馨为总办。其制作的军服、鞋子、背包等源源不断地运往南京。

1976年唐山大地震,波及天津,黄纬路一带的房屋震损严重,黄道里及周围七条胡同被拆除。1978年,这里建成了大片楼房居民区,取名团结里至今,很多老住户还迁后仍然住在这里。

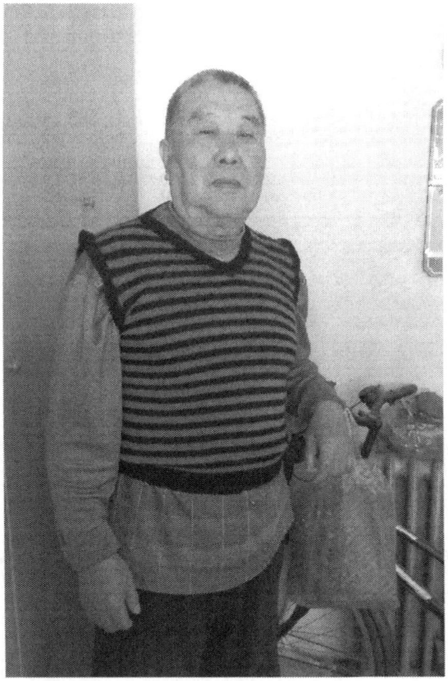

荣大成

采访对象：荣大成（1942 年生）

采访时间：2016 年 10 月 8 日（星期六）

采访地点：黄纬路团结里家中

我父亲荣子政，在十几岁的时候，是从农村来到天津。开始以卖雪花膏为生，非常艰苦，经过自己的努力，赚到了一些钱，后来在南市开了一家药铺。我父亲非常聪明，对医药知识一学就会。干了没几年，就攒了不少钱，想做更大的生意。适逢日本快要投降的时候，听说南洋橡胶厂要转让，觉得橡胶产品有市场，就将厂

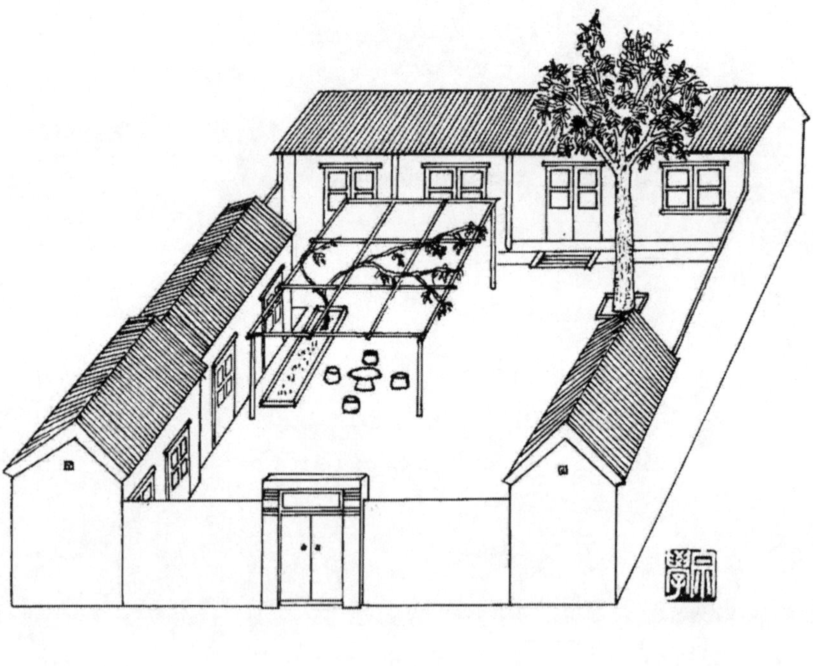

荣家大院

子接了过来。那时厂子里有六十多名员工，生产的产品是各种轮胎。

新中国成立后，我父亲积极恢复生产，上缴财税，为新中国建设出力，成为进步的资本家。1955 年，国家号召公私合营的时候，我父亲积极响应，南洋橡胶厂是天津最早合营的工厂，国家也表彰了我父亲，同年经过选举，我父亲成为河北区政府的第一任副区长。

1956 年我父亲母亲一起到北京，参加全国工商联代表大会，是代表天津市去的。我母亲也是沾了父亲的光，在中南海接受毛泽东、刘少奇、周恩来、朱德等国家领导人的接见。

我家住在橡胶四厂马路对面的新元善里的一所大三合院，共一百多平米，院内宽阔，迎面正房四间，每间 16 平米，东西厢房两间，每间 12 平米，厕所 10 平米。院中央有花坛、鱼池。宅院幽静，房屋高大。我家的孩子多，共有九个孩子：三个女孩，六个男孩。当时提倡多生孩子，一时成为了模范。我们一家人生活在这里，生活富裕，其乐融融。

我在上小学时，不认识的字，去查字典，父亲脑子特别好，能马上告诉我，这个字在第几页上，而且特别准，教我如何才能快速查到。父亲下象棋也是常胜将军，作什么事都是样样在行。

可是，到了 1957 年父亲被错划为右派，写检查，靠边站，受到政治迫害，被迫离开了政界。分到橡胶三厂，在食堂卖饭票，文革前调到天津乳胶厂，是从集体单位调到国营单位，做后勤工作，就是在厂里干基建，递个灰，和个泥的活。心情一直很郁闷，父亲的头脑聪明，从此却再也没有了用武之地。

文化大革命开始，是我家最倒霉的时候。父亲因为是资本家身份，1966 年 8

新元善里,右侧大门为荣子政家

月26日,街道在我家院内给我父亲开了第一次批斗会,然后,在厂里也经常挨批斗。

接着就是抄家,家里所有的东西都被抄走,父亲与毛主席合影的照片也被红卫兵抄走了。我们一家人被赶出大院,被迫搬到元和里8号的一间不大的房子里,家徒四壁,一家八口只能睡在搭起的大通铺上。那时,两个姐姐一个妹妹已经出嫁了。

元和里这条胡同左边的院墙高耸,比别处的院墙高出很多,此处的居民称为大墙胡同。这里原是军阀李纯的公馆,外墙为城堡式,跟长城似的,当年李纯公馆里有一个排的兵力护卫,警戒极为森严。李纯公馆在1961年改为天津外贸职专,如今已经是河北区法院。

我们荣家在胡同里是阶级斗争的对象,我们这些子女都受到牵连,走到哪里都是歧视的目光。不能上高中,上大学更别想了,到了该工作年龄了,工作也找不到,只能干临时工。家里三个孩子上山下乡,其中,四弟荣大有和五弟荣大发去内蒙古,老弟荣大鑫去了大毕庄。

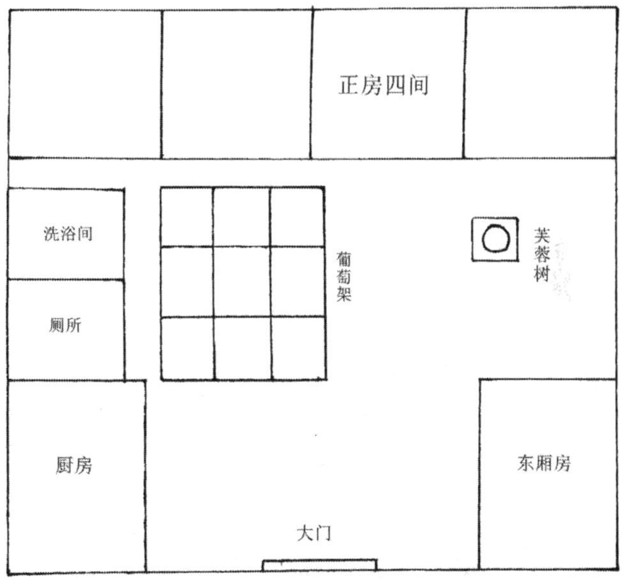

荣子政宅院平面图

1970 年,下达了国家新政策,像我们资本家家庭,没有正式工作的家人都要疏散到农村,没有工作的母亲杨俊云和在三建做临时工的我被疏散到大毕庄务农种地,我父亲荣子政因为是国营企业职工,就一个人留在天津工作生活,真是历经坎坷。

1977 年 1 月 8 日,我父亲荣子政因患脑溢血去世,终年 64 岁。那时还住在临建,团结里的楼房还没有建好。

我母亲住在团结里,我自己原来结婚时住在地纬路,因为要就近照顾母亲,拆迁时我买的团结里的房子,一直住到现在。2004 年,我母亲去世,终年 87 岁。

如今,我大姐在美国定居,今年 80 岁了。大弟于 1981 年到香港定居,找爱人去了,他爱人是华侨,先去的香港,直系亲属才能去,就把我大弟弟也带过去了。

我和其他姐弟一直在天津。说起我的老年生活，是孤单了点。因为我一直没有孩子，妻子在四年前因患肺癌去世了，我一个人生活。说起养老问题，我今年七十四岁了，等到身体实在不行了，就去一家好一点的养老院，度过晚年。

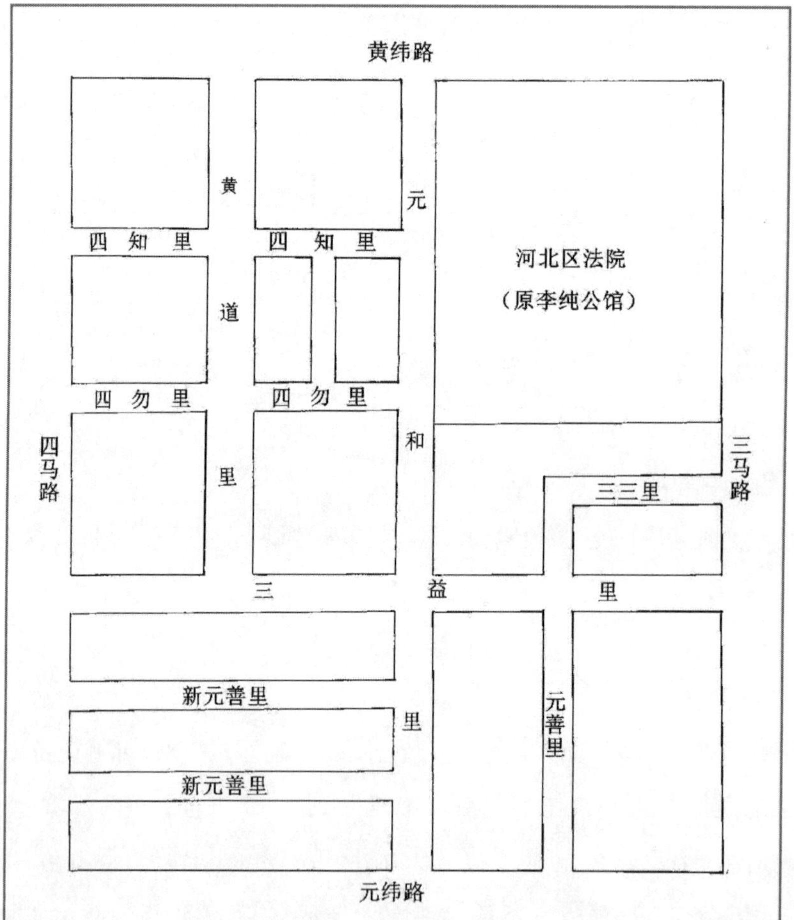

团结里早年胡同图

陈宝明

采访对象:陈宝明(1941年生)

采访时间:2016年10月18日(星期二)

采访地点:黄纬路团结里

想听胡同过去的事呀？那就先从我家说起吧。

我家是 1946 年，也就是在日本投降的第二年，搬到元纬路 90 号，挨着元和里。原来我家在三条石住，我妈嫌那边太乱。我家元纬路这房子原来不是买的，是租的。那时候，催房租的人姓董，房主是大军阀李纯，一大片房产，人家就是吃房租。随着社会变化，房东在天津解放前夕，将房子卖给原住户，谁买就归谁，还特别便宜。比如说，那时候一间房子二百块钱一间吧，就收六十块钱，便宜卖，等于把自己的负担给卸下去了。住户觉得便宜，以后又不用交房租，白给一样嘛。人家有学问、有眼光，就是不当房东了，要不解放以后也给压缩房产，私产交公了。

我父母是做什么的？做纸盒，就是做包装盒，不是现在这样的包装盒，以前是用马粪纸、纸甲子，糊的点心盒、寿桃盒。做好给人家点心铺送去，一百个盒多少钱。小作坊都是自己一家人做，也就是维持生活。我家也就过着一般的生活，也没那个本事，如果没那脑子，想干大买卖，开大工厂，门都没有，得有那能力呀。

我以前在修配公司工作，做保全，后来调到中药厂，也是干保全，修水暖什么的，咱没嘛能耐，就是干活呗。退休以后，我就在三马路干黑白铁。

黄纬路在 1949 年前是死马路，到了五马路就是一面墙，被日本陆军医院封的。我们过新开河桥，还有过汽车嘛的，都是从元纬路绕过去。新开河上的津京桥,我记得是在我 11 岁左右,51 年到 52 年之间建成的,那时候的市长是黄敬,大桥落成,黄敬市长来剪彩讲话。我那时候还跑去看了,黄敬市长那天穿着一件土黄的风衣,我还记得特别清楚了。以前津京桥是木桥还是石桥,我就记不清了。

后来在 1955 年,国家建设,改善交通环境,打通了黄纬路。军队也得听地方的,把二五四医院分成黄纬路左右两部分,在黄纬路之间挖个地下通道。现在地道早填死了,在那块儿位置建了一座天桥。

文革时期,我们这一片,高成分的挨批斗也不少,胡同里有一家,厂里来抄家,批斗,头上戴着高尖帽子、罐子什么的,让他站好了。南洋橡胶厂经理荣子政家,受到冲击比较大。荣子政在刚一解放,是工商联的负责人,后来又给他升为河北区的副区长。他比较开明,在抗美援朝的时候,捐献了一架飞机,资本家们出钱。

1957 年,号召向党提意见,荣子政就是说了几句话。言者无罪,闻者足戒,大鸣大放。他就在会上提了,合营私方定息二十年少点,还应该再延长一点,就是资本家的工厂有多少财产,实行赎买政策嘛。

没有几天,报纸就登了,坚决打击荣子政向党进攻的反动言论,定息二十年嫌少,多少才达到目的,这是向党和国家进攻。这是在反右范畴,就把他打成右派,副区长也撤职了,嘛也不是了。让他在乳胶厂上班,就是三马路海河边那个厂子,给厂里扫厕所去。唉,这么一个人还是挺有本事的,做成一个这么大的一个橡胶厂容易吗,以前的南洋橡胶厂兴旺极了。

刚解放的时候,南洋橡胶厂右边是庆兴铁工厂,在公私合营后,庆兴铁工厂迁走,合并别处去了,庆兴铁工厂的厂院也并到了南洋橡胶厂。

橡胶厂从海南、东南亚进来的橡胶原料，都是堆在马路上，没人偷。1949年前就做汽车轮带，等1949年以后，再到公私合营，就什么都做了。再后来，橡胶四厂合并到陈塘庄橡胶总厂。

抗震里那边有新华橡胶厂，现在也改成旅馆了，那厂子1949年前是环球橡胶厂，资方是三股合资干的，马玉良有一股，1949年后公私合营改名叫橡胶三厂，改成集体企业了。文革后，改为新华橡胶厂。

我们这一带最怀念的是中医潘一先，还有西医林士海，人家是医学士，全科大夫。林太太是护士，后来在新元善里买的一所院，他儿子林培森也是大夫，也是一把好手，在京津医院当院长，现在也过世了。

邓伟堂

采访对象：邓伟堂（1935 年生）

采访时间：2016 年 10 月 20 日（星期五）

采访地点：黄纬路团结里

你问以前这里胡同的历史呀，我家几代人一直住在这里。地震前，住在临近元纬路的元善里，我老伴早年是这里街道居委会主任，负责这一大片胡同，这些胡同的人没有我家不熟悉的。

我家的房子最早是在民国年头先租的，后来买下来，不是花现钱，是用一袋面买下的。当时我家困难，院里的一家人替我家出了一袋面，把房子买下来。那时候房子不是太值钱，不能跟现在比。

我爹1949年前在天津市政府里工作，就在金刚桥旁，现在是金刚公园。我爹毛笔字特别好，作文书工作，收入不算高，生活还过的去。到了一九三七年，日本轰炸了市政府，那里就成了一片瓦砾，等到天津沦陷，我父亲就失业回家了，另谋生路。

我老娘和我姐姐在地纬路的军队被服厂干活，锁眼、钉扣子，就乎着生活。我从小摆个小摊，买点小红果，在家里头串糖堆，拿糖稀一蘸，卖一分钱、二分钱一只。后来嘛都干，只要维持生活就行，卖鲜货嘞，卖干货嘞，卖水产嘞。后来我就在胡同里的公聚兴铁工厂学徒，铁工厂就在老元善里，我家住三号院，铁工厂就在二号院。也是有亲戚关系在那边。工资十几块钱，年轻那阵也不觉得累，有力气也不在乎，小厂里有车床，我就干车工钳工，学技术，到了五三年开始单干了。

仁田西里那边有个小粮店，1949年前，经常是多半宿就去排队，粮店发号，拿粉笔在你袄袖上划上号，等粮店开门了，就卖一百号人的粮食，他规定数，多了不卖，一人卖二、三斤。也就是棒子面，这就算已经好的了。如果家里没有干个买卖，日子就是不好过。我们这一带，条件特别好的有，林士海、林太太，这是当大夫的，南洋橡胶厂的荣子政、还有一个姓孙的，也是干橡胶厂的。

我还记得，日本投降那阵子，拿汽车拉日本兵，到码头去吧。日本人在天津太遭恨了，大长汽车，拉七八十口子日本兵，市民们站在马路上，拿大砖头子朝车上砍去，反正是日本人太缺德了，无恶不作，我们就是站在三马路三益里胡同口那看，被砍的日本兵说，我是韩国人，我是韩国人，能说一两句中国话。

天津解放的时候，我们胡同三号院里，手榴弹扔的没响的就多了，一堆，子弹壳好多了，老百姓也不敢动啊。后来，解放军来人都收拾走了。

四马路口那有哥俩，在那边院子一间房里住，军人在外边喊，院里有人吗？那哥哥就想答应一声，他那兄弟就不让言语，因为不知道外面是国民党还是共产党。结果，两个手榴弹就扔过去了，哥俩都炸死了。中山路川鲁饭庄那块地界打仗热闹极了，我那时候胆子也大，跑去看了，打的邪乎极了。机关枪打的，房顶那有一条腿耷拉着。死多少人呀，地上都是死人，就是金刚桥到元纬路这边打仗最激烈。

打仗的时候，我在三益里惹了一个大祸，那时候把你弄死了，也就死了。我跟胡同四号院的一个比我大一岁的发小，出去看热闹。那时，打仗还特别激烈呢，看见在三马路上停着一辆拉军火的马车，不像咱们现在开的汽车。发小对我说，你敢把车轮轮胎的气门芯拔了吗？我也是逞能，上去就把气门芯拔了，整个带瘪了。当兵的就把我抓住了。拉军火的车呀，那不是别的，当时说要弄死你，不就像玩儿一样嘛。当时也找不到大车店修车去，打仗了没有敢开门的。然后，有人给我父亲传信了，我父亲出来，看军人在拉着我不让走，过去就给军人跪下，这才放过我，差点我就没命了。

三年度荒的时候，粮食不够吃的，就得想办法呀，我骑车到一百多里地的北郊去买山芋，骑车都没有劲，饿的慌，没办法，又买了人家蒸熟的山芋吃。粮食是买不到的，国家统一收购走了，郊区农村又不像咱们城市里，有粮食定量。山芋、土豆呀，都是农民偷偷种的，种的多点了，偷偷卖一些，换点零钱做别的用处。

对，去北郊过新开河，原来京津桥是木头桥，通小王庄，不是摆渡，摆渡在闸口那边了，这一带就那么一个摆渡。

说起文革那会儿，一个运动接着一个运动，这一片胡同里挨批斗的不是太多，是有几家，这里住的人没有太大资本家。橡胶四厂荣家是这一带最有能耐的了，成了运动的对象，挨斗抄家了，多余的房屋都被充公，在这胡同谁都知道。这胡同里也就是小业主比较多，开商店的，摆摊卖货的。

就说胡同那边有一家，因为他在工厂里书法不错，替别人写了几份大字报，等到被批的人恢复了官职，就找机会打击报复，他心直口快，说了一些对现实不满的话，被人抓住把柄，打成现行反革命，被工厂的革命委员会关压起来，工厂派人开着卡车来抄家，因为他家里挺穷，没有什么可抄的，就回去了。批斗挨整了大约一年时间，放出来回家后，街道居委会也实行监督，在胡同里贴满了批判他的大字报，让他一家人抬不起头来。那时候，人们的觉悟都很高，对坏分子很反感。所以，那家人的境遇很不好，孩子也受到歧视，那时候讲究株连，孩子的档案里都有他父亲的案情资料，以后的升学就业都受到影响。到了文革结束后，公安局才下了定论为犯了言论错误，也就稀里糊涂了事了。

我们这里离曹家花园近，现在的二五四医院。听我爹说过曹家花园的事，日本侵占天津前，改的第一公园，公园里的人工湖水面挺宽，亭台楼阁，还有西洋式建筑，假山堆石成山，沿着湖边一排垂柳，长廊绕园子转，好风景啊。公园新添置了游船，儿童娱乐园，图书馆，游泳池，饭堂。那阵子游人挺多，都是从远道赶来玩的。我们胡同里的几个小孩子经常一起去那里玩耍。有一次我跟几个同伴在水边玩，其中一个掉到水里了，好在水不深，扑腾几下上来了，浑身湿透，不敢马上回家，在园中晒干了衣服才回家。

好景不长，转年就天津沦陷了，曹家花园被日本军队占为后方医院。还将附近的一些地块也扩充进去，黄纬路在五马路口被截断了，普通百姓不得靠近。花园不能去了，园林这么一折腾，大部分房子也就不存在了。听大人说，里面住的是日本士兵伤病员。后方医院的大门在五马路那边，门侧有岗亭，每天有日本兵和警察站岗。我们这些住在附近的人只能望墙兴叹。中山路上的中山公园也不能去，只能在胡同里玩耍。抗战胜利后，国民党接着用日本后方医院的设备改作陆军医院。天津解放后，这里还是延续陆军医院，就是现今的二五四医院。

现在的医院院内，还留着当年曹家花园的一小部分老建筑，医院后边保留着一个大湖，湖水中央的湖心亭还是当年的遗存。经过那么多年了，保存的还挺好，我们叫他“挺(亭)坚强”,呵呵。可惜的是,大部分的湖被填埋,那里的公子楼、小姐楼早就没了,建起了好多楼房。剩下的园林部分被职工私搭乱盖成宿舍了,显得杂乱无章。前几年,政府进行了修缮,院里一部分又恢复花园的样子,令人高兴,我们住在这附近的人可以去那里散步了。

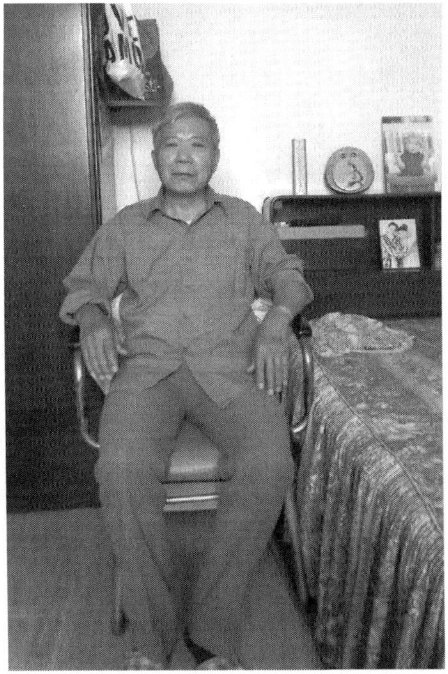

赵久富

采访对象:赵久富(1948 年生)

采访时间:2016 年 10 月 21 日(星期五)

采访地点:黄纬路团结里家中

从我爷爷奶奶那辈就住在黄道里,很早了,住了快一百年了。我老娘就是在黄道里娶过来的,我老娘今年98岁,1919年出生的,名叫于建英,身体还挺好,耳朵不聋,五脏没毛病,一点不糊涂,就是腿脚不太利索。经历了这么多的历史变革,孙中山、国民党、日本侵略、建国后的历次运动,改革开放。经过多少事,快一个世纪了。我去给我老娘领老年证,人家一看是1919年出生的,愣了,这么早出生的,还能动的了吗?我说你别管动的了动不了,该办就给办。

我老娘为什么能活到98岁,就是因为她想得开,有什么烦事,睡一宿觉转天全忘了。家里有什么困难,还是非常乐观,这是性格决定的,你说是吧。

我爷爷叫赵殿清,最早是东北角一家药铺的职员,字号叫"上池馆"药铺。最近的电视专题片还介绍过"上池馆"药铺,在抗日战争时期,曾暗地里给八路军送药,当时是抗日嘛,药品都是从"上池馆"送出去的,这是听我爷爷讲的。

听我老娘讲,日本进来时,为了躲日本的炮弹嘛,我家在院里挖防空洞,后来我们躲到小关,是我姑奶奶家,大院里有防空洞。就是在院里挖一个坑,上面盖上木头盖子,其实什么也防不了,一个大石头都能砸着了。

我老家在北仓,祖辈是"燕王扫北",从安徽过来的。我们的老祖宗就落在北仓了,值守卫边,他拿着围裙自己围了这么一块地,就是他的领地了,有几百年了吧。到北仓一提“同胞三颗甲”姓赵的，就是一个老祖宗。到我父亲一辈，名字带“志”的，我大爷叫赵志彤，我父亲叫赵志明，一提志字的，在北仓是长辈。这是我奶奶给我讲的。

赵久富的母亲已经98岁

老北仓村就是现在北仓公园的位置，依傍着北运河，京津公路左边是北仓村，公路右边是庄稼地、果园。过去一提把人送北仓了，那是埋死人的地方，北仓公墓设在那边。说去小王庄了，那是枪毙人的地方。

我父亲 1949 年前是参议院的参议，说到这打住了，别说了，哈哈，反面人物。那时候的参议，都是请客，包饭馆的酒席请大家，就选上的，参议在天津就那么几个。参议院是三方举荐，电灯房、自来水、报社举荐这个人上去了。参议院是政府机构，属于政府部门的，众议院是群众组织。现在外国不也是这样嘛，有参议院，众议院。我父亲在黄道里算是最大的官了，住在这里没有特殊人物，有能耐的就住五大道了。那时候，我们家就有电话、小汽车，车到中山路那停，走回家。所以，街坊邻居都不知道我父亲的情况，我父亲特别廉政，不廉政要房子还不是一句话吗。

我姥爷以前在英国电灯房，在黄家花园那，就是现在的抗震纪念碑那块位置。过去就是小型发电厂，只供应五大道租界，那住着的都是大资本家，有钱有势的人家，供他们电，别处贫民窑也用不起电。电灯房的发电机才多大，烧煤烧柴油就行了。电灯房除了英国人就是我姥爷了，英国人不在，我姥爷是主管。这么着，家里有点钱，原来的宅子在公安医院旁边的洋楼里，那楼现在还有呢。

以前我们大院，地震以前，谁家人出门了，没有挂个锁头的，家里没人不要紧，来了生人，邻居们就问了，找谁呀？他没在家。对吧，邻居就出来了，在黄道里没听说过谁家被偷了被抢了，我家门上连门鼻儿都没有。你看现在防盗门、防盗窗还嫌不安全呢。我们这些胡同里的孩子都比较规矩，没有到外面惹事的。

我们这附近，留下名来的，是潘一先大夫，就我家房山后面，自己的一个三合院，有五间房子。人家行医那叫一个积德行善，有钱没钱的都给治病。四马路的南洋橡胶厂是日本开的，荣子政当时给橡胶厂日本老板拉包月，就是专车。后来到了日本投降时，日本老板准备回国，他觉得荣子政这个人挺好，关系也不错，就把这个橡胶厂给了荣子政。这也说明那个日本老板会看人，看出荣子政能干。也说明这个日本人也厚道，不厚道买卖给人。这样，荣子政成了南洋橡胶厂的老板。所以，在搞运动时，给他定为资本家，也就倒霉了，被批斗抄家。其实他过去也是穷人，后来自己干买卖赚钱了。他曾经也救济过不少比他还小的小资本家、小业主、独劳，有些活让他们干，这附近很多小作坊得到他的帮助。荣子政的小女儿跟我同在黄纬路小学上学，我对她家的情况有些了解。

黄道里 11 号曾经出了一个有名的人，就是救火英雄向秀丽式的人物——彭文珍，彭文珍在农药厂工作，电台、报纸都宣传过，她的事迹轰动全国都知道了。学校里的学生都去她家里慰问，那时候她还没结婚，二十来岁吧，现在彭文珍还健在呢。她家里哥六个，姐两个。彭文珍是老五，基本都是做领导工作的，彭文珍的丈夫是化工局的局长。

我们 4 号院，还有一个挺有本事的人，是唱京剧的，尚小云的徒弟，叫王荣林，是“荣春社”的。尚小云的徒弟几乎没有了，只有他儿子尚成荣，还有王朗舒，已经 89 岁了。“荣春社”开始不叫这个名字，后来经过学习，就改了这个名字。

9 号院最靠里的老王家，运动的时候遣送回老家。到了老家，那里的人远接高迎，回来落实政策要返城，人家不回来，老乡对他特别好，他技术好，能把农村扶持起来。

黄道里 9 号的李万芝挺有名气，南洋橡胶厂日本老板特别喜欢这个聪明能干的青年，是个人才，是在日本投降后，把他带到日本去了。他在家行大，他媳妇是上海人。橡胶厂的日本老板是日本神户人，李万芝后来成为神户市华侨学校校长，是知名爱国人士，神户与天津是友好城市，他是为此做出过贡献的，要不咱们国家怎么欢迎他呢。

黄道里 4 号院的门三爷，闹日本的时候，在西安做生意，倒腾轴承。有一次他卖的轴承犯法了，有人从日本人仓库偷出来的轴承，卖给他了。日本人知道后，就把他给抓起来了。把他捆在一个大柱子上，日本人坐那喝酒，两边大狼狗准备把他拆了。门三爷一想，反正要死了，想喝酒，对日本人说，米西米西要喝酒，日本人说给他喝，不是酒瓶子，是酒坛子，几口就都喝下去了，还要喝。日本人一看他酒量不小，接着给他喝。他连着喝了三坛子酒，没事。日本人一看厉害，给他松绑，让他陪着日本人喝酒，真能喝呀，把日本人都灌醉了。他扶着日本人进屋，要求放他走，说这么多站岗的，我怎么出去。日本人给他写个纸条，他就出去了。转天，日本人去找他,又给带回去了,说我不抓你,日本头儿要跟你交朋友,去陪人家喝酒。门三爷说,我天天来陪着喝酒可不行啊,我们家里人还得靠我养活呢。日本人一听,就说我给你开个条,到仓库领轴承,拿到你店里去卖好了。就这样他发了!后来他回到天津,还是一直喝酒,一边说着话一边喝酒。一瓶子酒喝完了,嘛事没有。最后,还是死在酒上了,他的肺跟筛子眼一样,都透了,现在他儿子门三伯还住在团结里。

我是1948年出生的,文革时,我17岁,我是六五年初中毕业,当时不允许上高中,分配我到发电设备厂工作。

我年轻的时候嘛都爱好,滑冰、拉胡心儿,打球、照相、钓鱼,现在岁数大了,就以钓鱼为主了。那时的照相机都是借的,找同事借照相机,自己买不起,120的胶卷和135的胶卷,135的还得放大。洗像机、放大机都是自己做的,晚上把窗帘拉严了,定影洗像,晒照片,特别有意思。现在都是数码照相了,虽然方便了,没有了过去的那些乐趣。现在,家里的老照片都没有了,地震那年,在铁路工程学校住临建,那场大火烧的嘛也没剩下,火烧连营啊,我们住的临建,用苇子中间夹一层席片或一片儿油毡,都是易燃物,救都救不了。那些黑白照片不少了,真是太可惜,要不,能给你提供好多老胡同的照片。

我家老少三代住在一起,非常和睦,曾经被评为"五好家庭"。我爱人曾经在2002年区里评选中,得过"好儿媳妇奖"。在这样和睦的家庭环境里,我母亲才会这么长寿的。

高学文

采访对象：高学文（1941 年生）

采访时间：2016 年 11 月 30 日（星期三）

采访地点：黄纬路团结里

我家是在什么时候搬到这里来的？我记不住了。我父亲也没跟我说过呀，反正我是四一年在这出生的。我家在地震以前住在元和里，我们元和里这大片房屋是李善人的房产，就是江西督军李纯。

我知道嘛就告诉你，因为我小时候我们家就在李纯公馆高墙底下的院里住，公馆的侧门也在我们胡同里。李纯公馆的院墙特别高，墙顶上跟长城似的，砖垛上有枪眼，真正是森严壁垒呀。

我小时候，天津还没解放呢，李纯公馆改成针厂，做缝衣针的。针厂老板的儿子跟我是小学同学，他经常让我去他家玩。那里深宅高墙的大院，一般人你进不去。大门在黄纬路上，是高大券门式样的门洞，那气派劲。我进去一看，里面这么阔了，还真好啊。我在大墙外面住，不知道里面的情况，这才知道天上人间的差别呀。

院内有好几进院落，房檐下有精刻的砖雕、厅房楼座、两侧有游廊，曲曲折折的，太幽静了。院里中间才是西洋式的洋楼了，上面都是欧式雕刻，特别讲究，太好了！是督军李纯住的地方，洋楼周围都是房子围着，也是非常讲究的传统平房建筑，砖雕什么的也是好看极了，不像咱们老百姓住的房子，应该是副官、护卫士兵、佣人住的房子。

同学带我上那墙上面去玩，院子四个角都有楼梯可以登上墙头。上去一看，好嘛，跟天津老城墙似的，特别厚，得有好几米厚，不上去看不出来这么厚的墙。不说悬了，墙顶上可以跑汽车，当然是小轿车了，卡车跑不了，整个围墙上边四周都是通着的，小汽车可以转一圈。过去公馆里保护李纯的士兵特别多，人家是军阀，有的是士兵啊，白天夜里在院里墙上持枪巡逻守卫。

那厚墙拆掉的时候，我在家门口看着，拆下来的大青砖这么长，跟老城的城墙砖那样大小。墙里是夯的黄土，特别结实，真可惜给拆了。公馆在元和里还有一个挺大的侧门，成天关着。这几十年来，谁来谁拆，公馆里的建筑就陆陆续续的给拆没了。我都快八十岁了，看到过公馆原貌的人，现在恐怕都没有了。

1949 年前，公馆大院里改成嘛了，我不知道，那时候我还小，就知道干过针厂。1949 年以后，李纯公馆改成了外贸猪鬃公司，加工猪鬃刷子。后来，改成外贸中专学校，培训干部也在这，九几年又叫国际商务职专，出国人员培训中心，现在是河北区法院了。

我再告诉你，李纯为嘛叫李善人，别看人家是大军阀，却对天津的家乡做过不少善事。比如说他支持教育，他在前边四马路、河东关帝庙、尚师父坟地创办了三所秀山小学。给南开学校捐了几十万元，作教育基金。南开学校曾经建了秀山堂和秀山铜像纪念他。早年他曾经在春节前，拿出来四千大洋在大经路一带冬天发钱抚慰，接济贫民，出巨资扶助天津老乡。据说他的遗嘱上还说要用百万资财，救灾兴学。所以说,我们这里的老人都是称他为李善人。

李纯是咱天津人,他是在咱们河北区水梯子东兴里出生的,家里是卖鱼的商贩,就是在海河边趸来鱼摆摊卖。所以,他发迹后在天津黄纬路建的房产也叫东兴里和小东兴里,就是不忘自己的出生地嘛。在南开区还有李纯祠堂,是从北京的庄王府搬过来的,那就更大了。

元和里这片,大多数都是住的穷人老百姓,新元善里那边胡同的房子讲究,院子也大,住的都是有钱人家,像荣子政、林大夫那样有能耐的人。

1949 年以后,李家的后人就把胡同的房产卖给住户了,给钱就卖,一袋面就买了一间房子,人家怕产业太大,减轻压力呗。

我父亲在 1949 年前, 在元和里与四知里交口的院子里开了一家煤场,字号叫义顺煤场。有两个四合院那么大,后来不干了,就盖了房子自己住。1949 年前就不干了,为嘛呢? 干不了了,让国民党那阵子给糟践了,抢了。我听我父母讲的,晚上来几个警察,说查户口,进屋在你椅子底下放一把手榴弹,说这是嘛? 掏钱吧,不给钱就把你抓走了。他们专门敲诈商家,这还怎么干,一看不行,不干了呗。

我家的义顺煤店,现在这里住的老人还记得呢,这一片住户家里烧的煤,都到我家来买,咱们也厚道。三益里 10 号院还有一家煤场呢,干煤场辛苦,弄点煤灰摇煤球。怎么摇? 就是煤灰用水和好了,当当当切成块,跟切豆腐似的,撒上煤末放在筛子上边摇,摇出来煤球。和煤的时候,得掺土,按比例,比如说一吨煤掺半吨土,不掺土煤球团不到一块,掺土太多了,不好烧着,这也有技巧呢。后来,开始用机器压煤球了,再后来又发明了蜂火煤。卖煤赚钱吗? 你想啊,这里附近好几个煤场，小煤场子能赚多少钱呀，你看马公祠前面老姜的煤场，干了一辈子煤场，给这一大片住户送煤，七十多岁了还背煤上楼了，他那身体真好。这片胡同里小工厂不少，大多数是小作坊。

因为我家煤场在1949年前就不干了！所以，也没有赶上公私合营，也不算资方，后来的运动，小业主、资本家我家没沾上边。荣子政干南洋橡胶厂，就赶上了，算是大资本家，抄家后，就搬到我家附近，元和里8号，一大家子就住一间房子，那房子原来住的是一个律师，受到冲击，遣送回原籍了，房子就给荣子政家住了。律师是个长胡子老头，以前出门有胶皮车坐，管打官司的。

马路对面的马公祠你知道吗？我上小学在马公祠里面，上学的时候，大殿还有呢，挺高大的，殿里没有马公像，也没有牌位，改成学校办公室，老师在里面备课看书。大殿两边的配殿改成教室，1949年以后在后面又盖了一溜教室。院里早年还有一个王八驮着的大石碑，后来让人拉走了，现在不知道在哪。

解放前夕，学校里面是安置国民党伤兵地方，少胳膊瘸腿受伤的兵特别多。在那里救治的，都是城防前线送过来的，最后怎么弄走的咱就不知道了。

学校的校长是大高个，是反动派，教导主任是个女的，是地下党，1949年以后亮明的身份。所以说，一个国民党，一个地下党，两人能不顶牛吗。解放天津的时候，地下党知道哪有国民党兵，当当当，打信号弹提供情报。我是车辆厂的，我们厂就有地下党，厉害极了！是摔跤的头，跟着他一起学艺的不少人，都发展成地下党，为解放天津做了不少事。

这胡同我也讲不出来嘛历史，要说以前打水的事，也成历史了。黄道里与三益里口那有自来水，我们这一大片胡同的人家都是在那挑水，在很早以前是买水牌，自来水在小屋里，专门有人看着，黑白住人，冬天怕冻了，夏天怕有人祸祸水。后来没人看着，自来水周围就冻成个大冰坨子。

王庆芬

采访对象:王庆芬(1960 年生)

采访时间:2016 年 12 月 18 日(星期日)

采访地点:在笔者家中

我家地震以前在黄道里 9 号住，院里的房子特别讲究，房屋前带前廊，木头方柱子，屋里是非常结实的木地板，跟这附近胡同的房子比起来，也算是好房子了。黄道里胡同特别宽，可以开进来汽车。

我家兄弟姐妹共六个，两个男孩，四个女孩。我爸爸 1949 年前是卖水果的，过去卖水果不用投本钱，都是赊账。那时候的人讲究诚信，连车带水果先拉走卖去，卖完了，再把车送回去，把账结了。每年就是到了秋天，水果收获季节，就卖一季儿，其余时间就在家歇着，一家人可以吃一年。1949 年以后还卖了几年的水果，公私合营以后，我爸爸就进了动力机厂当了工人，干重活，头一次干重活，累坏了，我们一家八口就靠我爸爸一个人的工资生活。

我爷爷是开菜店的，菜店在三马路和元纬路交口附近，公私合营后归到副食店工作。爷爷在六几年一脚踢后，在胡同里看自来水，自来水管是在一间小屋里，没人用水了就上锁，冬天自来水管冻了，还得负责用热水浇开。那时候，几个胡同就这么一个自来水管，到了做饭的时间，就得排队等着打水。我爷爷的口头禅是：瓦房不济大坯垛，穷人美，光棍乐，多么大的财产，多么大的祸。

我爸爸生性胆小，日本占领天津时期，四马路附近日本人多，我爸爸一看到日本兵就躲起来，不敢出来。天津刚解放，我爸爸一看到解放军，又躲起来。一位解放军战士觉得奇怪，就注意起来，问我奶奶这小伙子有什么问题，是不是有什么事瞒着我们。我奶奶忙解释说：这是我儿子，他胆子小，见到当兵的就害怕，不是坏人哈。我奶奶这样解释，人家解放军才不怀疑。

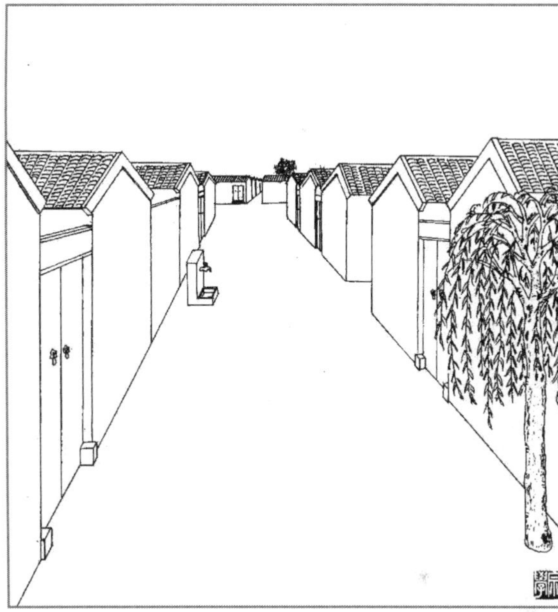

黄道里

胡同里形形色色的人，各种各样的事很多。我们院有一家人，男人叫四哥，平时跑运输，是拉水产的。他经常买回来活的海螃蟹，吃不了放进院里的大缸里养着，他还经常送给院里的邻居，院里人家都能吃到螃蟹。有一次螃蟹爬出来了，院子里到处都是螃蟹在爬。四哥两口子人非常好，后来，四哥不幸发生车祸去世了，你说多可惜呀。

我们旁边七号院有一位叫宋五爷，得病了去医院检查，查出肺结核，吓的回到家就卧床不起了。后来去医院复查，说以前是误诊，没有得肺结核，可是五爷还是去世了，是被吓死的。五奶奶没有孩子，一个人孤单，我跟五奶奶关系不错，就去陪着五奶奶睡觉，五奶奶病了，我就一直伺候她。五奶奶感激我，要把房子给我，我也没要，咱不是图钱才管的。

七六年大地震那天晚上，我因为有事，没有陪五奶奶，我在她家睡觉的床铺上方的房顶塌了。那天晚上,我要是在那睡觉就得砸死了,躲过了这次灾难。五奶奶说,还是好人有好报啊,不该你死呀。我那时候还是十几岁的小姑娘,就是爱伺候老人。现在,我退休后到一家养老院工作,还是干伺候老人的活,我觉得这是一种修行,是做好事。

我再说一件事,我的大姐夫,在58岁的时候去世的。特别令人难过的是,是在他儿子结婚的前夜。那天傍晚,他与儿子一起去浴池洗澡,回家后突发心脏病死亡了。因为明天就是结婚日,只能先不发丧,拉到殡仪馆。然后继续办婚事,转天在饭店举行婚礼。后天才办丧事,这样的事情,连办多了的大了也觉得不多见。

我们院李奶奶家,跟我家房子紧挨着,李奶奶的大儿子叫李万芝,在南洋橡胶厂上班,特别聪明,无论干什么都能干出成绩来,日本老板特别喜欢他,当时李万芝二十多岁。

1945年日本投降后,日本老板准备回日本的时候,就要带李万芝一起回日本,李万芝跟母亲商量,李奶奶说你走可以,必须带上你已经订婚未婚妻走,他未婚妻在小关住,就匆匆忙忙的结婚了,两口子一起跟着日本老板去了日本。当时日本战后特别艰苦,李万芝凭着自己的聪明才智和多年的艰苦努力,在华语学校当上了校长。

中日建交后,李万芝带着妻子回国探亲,是跟着访华代表团来的,先去北京得到周总理的接见,还跟周总理合影。然后,回到天津探亲。

李奶奶已经七十多岁,已经双目失明了,大儿子一走就是几十年啊,还一直不通音信,生死未卜,还以为在有生之年见不到儿子了。李奶奶在炕上,激动得说不出话来,用颤抖的双手不住地摸着李万芝的脸,才相信了是自己的大儿子回来了,就开始嚎啕大哭起来,李万芝也抱着母亲痛哭。

我们这些邻居看着李万芝夫妻俩穿着的衣服特别新鲜,没有见过呀。那时候是七几年,咱们还都穿着统一的蓝色、绿色衣服呢,李万芝穿着西服革履,打着领带,他妻子穿着裙子,特别漂亮。

我们这些胡同的孩子,都去四马路的橡胶厂门口捡没烧净的煤渣,煤灰还冒着热气,一帮孩子就围上去捡煤渣。那时候穷啊,小孩子除了上学,也就干点力所能及的事了。

说起七六年的大地震,那天夜里,地震太剧烈了,我们惊醒了就跑出来,在黄纬路上躲避。天亮后,大家都不敢回到家里去,在黄纬路上搭起临建棚,用的材料五花八门,大多数是用木条搭架子,上面覆盖塑料布,临时遮风避雨。余震还不断,人们更不敢回房里去,吃饭也成了问题,后来有馒头供应,居民排队购买。黄纬路这一带有些房子倒塌,有砸死的。我亲眼看见东兴里有一对夫妻被砸死,被人抬了出来,孩子因为在别的屋睡觉才幸免于难。

因为马路需要恢复交通,在马路上搭临建棚的居民,被统一安排搬到北宁公园,我们家在宁园的动物园区附近搭的临建棚。我天天看着狼在笼子里转悠,所以,我们说谁不稳当,就说他像下午的狼。

有一次,一个小孩子淘气,拿着一个长木棍在猴子区玩,伸出长棍子逗猴子,猴子竟抓住长棍子爬上来,在园里到处乱窜,吓得附近住临建棚的居民一片慌乱。后来,园林管理的人赶来,费了很大劲,才把猴子捉回去了。

1976年9月9日毛主席逝世,举国悲痛,我家里正在煮面条,不敢吃了,只得换别的吃。后来,我们这片胡同要拆,准备建楼房。在当年,安排我们搬出北宁公园，统一安排到铁路工程学校的校园里，搭临建房居住。到了冬天，住在临建房里特别冷，薄薄的苇席不避风寒，天天盼着搬进新居。

第二年夏天的半夜，我们住的这一排临建房，有一家着火了。这家是因为孩子上山下乡问题，街道让他爸爸去街道办事处，给他做思想工作。到半夜了，他爸爸终于同意让孩子上山下乡，街道人员这才让他回家。他老婆见他还没吃晚饭，就用煤油炉做饭，当她听说他已经同意让儿子上山下乡的时候，生气一脚把煤油炉踢翻了，顿时着起火来，火势没法控制。因为，临建房都是用易燃物品搭建的，很快便火烧连营了。

居民尽量抢出一些东西，我爸爸一听外面着火了，一个人把大衣柜给背出来了，你说厉害吧！平时哪有那么大劲呀，赶上紧急的事，人的能量真是无穷大呀。这一排火烧连营的临建房有几十间，消防队的救火车来了也救不了，消防水管子只是喷对面没有着火的临建房。

有一对新婚夫妇，没有穿衣服就跑出来了，抢救出来的一包包东西，被学校外趁火打劫的人，从院墙扔了出去直接偷走了。消防队来后，也没法扑灭这么大的火，只是给对面没有着火的临建房喷水，防止大火蔓延。这次大火没有造成人员伤亡，只是有一个十七岁的男孩子受到惊吓，口吐白沫，没过几天就死去了。

大家气的都想打那肇事的人，你想呀，这一场大火一下子把全部家当都烧没了，也没人给赔钱，那时候都穷，置个家容易吗。当时也没有社会救助，只能临时用塑料布搭简易棚子，过了几天，被安排搬到新建成的黄纬路抗震里，没有回迁到团结里片。因为家什都已烧光，搬进新居也没有多少家什可搬，家徒四壁，慢慢才置办起来。

李建国

采访对象:李建国(1955 年生)

采访时间:2017 年 1 月 2 日(星期一)

采访地点:黄纬路团结里

我家以前住在三马路门脸房，靠现在团结里这边。离元纬里近，挨着过去的三益里胡同。我父亲在这门脸房是干修理自行车的，公私合营的时候，就不让个体干了，让我父亲进针织厂上班。

我们家后面的几条胡同我清楚，小时候总在胡同里玩，有黄道里、三三里、三益里、元善里、新元善里、元和里、四知里、四勿里。黄道里是最宽的，元和里最长，从黄纬路到元纬里，这么长的胡同，院子多，住的人口也多。

我小学是在元纬路小学上的，现在学校没动，还在那呢。上中学了，把我分到五十三中学，那时候正是文革时期，学生都不好好上课，上课的时候，老师找不到人了。一问，都到新开河里游泳去了。学校后墙也不高，跳过去就是河边，河里游泳的都是我们学校的学生，那正是乱的时候。我哥哥和姐姐赶上了上山下乡，到了我这，一点一点的，下乡的政策就没了。

我小时候不在马路边玩，在三三里、三益里胡同里跟邻居小孩玩，得木头、砍劈柴，有抽嘎嘎的，弹球。没玩推铁环，大跃进的时候，沾上铁的东西都上交，大练钢铁了，找不到粗一些的盘条铁丝。等我再大一些了，就经常去新开河边钓鱼，也就不在胡同里玩了。

我父亲今年92岁了，身体还好，脑子一点也不糊涂，就是耳朵背了，听不见

李建国家里的摆设

你说的嘛话。要不这里过去发生嘛事，你问他，他嘛都清楚。我天天在家伺候老爹，又养了两条大狗，哪也出不去，把我拴住了。

我们这一带住的大多数都是普通老百姓，过去有能耐的就是那么几家，要说资本家，橡胶厂荣子政算一个，再有些名气的是过去的老中医潘大夫和西医林大夫，林大夫过去就住在橡胶四厂对过的新元善里，荣子政也住在那，都是一家一个院住着。按现在说，那个胡同就是高档住宅区，院子大，房子漂亮。他们的后代还住在团结里，林大夫早就过世了，他的孩子就住在团结里前面一排，是医术人品不错的大夫，现在这里居民还念叨他们呢。

三马路对面的胡同，有大求是里和小求是里。进了小求是里，里面有个圆门洞子，进去就是大求是里。这胡同里有个缝鞋的老头，他家的两个孩子，地震的时候，房子塌了，他闺女和对象都给砸死了，就那老头跑出来。求是里这片有三家地震砸死人了。刚地震完，听说求是里把角的小二楼的墙倒了，砸死人了，就是现在图书馆那位置。天还没亮,我们三个人就马上去救人,摸着黑,过去一看,人都砸在里面了,我们上了二楼,刚把人救出来,房子哗的一下子又塌了,差一点把我们几个人砸死在里面。当时就想着救人,不知道害怕,等看到房子塌了,就觉得后怕呀,就差那么一点时间。

现在求是里居民楼,在地震拆迁以前有几条胡同,邻德里很多是第一毛纺厂宿舍,还有黄鹤里、何氏胡同、二吉里、大求是里、小求是里。

我知道你说的意思,我倒是想帮你找一些岁数大的老邻居,可惜不好找了,搬走的不少,去世的也不少,再过几年更难找到1949年前出生的老人了。

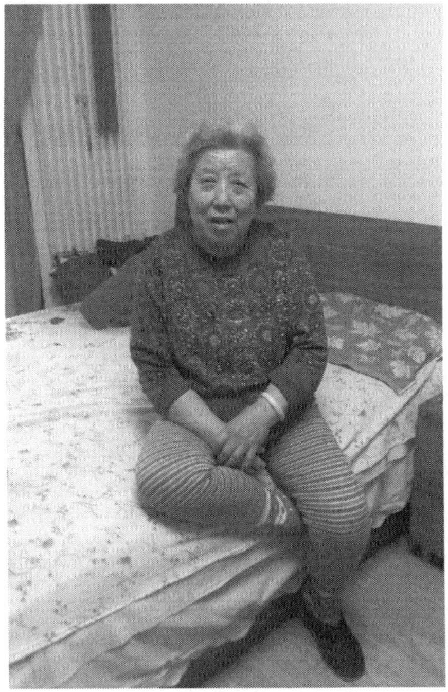

马书锦

采访对象:马书锦(1937 年生)

采访时间:2017 年 2 月 26 日(星期日)

采访地点:黄纬路团结里家中

我过去是这一片的街道代表，对这片的胡同过去的情况还清楚一些。我家以前住在元善里，这里的胡同连着胡同，都是有历史了。

前些日子我们这来了一拨人，推着的轮椅上坐着一位白发苍苍的老先生，有九十来岁了。到胜天里找他曾经住过的旧址，说很早以前住在东兴里胡同，这老先生现在定居台湾，是年轻的时候走的。还带了一个翻译，因为说话听不懂。在马路边上跟居民聊，老先生不走啊，非要过去看看。我说现在已经盖成楼房了，嘛也看不出来了，也就是从那楼口进去，旧址是在这。老先生说，那我也得去看看，大老远特意找到这里来的，这个年纪从台湾来一趟不容易。这位老先生在台湾可能也是一个人物了，来了三辆小汽车。

以前我们这一带最有名的院子要数李纯公馆了，高高的围墙，后门就在三益里八号院，公馆改成学校后，八号院通到学校里面。李纯公馆一进去，从两边楼梯就可以上高墙，那墙倍儿厚。当年在墙上巡逻放哨，四周围一圈都是一样厚，而且都是大砖，特别大。1949年后改成猪鬃厂，没看见过出什么成品，只是看见大包大包的猪鬃运进去。这里后来又换了不少单位、厂子。还有一阵儿，部队也在这里，门口有站岗的。

文革时，胡同里有几家挨斗的，有黄娘家，安大爷家，五号院老高家，其实他们都是小手工业的。拿报纸糊高帽子，在胡同地沟那低着头，一站就站多少时间。黄大爷挨斗才冤呢，安大爷的哥哥干的买卖，起照起的是黄大爷的名字。可是呢，黄大爷他一点享受也没有到，一揪就把他给揪起来了，冤案。

南洋橡胶厂的荣子政挨斗挺厉害的，原来他家在新元善里靠近元纬路第一个独门独院住，文革给扫地出门，搬到元和里去了。他家的院子里种着一棵芙蓉树，就是因为这棵树，把他斗的不轻。就是开的那粉绒绒的大朵花的树，现在有的马路上也有这样的树。

离此不远的林大夫家倒是没有挨斗，因为林世海大夫死的早，四十多岁就去世了，得的癌症。林家也是独门独院，院子特别大。一进院门，迎面就是搭架子的爬藤，遮盖了半个院子，爬藤下，有石桌子、石凳子。院里还种着一颗大树，树下摆着很多花盆，种着各种的花，开花的时候很是灿烂，诊所设在东厢房内。北房四间，房间轩敞明亮，右边有一间厢房，左边有一间洗澡间，放着大浴缸，有一间厨房，一间厕所。那时候的大厨房都比现在的住房大，得有二十五平米。林家七个孩子，长大了都是学医的，其中一个是医院的院长，大姐在美国了。林太太是药剂师，你知道她的西医水平到什么程度？桌子上的药品都混着，没有药名，拿起来用舌头一舔就知道是嘛药，这么专业的大夫可不简单。

林大夫是日本留学的医学博士，多高级的人也是死，死的还特别早，多年轻啊。也不是说医不治己，林大夫得的是癌症，得病住院在和平路渤海大楼后面的人民医院，后来一看不行了，就转到金刚桥第二医院来了。我老头子去医院看望他，林大夫说，我这病好不了了，我家里以后你多给照顾照顾吧。我家跟林家关系特别好，经常走动，这么多年了。他们家孩子多，困难了，我家有时候送点粮食，那时候你就是有钱也买不到东西，因为都是要副食本票证。林太太八十多去世的，她儿媳妇还住在对过楼里。

新元善里在我们这一片是最高级的院子了，两条胡同那些院子都是一模一样的，住的人家都是最有钱，最有能耐的。每个院落基本都是一个图纸设计的房型，院子大、房间多，在这里住的都是比较殷实的人家。

过去胡同里的居民生活怎么样？跟你说，过去年代不用走脑子，见面别问你家吃嘛饭？你家吃嘛，一个胡同里的人家都吃嘛，副食店来一种菜，大伙儿排队买回去，来橡皮鱼了，胡同里家家吃鱼。那时想买嘛买不着，现在下楼邻居见面说话，不知吃嘛饭呢，不知买嘛菜好呢，因为现在东西有的是，发愁的是不知吃嘛好了。

就说以前的衣服，给孩子做一条裤子，明年短了，接一块，里面挽两个格，再短了，放出一格来，再短了再放出一格。一条学生蓝裤子，膝盖破了，补上接着穿，现在又兴起来了，裤子露大窟窿，哈哈。

那时候家家户户都有臭虫，街道给居民发药，不能一家家治。否则，过不了一礼拜臭虫又回来了，歇礼拜天，家家户户一齐打药，那时是打敌敌畏、六六六。后来才知道为什么现在没有臭虫，因为现在比过去卫生了，以前是穷，家里的床上铺的木板，上面铺着草帘子，就是稻草。现在这东西一去了，臭虫就没了，草帘子本身就生臭虫，一方面平房屋里也潮。过去屋里没有水泥地，都是土地，好一点的是砖地。

过去家家都有一个存水的大缸，闹日本的时候，日本人烧杀抢掠，有一个东西他不砸，就是大水缸，知道为嘛么？日本人讲究洗澡，日本人不管房子多小多穷，都有一个洗澡的水缸，或者是椭圆的大木桶。胡同有挑水的，你喊他一声，他就挑着两桶水送来了，倒进大水缸里。

王建新

采访对象：王建新（1955 年生）

采访时间：2017 年 3 月 10 日（星期五）

采访地点：黄纬路团结里

我家以前住在同仁里胡同旁边的大院里，是四马路 62 号。这是一个高知大院，院里是木结构的二层楼，文化大革命前，院里住的都是高级知识分子，工程师，还有印染厂的工程师。我家为嘛住那呢？因为我爸爸是工程师，而且那时候，

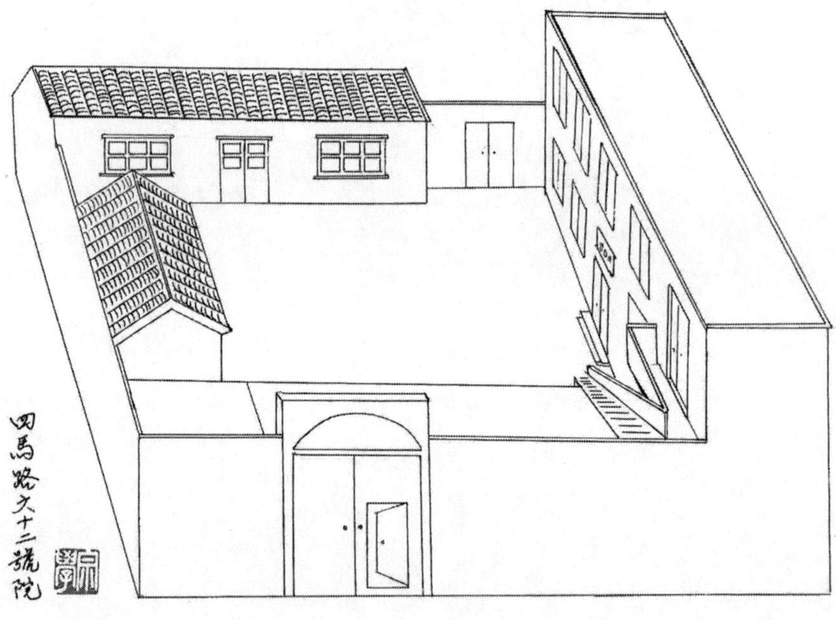

四马路 62 号图

四马路阅报栏

我们院里有电话。等到文化大革命以后，这些臭老九都给打倒了。这些人有的就遣送了，有的挨斗了，房子就给腾出来了，空出来的房子和杂物间，搬进去很多特别困难的没有房子住的人家，还搬进来南方人。厕所也给填平了，当住房搬进来住人。

我们院里的房子特别高，听说以前是日本人住的，你看我们家以前刷浆，你搭高凳根本就够不到，都是用喷浆机喷。我家在屋里搭了一个阁楼，阁楼上边的人都能站起来，阁楼下边人站起来还有一段距离呢，你算算房子有多高吧。

我们院的马路对面是潘一先中医开诊所的院子，潘大夫的医德口碑特别好，我们这附近住的人得病了都是找潘大夫看，潘大夫遇到生活困难的病人，分文不取。旁边是炭黑厂仓库。

我们院拐过去就是黄纬路，在仁田西里旁边，也有一个大院，院里是一座二层小楼，比我们的院子大，1949 年前是国民党被服厂，是做军用物资的，做过皮鞍具。所以，后来改成皮革厂了，以前枪套子都是皮的，不像后来做成尼龙的，皮革不走形。部队穷了养不起了，就上帆布的，后来就是尼龙的。现在又倒回来了，战争的时候，死在军装上的兵特别多，一个炮弹来了，没炸着，把尼龙衣服引着火了，就化在身上了。再后来，这个院改成了制革厂宿舍。旁边是副食店，把角是粮店。在这住，买东西方便。

我家最早在南市住，因为房子太小了，孩子多，就给调到这个地方来了。房子又高又大，是两大间，楼下还有空房当杂物间，

四马路粮店内景

记得我小时候在中山路骑自行车，遇到有轨电车的轨道，两个自行车轱辘，轧进轨道里了，就摔倒了。我爸爸说，两个车轱辘别一起轧进轨道里，一个车轱辘进去就摔不

着了。那轨道正好跟自行车轱辘一样宽，文革以后有轨电车就没有了，好像是七零年左右，我那时正在上高中，改成了大红头汽车，车中间像手风琴一样的一路汽车。黄纬路上跑的四路汽车，是灰色的四四方方的汽车，那是匈牙利进口的，都是男司机，车开的倍儿快。

四马路粮店外景

想起以前的生活，也挺有意思的。黄纬路四马路有个报刊栏，每天投递员把当天的报纸贴在报栏上。记得有天津日报、人民日报，每当新的报纸贴上后，马上就有很多大人过来看报了，我路过这里也过去看一会儿。那时候大家都不富裕，有免费的报纸学习就很好了。在粮店门口有一个老式的信筒，铸铁的，信筒是绿色高洁度漆。小时候，无数次的替大人朝里面投信件，大一些的孩子爱爬上去坐在上边玩。我想，恐怕坐到上面也不舒服，因为信筒被太阳晒的，肯定烫屁股，这也是附近儿童的乐趣。

附近的金家杂货铺不大，卖的商品很全，生活学习用品都有，两位上岁数的售货员，我还记忆犹新。柜台左边是两个酒瓮，红绸布包着盖子，几个卧式的玻璃缸里面是几种糖和天津豆。经常看到一位五六十岁的男人，拿着一个淡绿色的小搪瓷水杯，每天到点来打酒喝，每次一小竹提，一扬脖喝完就走，每天如此。小竹提是三个号，小的是一两的，中号的是二两，大号的是半斤，一两酒也就一毛钱。周围的邻居都去这个小店买东西，比三马路的永记杂货铺火。售货员特别好，许多家庭给孩子一毛钱，一个碗去买熬鱼的佐料，老售货员就拿那碗分别放一些酱油、醋、面酱。多有意思，一条街的家里熬鱼都是一个味。菜店卖什么菜，一胡同就吃什么菜，都是全民供应的味道。鸡蛋论个卖，而且保鲜，买的时候，鸡蛋要放在灯箱上照，小铺里总是弥漫着混合的味道。

豆根糖，一分钱一对；天津豆，一分钱一板，那是小木板上烫的十几个小孔，插到玻璃缸里再抽出来，一摇一晃，多余的都掉下去了，板上是正好的数量，像一个度量衡，很有创意。

最可惜的，是金刚桥太不应该拆了，金刚桥是海河历史遗存啊。

张元柏

采访对象：张元柏（1956 年生）

采访时间：2017 年 3 月 10 日（星期五）

采访地点：黄纬路团结里

张元柏少年时照片

我家原来住在四马路的36号院，紧挨着四马路小学，就是以前的秀山小学。四马路上的这三个院的房型都是一样，七间房，路口把角是徐家小人书铺。

我家是1949年前搬到这里的，我家老宅是在东窑洼李家胡同。后来就买这里的房，一个院七间房，我父亲哥仨住在这院里，我三大爷在外地，我大爷和我父亲，妯娌俩，在这住。我父亲是干银行工作的，这不，四八年天津快解放了，定好了买四马路的房子，交完房钱了，这院的房主又说不卖了，说都归公了。没办法，我家又给人家房主四袋洋面，大五福的，就是五十斤一袋的，介才搬走。我家是四八年搬进来的，这七间房是合多少钱买的我就不知道了。进院有影背墙，院子挺大的，房前有檐廊，挺讲究的。这连着的三个院，都是一样的房型，32号院住着唐家，是日本的大律师，文革时期也是挨斗啊。

听我老娘说，天津解放时，我们院里的小北屋住着解放军。当时解放军特别

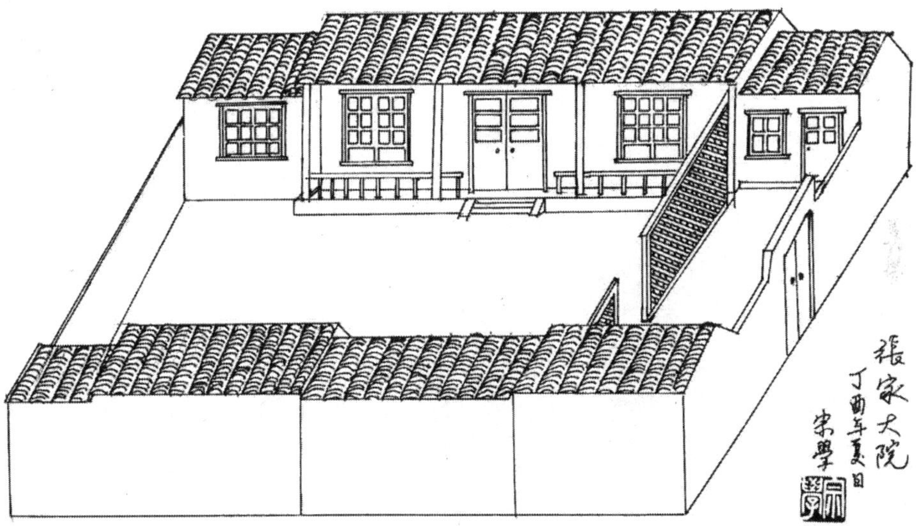

张家大院

规矩，院里住的女士多嘛，解放军当时低着头，不看女士。

我上小学就在不远的黄纬路小学，中学是在志成道中学，高中在94中，然后就上山下乡，我去的是武清县杨村，是投亲靠友的，去的我姥姥家，生活条件还凑合吧。

我家养鸽子，我蹬梯子从小夹过道上房，轰鸽子，我家的房顶铺着是大瓦。我小时候，年年得上房去修房，私人房嘛，一年下来，风吹日晒的，大瓦之间的缝隙得用白灰腻上，白灰和麻刀活在一起。瓦下铺的是黄泥，瓦片是坐上压茬跟鱼鳞赛的，房檐那有瓦当，那瓦耷拉个舌头一样，屋顶不弄好了就漏雨啊。

我大娘当街道代表，也是把人都给得罪了，搞运动你不弄也不行啊。居委会

1979年6月8日张家接待外宾

开会都往我们院里开去，我家房子多，都是一家的呗，我父母每天上班，只有我大娘在家，做街道工作。马公祠一带的人，除了上班的不去，家庭妇女都得往那去，读报呀，传达文件。那时候的人也规矩，轻易也不祸祸东西。

七六年地震，我们这一片拆迁重建，指定临时在铁路工程学校和第三体育场的临建住，住了一年多。盖完楼返迁回来。从社会上都比较关注天津的抗震救灾，灾后重建情况，在国际上也特别关注，就需要看看实际的情况。所以，黄纬路这片就选择了团结里居民区做为外国人采访的点儿。街道经过筛选，就定了我家是外国人采访的定点家庭。外国人到我家来，主要是问家庭的情况，老一代人过去是干什么工作的，家庭人员的收入，对国家经济政策的认识，家里怎么理财等等。当时我在下乡，把我叫回来，帮着一起做招待工作。

过去的岁月，值得留恋，那时候邻里的关系特别好，互相照顾。人与人之间怎么比喻，就像我家文革以前有一幅油画，画的是北海白塔，远看是白塔，近看油画都是疙瘩啦啦的，小时候不理解，等到长大了问老师，老师说，那是艺术的距离美，人与人之间也有距离，这距离拿捏好了都好，您说是不是。

陈淑明

采访对象:陈淑明(1928 年生)

采访时间:2017 年 3 月 12 日(星期日)

采访地点:黄纬路团结里

1926 年陈淑明(怀抱者)与父母家人合影

1941 年陈淑明与陈家族人合影

现在的生活多好啊,我心里想着就是感谢国家,感谢共产党,我在家里好好教育孩子们给国家做贡献。

我 8 岁订婚,我公爹跟我父亲以前是很好的朋友,换命之交。中间也有介绍人,是一位姓詹的朋友。开始,是我二姐跟他老儿子准备订婚,那是旧社会,讲究算生辰八字,写好了得搁在灶王爷像前,供三天,不摔碟子不摔碗啊,没有什么事发生就挺好了。可是在这三天里,他们家摔了一个碗,觉得不吉利,就不定婚了,就算朋友走吧,算亲戚了。后来,这介绍人就对我公爹

1945 年婚礼照片

1945 年陈淑明与丈夫结婚照

1945 年陈淑明在婚礼上的照片)

1947年陈淑明与孩子合影

说，你们哥俩这么好，后代不能断了，他们二闺女不行，说他老闺女。我那年8岁，我先生13岁。我母亲就是嫌他们家弟兄多，哥三个，我母亲在旧社会受气呀，做不了家里的主，就是不愿意。我父亲主事，就说，行！他们家不错。

我订婚后，两个人谁也没见过谁，也不懂订婚呀，找婆家。等到我17岁了，也不知道男方长什么样子，就是订的娃娃亲。我先生的大哥一说给他弟弟办婚事结婚，他就不同意。他在银行工作，他眼光高，平时接触的都是太太小姐，做客的都是银行经理、少爷。不知道我这黄毛丫头是怎么样的，他不结婚。我们大哥跟我哥哥都不错，经常见面，就跟我哥哥说去唐山看看我。他一看见我，觉得行，不是那黄毛丫头，就从唐山回来了。回到家，我们有婆婆娘，问他去哪了？他说您猜猜我去哪了，婆婆娘说我哪知道呀？他就说我去唐山了，看看淑明的情况是怎样的，小弟总不结婚，我去看看，挺不错的女孩子。他大哥就对我先生说了，如果你还不同意，你就去唐山见见人家。所以，五一那天，他跟着大哥和一个表哥三个人到了唐山，到我家一看我这形象不像黄毛丫头。那时候坐着也不讲究谈话，看看就完了，我哥哥姐姐请他们吃饭。在回天津的车上，我这个大哥就问他弟弟，觉得这女孩子行吗？他就说你看着办！他一说看着办就是同意结婚了。然后，就定了八月初八结婚。那是1944年，我们大哥给我们办的婚事挺好，把我接到天津，就在大陆银行三楼住了三天，他们家订的那花车，车上都是鲜茉莉、瓣兰围满了，特别香。现在想想不冤，见过世面了。

乐队从大陆银行一直吹到东马路青年宫，在那举行婚礼，就是现在的少年宫，就这样我进了张家的门。我现在活到90岁，我不怕你笑话我，我老头子活到84岁，跟我很少拌过嘴，只有一次口角。我跟着大嫂子二嫂子妯娌仨住一个院，也从来没有口角。我生了五个孩子，我们大嫂子生了八个孩子，二嫂子有两个孩子。我们这些孩子也特别和睦，对于我们家庭来说就够幸福的，不口角就幸福。一开始我们住在东窑洼一个小院子，二哥不在家，在上海工作，二嫂子就跟婆婆住一屋。东窑洼地势最高了，闹大水了那没淹。

1947年陈淑明(右)与亲属合影

我父亲跟我公爹关系特别好，比亲兄弟还亲。这也有原因，我父亲跟一个朋友在天津做买卖，开篷布厂。

1947 年陈淑明(右)与孩子亲属合影

后来,这篷布厂着火了,我父亲就怀疑是这合伙人成心破坏,不给我父亲股份了。我父亲是怎么跟我公爹认识呢,我公爹是法警。我父亲心里别扭,就跟我公爹念叨,我公爹就劝他也别细究了,就当没做这个买卖。从那以后,我父亲就跟我公爹像亲弟兄一样。我父亲下班了,先去东窑洼他们家一间小屋坐着一起喝酒,睡一觉然后上班去。从那以后就想两家做亲。我们公爹脾气特别大,我们婆婆说,爷爷不高兴,就是看见陈大爷来了就高兴了。

我再说我娘家的事儿,我娘家老家在武清杨村。我是在天津生人,我父母家在河东鱼市场那边住。老家需要我照顾奶奶,我才回老家武清杨村的。我父亲是铁路工人,在北站挂钩,天天打着一个信号灯,就跟红灯记里的灯一样的,我母亲那时候没有工作。

我 12 岁的时候,我们父母在一百天之内就都故去了。我父亲故去的时候,开始我们都不知道,我母亲病重,就瞒着不让知道,临咽气才告诉的。我母亲得的是黄胆病,大肚子。年轻的时候受气呀,烧着火得给婆婆绣花,绣的花脏一点就拿条帚打手。我父亲在天津工作，我有三个哥哥，我三哥去天津告诉我母亲病重的事，让他回家看看，那时候我父亲在铁路，还没退休呢。我父亲就说行，下午回去看看。可是，到了下午，我父亲就发病了，送到铁路医院，因为心脏病发作就故去了，也是因为听到我母亲得病着急的。那年我十二岁，我们在老家杨村也不知道，我母亲病重着。那时候没有火葬场，把父亲埋在哪呢？这时候，我哥哥找老家的一个舅舅，舅舅家条件不错，家里有地，也有棺材，就葬在那地里了。不过一百天我母亲也没了，在我母亲临终前，我哥哥就告诉母亲说我父亲死了，我母亲还掉泪了。父母相隔不到一百天就都故去了，母亲去世后就跟父亲埋在一起。

陈淑明(前) 1941 年与亲属合影

我们家那时候也不富裕，就指望我父亲一个人的工资生活，父母没有了，我们几个孩子怎么办呢？当时我大姐在唐山，大姐夫是旧军阀，有钱，在唐山开粪场，粪场赚钱呀，过去讲话了，你包多少厕所，这就厉害，掏粪晒干了卖。我就跟我哥哥姐姐去了唐山，在那生活了五年。

1949 年陈淑明的奶奶与孙子孙女合影

我是十二岁到唐山，十七岁结婚，在唐山五年时间。期间上了两年学，我哥哥去我婆家串门，婆婆说别让她上学，学做活。我哥哥回来就不让我上学，我那时候小，听哥哥的，也不懂，说什么就是什么。我姐姐家有保姆，有大师傅，我就跟着保姆学做针线活，学做鞋。结婚以后也就会做活了，也没受气。我姐姐特别开明，主张年轻人应该上学，她觉得自己没有文化就吃亏了。因为姐姐有钱，她就供应我们弟弟妹妹上学。那时上的是正式学校，叫修身小学。小学是四年制，高小是六年。

陈淑明在 1947 年

我再说我们家一件割股疗亲的事，我们婆婆得了重病，喝什么药也不好啊。家里供佛，我们这大哥就想割股疗亲，跪在佛前说他自己要借给老娘十年寿，拿个刀从腿上割下来一块肉，放在药里熬，我婆婆喝完了明天就好了。这是四一年的事，我婆婆就是十年后的 1951 年没的。大哥四十岁就没了，借寿嘛，他自己就得折寿。一点不假不虚，这是亲身经历的事。我婆婆去世出大殡，非常排场，把这黄纬路都给震动了。随礼的都是开小汽车来的。四马路一提银行张家，就是我们家。我先生是大陆银行的副经理，银行原来就在解放路和张自忠路把角。那座楼现在还有呢，日本盖的，特别结实，有地下金库，炮弹打不透。

张家骥年轻时期照片

你看那老梳妆台上，摆着的是日本三层放食品漆盒。是在日本投降那年，日本人都要回国，变卖家当，在黄纬路附近的马路上摆摊处理，是我们老头买回来的。你看这大柜子都是当年结婚时置办的家具，柜子上的四个条屏画，最早是才子佳人，文革时候算四旧嘛，就换成这四幅画了。那屋里还有德国产的家具，特别结实。

要说以前住平房的时候，回忆起来也挺怀念的，院子里用大瓦盆养鱼，金鱼都是那么大条。养的花，荷花令箭一开花五六十朵，马路对面是美术学院的教师宿舍院，那些名画家到我家看花画素描。我以前在中山路三德元食品店当售货员，卖糕点水果，那时候买点心要票，吃的东西都是限购。

六几年邢台地震的时候，我们院里的屋前厦子拆下来了，都是美国松的，特别结实的木料，孩子们结婚就打家具了。

前年，我侄子的儿子结婚，在青岛。我这么大岁数坐动车去了一趟，这些孩子护着我去的。到了那里都惊动了，说您这么大岁数还来了。我现在见到四辈了也高兴啊，我给你拿照片看看。

家里的摆设

我们婆家的爷爷，就是孩子的老太爷过去是木工，给李鸿章做木工，李鸿章的老婆头饰有个簪子上的一个珠子，梳头的人给弄掉了，找不着了。李鸿章说派人找张木匠去，我们老太爷去了屋里看，她那屋里家具好啊，就一指着柜子底下说，把家具搬开，就在这下面了。一搬开就在那了，打那以后，李鸿章给他一个腰牌，随便出入李府。

公爹以前在金刚桥附近的监狱里当法警，曾经带回来犯人吃的窝头，婆婆就许愿了，说如果我儿子有好工作了，就舍粥。那时候，还在东窑洼住着，我家给穷人舍粥，给困难的人家棒子面条，经常接济困难的人。

我二儿子 17 岁下乡去黑龙江，那多冷啊，差点冻死，手都差点冻掉了。老乡说，快把手埋在雪里，慢慢缓上来了，手都变色，回天津还做一次手术。去这么远就图建设兵团给 30 块钱工资，四年后就选调回来了，进了公安学校，文革后的第

墙上挂着华世奎的书法真迹

结婚时购买德国家具至今仍在使用

桌子上至今摆放着当年购买的日本漆盒

一批招生。

别看我现在九十岁了，耳不聋眼不花，认个针没有问题，我这坎肩都是自己做的，一般活我都能做，家里有缝纫机，有活拿来我给你做。

别人问我，您都90岁了，靠什么这么长寿？而且身体这样好？我告诉他就一个字：忍！什么事不放在心里，退一步海阔天空嘛。就是这种性格，与世无争你就健康，心里要豁达。

我经常说，一个家庭，母亲就是一个柴火罩，那个柴火得用绳子罩住，没有罩，柴火就散了，就是起到了维系这个家族的作用，孩子们都看我来，亲情还在。没有母亲了，就是一盘散沙。

我们家的家训是：知足常乐，吃亏是福，能忍则安。这几个字虽然简单，如果你做到了，你就能受益。

张伟程

采访对象：张伟程(1957 年生)

采访时间：2017 年 5 月 13 日(星期六)

采访地点：黄纬路四马路巷肆书吧

我家是1949年前搬到四匆里的，我父亲在十四、五岁吧，从北塘出来的，到天津学徒。当然也是投亲靠友来的，最早住在西马路。我父亲前两年刚去世，活到九十岁，要是我父亲还活着，我非得把你领我们家去，呵呵。我父亲学徒学的是服装，干一辈子，开始就在劝业场，和平影院那，学徒是学做西装，给洋人做，那是真正好西装，没有成批做的，都是量体裁衣，先量尺寸，做成样子给你试，都是手工，绝对考究。1949年以后，公私合营就在六马路的二服厂，后来改名叫宏大服装厂，是社办的。也改好几次名字，再后来改名叫华实服装厂。那时候工厂还分为国营、集体，人也不多。搞技术设计，最早的工作服，劳动布那种，很多技术都是他们厂出的，你看那样板了吗，都是我爸设计的。那时候，我爸在天津市服装行业挺有名的。打板，成批的裁剪，用裁剪刀推，标准尺寸大小号啊，一块布袖子放哪，前旁子放哪，你得省布呀。调配好喽，一个花一个纹都要对上，这就是技术。

我记得在我小时候，元和里跟四匆里拐弯那有个厂子，最早不是电器厂，是水泵二厂，倍儿脏，弄的胡同里也特别脏。那厂子可以说没有平地儿，都是水泵零件，以前水泵笨极了，都是工业用的，不像现在的水泵这么小。文化大革命以前就迁北仓去了，后来改的电器厂。

四匆里的每个院，基本都是住着四、五家，每家都有上山下乡的，就有一家是一个孩子。上山下乡我也赶上了，到我七六届高中毕业，准备去小淀，正好地震了，就没走。那时建筑行业正在招工，就去了建筑构件厂。

我家五个男孩，两个女孩，我哥哥参军走了，其他上学的，下乡的，有去涉县铁厂的，都离开家乡呗，就我一个孩子一直在父母身边。

我那时候也在橡胶四厂门口捡煤硷，那时正赶上是备战备荒的年代，橡四的煤灰堆就在马路对过。厂子倒煤灰都是有时间的，一炉煤烧多少时间，然后有个人推车出来倒，还是热腾腾的炉灰。我们一帮小孩就抢着扒拉出煤硷。那时买煤球都是买不多，没有像后来一买就是几百斤。

我老家在北塘，儿子一出来，老人在老家没人照顾，也来天津了。爷爷早就没了，奶奶来了跟我们一起过。一个家的日子过得好坏，也在管理，我奶奶就管的特别好。奶奶小脚，可能是最后一代了，我母亲这一代就已经放开了。

北塘也出过文人，我姥爷是私塾老师，要是查北塘历史，我姥爷挺有名的，叫吴墨林。我记事的时候，他在家给人写毛笔字。北塘就是渔村，渔船都是夜间出海，两、三点开船，出海之前也是要拜庙，好像是拜佛教观音一类的。拜妈祖的庙是在东大沽，有潮音寺。

你问橡胶四厂的事？前五、六年吧，这个厂子不干了，这帮工人都去三条石那干活去了，现在那地界儿也拆了，为嘛我知道呢，因为我做个嘛东西，跟他们要过橡胶。这都是行话了，这橡胶得炼呀，分段压胶。所以，我去的三条石找他们的车间。橡胶车间都倍儿脏，因为压胶的时候，胶得加粉子。厂子门口总是堆着橡胶原料、炉灰什么的，橡胶原料有的是块的，有片的，那时候也没人偷。

橡胶四厂在文化大革命期间改造过一次，它车间的生产就搬到马路上了。做

桌上供着奶奶和父母穿着居士服装的照片

胶管，工人就在马路上干，那边挤着，这边是大转盘，出来红色的橡胶管，搁到现在都没法干。厂里盖房子，在马路上接着生产，你就说那时候工人的干劲吧。

厂门是两扇大铁门，别提多破了，门上方是两道半圆的铁棍，中间有个五角星。工厂的围墙也不是太高，进了厂，迎面就是一溜大车间，右边拐进去是大锅炉房，过去它厂里生产的橡胶产品主要是辊子靠蒸汽吹，不是用电，所以锅炉特别重要。

文革时期工厂改名叫永红橡胶厂，那厂子过去的老板荣子政，他家住橡胶厂对过的新元善里，这边胡同属于高档住宅。人出来进去的穿着就不一样，就是家庭条件好，家里有底儿。荣子政挨整之后，搬到元和里，离我家特别近。没有什么来往,知道一些他家的事。他家有海外关系,印尼那边有亲戚。我小时候,夏天人们都在胡同坐着,荣子政在胡同坐着也不怎么爱说话。要说那阵儿,给人家折腾的也够呛。

那年我在鸿顺里小学上学，天天从橡胶厂子门口过。鸿顺里小学不是老学校,是六五年左右建成的,建好之后没有学生啊,不能说从一年级招,就从各学校转过来一批各年级的学生,我原来在黄纬路小学上了两年。中学是在河北中学上的,离家近呀。河北中学原来是河北省教育厅,我也记得,那时候我还小。到了我上中学学校也没嘛变化,建筑还都是1949年前的,两边是长廊,给人的感觉是阴森森的。

咱们这一带喜欢看书的,借书去哪吗?文庙,我花二分钱坐电车去。那时候,我看的小说都是在那借的。承德道上的市图书馆也开放,就是比较远点。因为我家离河北区图书馆很近,很早以前就办了借阅证,经常到图书馆阅览室里看书看杂志,读了大量的书籍。图书馆那些管理员多少年没有变化,我都认识。因为家里人口多,考试前就到图书馆里复习功课,直到闭馆的时间才回家。地震前的河北区图书馆,在中山路与小关大街交口的河北区文化馆礼堂的后面,是一座有些历史的老楼。

地震后,黄纬路拆除了震损的危陋平房,新建起大片的楼房居民区。1983年,河北区图书馆也在黄纬路三马路交口建成。原址改为河北区少儿图书馆。

有时候,借阅名著很难,《林海雪原》《红旗谱》,以前找一本小说多难。比如借《红楼梦》,要去很多次,才借到上册,再去借中册就不容易,等了几天,却借到了下册,那就只能倒着看了。还是想多看几遍,咬牙买了一套。

这两年，我经常来巷肆书吧，这的环境特别好，书也多，放着音乐。我觉得，巷肆书吧在天津是最好的书吧了。

今年刚办的退休，时间充裕，还是喜欢读书，过得充实一些吧。

附：河北区图书馆简介

河北区图书馆建于 1956 年 6 月，接收天津市第三文化馆图书组 3 万册藏书，于 1957 年 2 月 7 日正式开放，图书馆坐落于河北区中山路 289 号和小关大街 5 临 2，两处馆舍面积合并 360 平方米。1966 年“文革”开始，被迫停馆，建制撤销，与原区文化馆、区儿童文化服务馆、区俱乐部合并为“河北区毛泽东思想宣传站”，下设图书组。1978 年元旦恢复图书馆建制，1983 年迁至新馆址：黄纬路三马路 139 号，并于 1983 年 5 月 1 日开馆。新馆舍占地面积近 700 平方米，建筑面积 1600 余平方米。1998 年 9 月经区政府同意馆舍接四层，现馆舍面积为 2100 平方米，总藏书 26 万册。

牛　利

采访对象：牛利（1947 年生）

采访时间：2017 年 6 月 10 日（星期六）

采访地点：黄纬路团结里

我家以前不住这，最早在东窑洼那边，在李鸿章祠堂旁边的西箭道 12 号院住，整个四合院都是我们家的，我先给你讲讲那边的事。

从海河边开始说，金刚公园在民国的时候是天津市政府，门楼下边都是铁栅栏，斜对着金刚桥。刚建金刚公园我还去里边摘葡萄，后边盖了第二医院。沿着河边走是三马路，乳胶厂你知道吧，原来是安徽会馆，门楼讲究，磨砖对缝。门口哇喇里边有说书的，河边花园这块地儿，空场很大，耍把式卖艺的，锔碗的，耍猴的。再往前走是东箭道，旁边是收容所，专门收容没吃没喝的，收容进来都穿着蓝衣服，糊洋火盒，干那类活。旁边就是鱼市场，这个市场占了李公祠门楼前边的大广场，临河边有个大牌坊。河岸边过去很窄，跟爷爷奶奶去估衣街，回来坐胶皮，只能一辆胶皮车过那个道，一直到恒源那更窄了。到了五几年修海河，拓宽马路，拆迁的人家去了丁字沽一段。

李鸿章的祠堂，一进去太大了，四边都是走廊，就像颐和园的长廊，大青砖墁地。往里走是大殿，大殿后边的大建筑改成了三十三中学的体育馆，旁边有戏楼。紧后边花园，大水池里有湖心亭，就是迁到北宁公园的那个亭子。花园后来让光华造纸厂占了，这个厂资本家姓王，他的老闺女是我同学，她们家就住在亭子里边，亭子里边还有王八驮石碑。现在北宁公园亭子里有没有石碑我就不知道了。

屋里的家具摆设

李公祠的石碑特别多,东箭道天纬路口有一个王八驮石碑,再往前边走,三马路,原来派所、面袋厂那块也有一个王八驮石碑。再走就是美院占的地界儿了,美院那学校历史上改了多少次名了。

李公祠多大?前边临海河,东西箭道,后边到天纬路,都是人家的。东箭道有李鸿章下人住的地方,建筑漂亮,那干过电镀厂。

五八年修海河的时候,原来那就是河坡子。倒骚,往河里倒,那时候没有下水道。西箭道有几个煤场,一个是竹竿煤场,这边还有三兴煤场。那边还有一个煤场,那个煤场占了李公祠的地方,就是在那小白石桥旁。打煤球啊,先拿铁锨把煤用水摊好喽,插成方块,铲进柳条筐里摇,下边放一个大花盆。

我家住的西箭道，河边有摆渡口，河对岸是三条石。在西箭道口这，还有一个启明小学，挨着三兴煤场，里边也是一个大花园。

西箭道往恒源这边走，越来越破了，道更窄了。那边有塘子胡同、中兴胡同，这个塘子胡同里有澡堂子。那时候，洗澡不像现在似的，是用木头舀子从大木盆的热水往小木盆舀，蹲那洗。再往恒源方向走，越走越窄，一直到恒源纱厂。恒源那边有炮台摆渡口，对着北开。五八年海河边改造，下大管子，我小时候比划比我高，然后四外打桩，挺好！以后一改造给破坏了，如果用下去，再有几十年也坏不了。

再说说天纬路，原来是土路，达赖喇嘛到天津大悲院来讲经，好像是五三年、五四年的样子，为了他修了一条石子路，铺的大石头子儿压平的。铺到哪呢，杨家胡同口，大悲院过一点，那时候还没有能力都铺了，刚解放穷啊。一过大悲院就繁华了，有照相馆，在马路边上照相，打草绳的，锔盆锔碗的，卖破烂的，还有警察局。再往前走，弹棉花的，马记包子铺，是说相声的马志存他妈妈开的，对面是姓魏的杂货铺。再走走就是小饭馆呀，酒馆呀，做花圈的，小人书铺。还有卖雁肉的，那家姓兰，他把大雁肉酱熟了批开卖。因为雁子大，有雁登，就是雁的架子，雁登也不少钱，胸脯、大腿、翅膀，雁子的翅膀也不小，一节就这么长了。

南六马路，北六马路实际不点短，挨着河边，那有一个状元楼，再早是个警察局，我大姑父在那当警察。那个小楼讲究，它的前脸在河边，后窗户在天纬路上，地震以后就拆了。

再说说恒源，恒源阔了！恒源纱厂的工人比三条石的资本家还阔。我大姑妈就在恒源上班，一月工资七八十块钱，到点吃饭，十人一桌，坐满就开。最后，吃的工人了嘛,不吃了,进食堂拿了一个馒头,拿块咸菜走了。最后剩的折箩呢,在恒源门口救济穷人,有特别穷吃不上饭的给一份饭,西窑洼这块儿好些人吃过这个的。所以说,那时候的资本家并不坏,他资助了很多的穷人。工人你只要生孩子,女工都是三班倒呀,只要你上班来,把孩子撂这了,穿的戴的,都给你。那时候的双面绒,白色儿的,都穿那衣服。恒源那时候相当好了,下班可以洗澡,对过是恒源的球场也挺棒,我知道恒源就是这些。再细致讲,你问到我嘛,我再讲给你听。

再有堤头有个恒大面粉厂,跟恒源纱厂是有血缘关系的。所谓血缘关系是一个东家,都是恒字儿的,东家在北京,一般人是不知道有这个关系。现在面粉厂也没了,铁道也扒了,房子都拆没了。

你问我家什么时候来到天津卫的?告诉您吧,是我爷爷的爷爷扛着我爷爷来到天津的,来的那年我爷爷6岁。我老家在南郊牛坨子,对对对,姓牛的多!我爷爷活到九十多岁。到天津后,以嘛为生呢,见西箭道那块地界儿比较繁华,有码头,那的人就指望着卸船。大漕船来了,也没有组织,你有力气从这扛到那。你要是从船上扛下来,给你个木签,有一个小木箱子,上边插着木签。扛一包给你一个签,扛两包给你两个签,一般都是手里攥着签。你扛十包,给十包钱,你就有饭吃,就能买棒子面,买点菜嘛的。我爷爷以后就指望着这个糊口,我爷爷身体好,那时候练大刀,一、二百斤的铁刀,耍起来飕飕的。可是呢,他五个儿女,都是指望着河边吃饭。后来,孩子都立起个儿来了,发财了!大儿子出去了,二儿子也出去了,三儿子是我爸爸。大儿子在河东警察局,二儿子呢?在天津市稽查处。到了我爸爸这呢,在天津市警察局,地点在东浮桥,水阁那。天津解放时,解放军打到东浮桥会师,把警察局拿下了,警察局的房子跟城堡赛的。1949年以后呢,都整编了,我爸爸变成天津市公安部队的警察。二大爷在和平分局,专门管三大商场。我大大爷有肺结核,在家里养着了,五五年死的。慢慢的我们家就破落了,我爷爷摆茶摊,还是在河边水产市场。五五年我爸爸改编,去了河北区区委,建国道 74 号,算国家干部。这是我家的情况,基本没受过嘛罪。

我是五四年上小学,在西箭道小学,原来叫河北省艺术师范学院一附小。是 1949 年以后盖的,在西箭道的口上,学校老师水平都挺高。那时候,大悲院后边还有一座高塔了,塔我也上去过,黑乎乎的盘着上,木板都老旧了。对,是瞭望塔。我小学上到五年级,中山路的学校开始合校,什么东窑洼、西窑洼、西箭道、中山路都合一块。把我们这班给分了,给我分到东窑洼小学,就是过去的尼姑庵。中学是在五十三中上的,正是六零年,那时候正挨饿呀,上到没毕业,我就不上了,在家一年多。六四年吧,我爸爸说,你上班去吧宝贝儿,街办事处给分的,天津市微电机厂,在柳滩,那是军工企业,不错!一直这么多年没动劲儿,直到退休。进了厂就是搞社会主义教育,后来是四清。没多少日子就文化大革命了,我那时候是保皇派。一点点的学生有点失控,派工宣队,到哪呢?各大专院校。我去的是师范学院,一个班才三十几个学生,我们工宣队就十几个,一个人看着几个人,别闹事。

西箭道拆迁,我就搬到团结里这来了,住了不少年,我身体不好,就说这么多,有嘛不明白的你再来问我。

阎　珩

采访对象:阎珩(1963 年生)

采访时间:2016 年 12 月 28 日(星期三)

采访地点:席场下坡阎珩寓中

我家地震前住在三马路求是里旁边临街的楼房,在元纬路与三马路交口,对面就是现在的团结里。

我家是1949年前搬到这里来的,我父亲小时候在育婴里附近住。以前我家是很有钱的家庭,后来买的三马路这的房子,是楼上楼下,房子是这片唯一的一所楼,楼的形状是L型的,楼角在马路拐角是半圆型的,每一家都是楼上楼下,房里有独立的楼梯,周围就都是平房了。房子是日本人建的,现在我家用的洗手盆还是当年日本的,您看看,在厨房呢。几十年一直用着,非常结实。

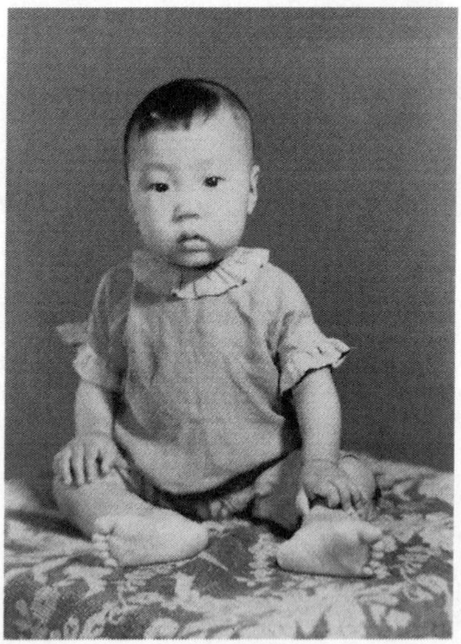

阎珩百岁照

我们住的这个楼,原来是一个外国人开的私人医院。临近解放时,人家不干了。以前医院诊所都是通着嘛,就用木板把每间屋给隔开,对外卖。后面还有院子、大露台。建筑上都是雕花的,院内有厨房。地震的时候,周围有的平房都倒塌,我们这个楼没事,房子建的结实啊。我奶奶跟我讲,是花了一千大洋买的房子。

进去是一个大院子，木制的二楼，我们家住的楼房左边是一个胡同叫求事里，胡同里有一个大院子，就是过去的妓院。这里还有一个大院子特别有特色，院里的房屋跟福建的土楼相似，院中间是一座圆的建筑，周围的房屋围绕中间的圆建筑。这中间的房屋是两家住着，我的一个女同学就住在其中的一间屋里。那时，我经常去她家写课外作业。

房顶上存放的砖刻

现在这一片住宅楼的名字叫求是里，就是从这条胡同的名字来的，是历史延续下来的名字，打我记事就是这个名字。一直到黄纬路都是一个院挨着一个院的，现在的火锅店，就是过去的车锁厂，隔元纬路斜对面有一个大院子，围着院转一圈的二层楼房，1949 年前在过去来讲，那是个低级的妓院，房子结构都是日本式的，木制楼梯在院子迎面中间位置，房内都是木地板。1949 年后新政府成立，就分给了穷人。旁边还有一个小院，半圆形的院门，有楼梯上去，跟旁边大院隔开独立的，中国人盖房子没有这样盖的。

说起我父亲呀，按现在说就是公子哥，家里有钱不指他。我爷爷是做生意的，恒源毛纺厂是我爷爷还有两个朋友，三个人合股开的，1949 年以后产业就都归国家了。

阎珩于 1977 年在北京留影

以前我家是持股分红利的，赚了钱了，我爷爷开了天津第一家出租汽车公司，地址在大胡同位置。1949 年后那里是大胡同旅馆，挺长的小细胡同，进了胡同，里头是大场院子。在那里，我家开的汽车出租公司，买了两辆苏联的轿车，牌子叫吉尔什么的。跑天津到北京，老百姓也不拉，当时资本家、商人乘坐。我爷爷行二，人家有要出门的来说，二爷明天去北京，你拉我去一趟啊。我家就出车给送到北京。两辆汽车停在院里，我爷爷看着新鲜，在院里开，一脚油门就给顶墙里面去了。一下子就毁了一辆，哈哈。那时候家里有包月的黄包车，出门办事坐黄包车。

我再跟您说远点，我们家是从山西太原过来的，晋商，到了北京。在北京我们是大家族，发展起来后又到天津发展，是我太爷爷先到天津来的。所以，我们这一支儿就过来了。其实，就过来这么一支儿，其他的都还在北京呢，爷爷叔叔辈的在北京还有十几家。

1949年后，我爷爷因为是个有文化的人，在鸿顺里街里担任第一任的街办事处主任，他那时候挣多少钱，我跟您讲，600块钱，国家主席才拿400块，爷爷四十几岁就死了，肝硬化。我家就是在我爷爷死以后，就衰落了。

我小时候在这住的时候，爷爷身体已经不好了，我奶奶过来照顾他，照顾不了我。因为，我母亲生完我之后就死了。我就跟着奶奶生活，我爷爷一病呢，就把我放在武清杨村姑姑家了。爷爷50岁去世的，我奶奶守寡了近50年，94岁去世。

爷爷是一个特别务实的人，家教特别严，到他生病晚期，他让我们找了几个人用双轱辘送煤的小车送他到杨村去，几个大小伙子倒班推着拉着，走了整整一天也不要钱，都是乡里乡亲的。爷爷死了以后，就埋在老家了。

在和平路冠生园对面有一溜的底商，是我爷爷买下来出租的，那房子现在还有呢，也要不回来了，手续也没有了，落实政策也没法落实了，就算了吧。

阎珩在1988年结婚时照片

文革时，我家被抄家。我那年才三岁，黄纬路街的人领

阎玠在刻砖

着红卫兵来到我家，就在楼下这大屋里，把家里存的字画，古籍，点了一把火，烧了三个半天，这么大的火烧了三堆，毁了多少东西。我那时候小，站在旁边骂街，拿脚踢人家，蹦脚啊。其实，那时候我也不懂，只说你烧我们家的东西不行。人家说，我看你小就完了，要是大点，就连你一块批斗去，把你也弄走。那时在天津收藏这些古玩字画我家也是数一数二的，你没钱玩不起。很多是明代的字画、古籍，一提都是郑板桥的，都给烧了。整捆的布匹，绫罗绸缎，软缎的被子几十床，都没有盖过的，拉了多少车，大解放车拉。落实政策时，真正退回来能有多少，只是象征性的。

我父亲在公私合营时归到开口销厂工作，因为我家还有一个私营企业是做发卡的，就是女人头上戴的发卡子。一把一把的黑卡子，跟销子的形状差不多，所以，就分到开口销厂了。我父亲是电工，天津市电业局、电力局所有单位的电工每年做年检，他是总监考，总检查长。

说起我在农村那阵儿，还小呢，背着筐，带个耙子，去搂柴火去，为了走近道，走芦苇坑，扑哧一下漏下去了，这怎么办？大冬天冷啊，大西北风刮的，棒子杆挡着，光着小屁流儿，举着两只小手，晒衣服，那样晒衣服不都冻上了吗。家里找人吃饭呀，找啊喊啊，一看光着屁流儿在这呢，哈哈。不敢回家，回家怕挨说嘛。童年时期苦有苦的乐趣，好有好的乐趣。

我在农村的时候，那时候是生产队，上学就跟大幼儿园似得，就那么回事。生活虽然比较清苦一些，但是，很淳朴。虽然我家也挨整，开批斗会什么的，坐在那，批斗你，大家就是糊弄一会儿，因为有来检查的，就是走个形式。就是因为咱们当地主的时候，没少照顾那些乡亲们，都是一视同仁，不是说你是给我打工的，就对你不好。曾经给我家打工的人，现在都跟我家成亲戚，当初我们帮了他们。过年时，我家买五斤肉，绝不会给你们家四斤半，按人头分，都是这样。大队书记乡亲们暗地里还是照顾我们的，邻居大娘晚上提着篮子把菜给送过来了。白天不敢，你跟地主有什么联系，怕找事。

在农村上了三年级小学，那时候是河北省小学。过了引河桥属于河北省了。他的教材水平比咱们天津，至少差一年。回到元纬路小学就上二年级，整好差一年。我上到初三的上半学期就退学了，那时候，我满脑子就是画画，我到美院上夜大，专门学画画，也要有文凭啊。于是，白天上日课，晚上也上课，给的高中毕业证。

美院的第一任系主任李洛公先生，福州人，日本留学回来的。美院的前身是河北省女子师范学校，626 指示后，他在天津唯一的弟子就是我父亲一个人，到现在能延续他的就我一个，没有第二个，不是咱不往外教，是没有人学，因为这一门很冷，而且是咱们美协首任副主席，他是民盟的嘛，马达是正主席。

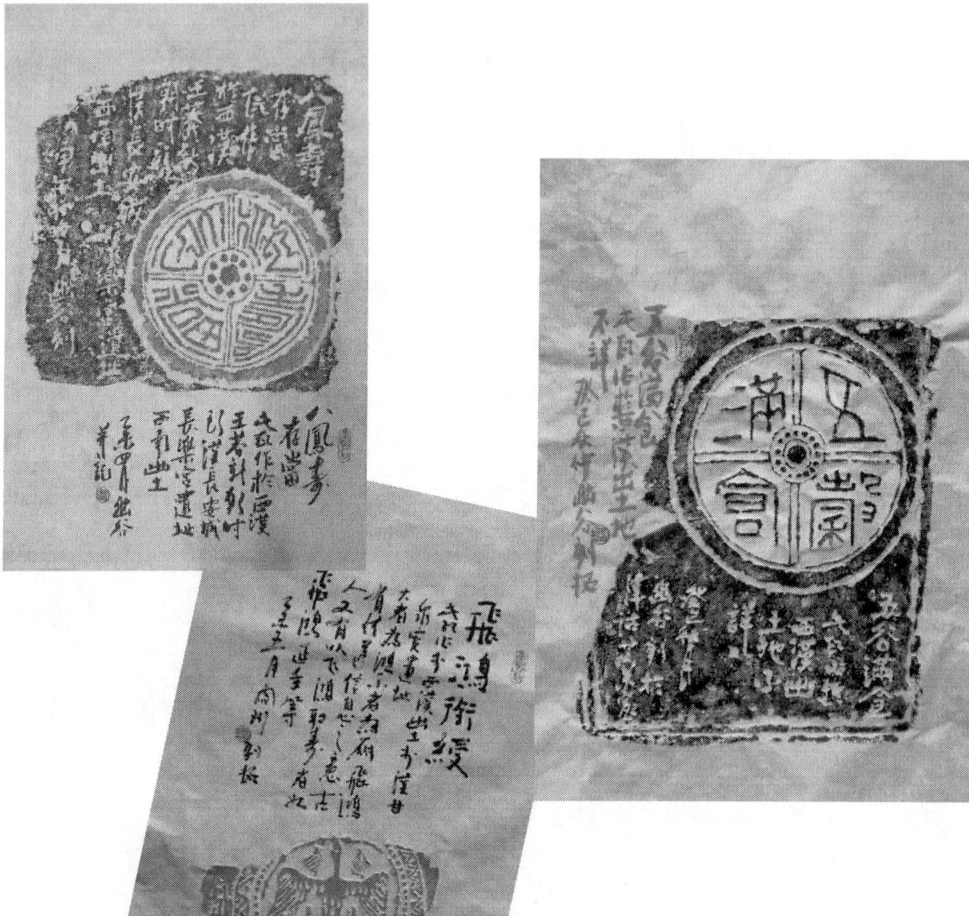

阎珩的砖刻作品

我是七五年回到天津的，到元纬路小学上学时，生活上是自己照顾自己。中学是在天纬路中学上的，在大悲院旁边。校办工厂就是在大悲院里，大雄宝殿那，做灯口，拉线开关，大悲院门口挂着五金厂的牌子。大殿里的佛像，都是紫铜的，放到院子里这躺着一个，那躺着一个。院里边有住户，生的煤球炉子，垒的煤球池子。我们下课了就在那玩，大铜像坐像都不高，如果谁能抱走就抱走了，那都是几百年的东西了。现在都在大悲院的库房里放着，那是属于文物，东西都没丢。所以，一落实宗教政策后，住户都清出去了。天王殿是最早的建筑，其他都是后来的。那院里我太熟了，现在要复建的建筑，建筑施工队有不明白当初院里情况的都来问我。落实政策后，首先是落实宗教政策。佛像需要贴金，美院雕塑系的师生重新塑像，不懂怎么贴金。就找到我和我父亲，其实我们也没有干过，就找到天津的一位老先生。他没儿没女没老婆，他教给我们怎样贴金，他已经很高龄了，不久他就去世了。我们贴金特别成功，然后就影响到全国，都请我们去。每年去五台山，也是去帮着贴金，后来就不干了。

大悲院分为东院和西院，我们在东院。天纬路中学，我们是最后一届毕业班。到了高二的时候，又把我们分开了，有河北中学的，五十三中的，周围几个学校，把大悲院这个院子给腾出来了。落实宗教政策，还给人家。

小时候玩的泥模子，二分钱买一个，用泥一叩出来，放到炉子上烧，烧红了。然后，用红粉笔、绿粉笔上色儿，做出一片一片的，消磨时间嘛。十二岁左右，跟着住邻居的小朋友天天在一起，画批斗林彪的速写。因为我们这儿几乎用不着从外面出来再到人家去，我们从房上就过来了，因为后面厨房都是联体的。找一块泥捏个人呀，画个人物呀，买毛笔，这是我美术的开端。

我小时候是一个很孤独的年代，有时候我跟我的学生讲，有时间了，你们毕业了，帮我写一本书，我口述，你们整理。我想就类似于高尔基的三部曲，我的童年、在人间、我的人生之路。所以，从那个年代就喜欢上了老砖，砖雕。因为是文革时候毁的砸的，得修复，包括粘接也好，拼接也好，切割也好，你得把它修复上。从那时候开始，我就喜欢老砖，一直到现在。天天就跟着砖头子打交道，在老砖老瓦上刻文字图案，今晚报在2013年给我发了12期的瓦当作品，后来老年报又发了几期。

我参加工作后，南开文化局有六个店在文化街，我去了“四宝堂”跑业务。我是由南开区文化局辞职出来的，工龄买断，一直自己干。我曾经在电影院画电影宣传广告，还骑摩托车送电影片子，也没跑几个月。后来，古文化街归我管，在那，我就经常出差，北京、安徽、苏州、上海，干了三年就不干了。国家号召下海，自谋职业。有小孩了，钱也不够花，搁到现在打死也不辞职。

天津日报找到文联，因为天津四绝，是哪四绝呢，砖雕、风筝、泥人、年画，砖雕没了，还剩三个，记者从文联要了我的电话，马上到我家采访，上房一看，哎哟，砖雕艺术馆在这呢，电视台也来录像。从屋顶到大悲院，红桥北大寺，新修建筑上的砖雕都是我指导做的，还原于历史嘛，砖雕得跟这个建筑的文化历史相辅相成，我就这么坚持了十几年。

抗震里

抗震里早年的四条胡同

黄纬路中段北侧的抗震里居民楼社区，在 1976 年平房改造前曾经有四条胡同：马公祠胡同、福厚里、贵余里、小东兴里，均为平房建筑院落，这一带胡同房屋的历史悠久，均为上世纪初的建筑。

马公祠胡同位于黄纬路，临近五马路，因清末宫保马玉昆祠堂坐落这里而得名，当时胡同里有马家的住房一处，余多系浮房，后逐步建成 16 个院落。1949 年后马玉昆的后代马志臣将胡同里的房屋卖掉，祠堂内的建筑也拆除。在 1978 年改建后，马公祠胡同的位置已并入黄纬路小学校园内，成为历史胡同名。胡同西口在五马路，对面是曹锟花园，现为二五四医院。

福厚里位于黄纬路，1914 年，裕厚堂王某在此建房，当时胡同名为景福里，因为七号院的陈某之女，经常受到继母的虐待而死。房主是一家古玩店经理，事后嫌不吉利，遂改名为福厚里，取其厚德载福之意。

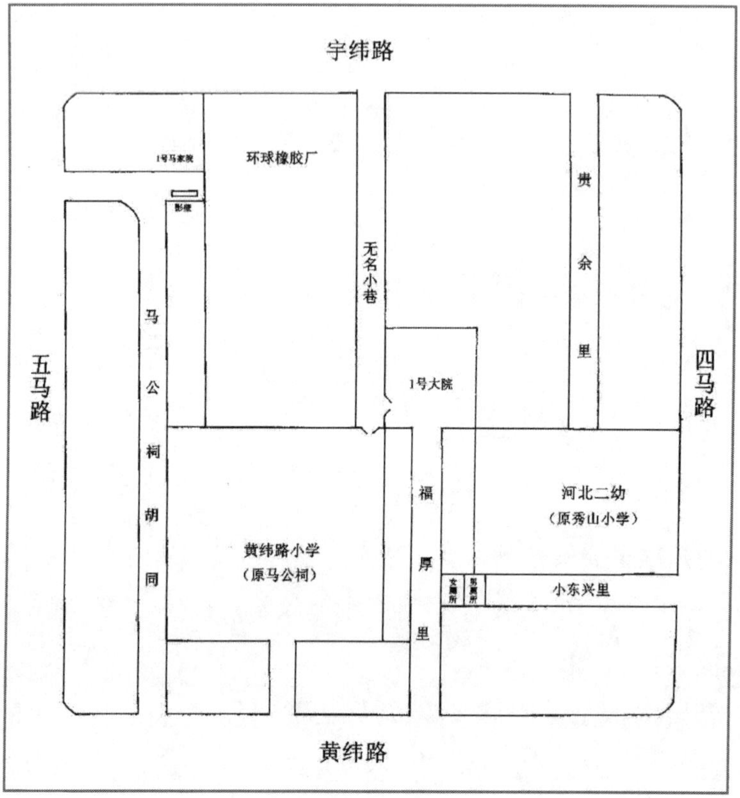

抗震里改造前平面图

福厚里的胡同进口在黄纬路，胡同共有八个院，尽头是一个三进大院，穿过大院有侧门出口，出胡同可通到宇纬路。平时将后门关闭，以防院外之人将此门作为抄走捷径。

这里的院落有二进和三进，房屋建筑考究，居住条件优越，原住户多为富裕人家居此。

福厚里胡同口的两侧，是黄纬路上最繁华的商业门脸房集中地，有杂货铺、牛羊肉店、裁缝店、洗衣店、大肉铺、菜店、小人书铺、煤场、理发店、大饼铺等店铺。几个路段的居民都来这里购物，被当地人称为黄纬路商业街。

福厚里的西侧是新华橡胶厂，该厂 1949 年前是私营的环球橡胶厂，如今这里已经改为如家酒店。

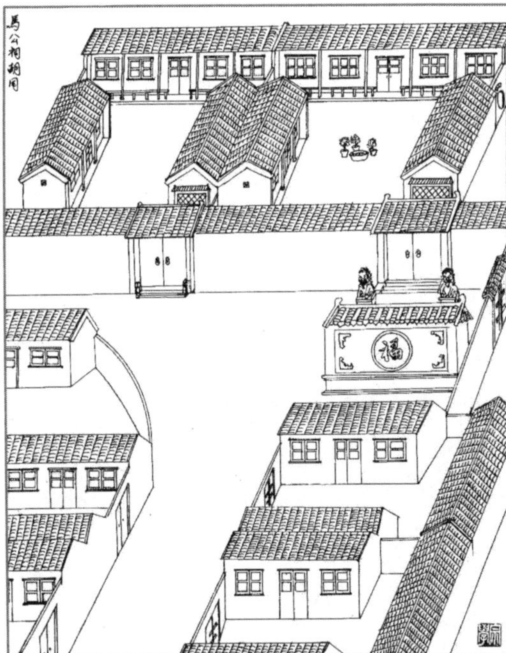

马公祠胡同

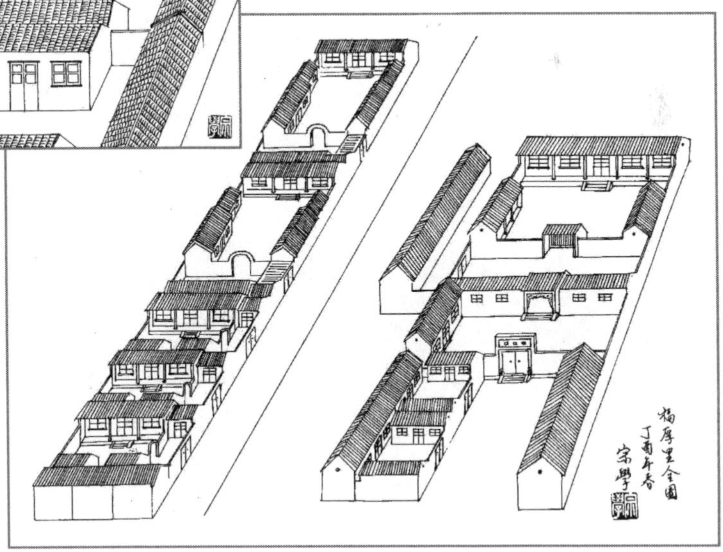

福厚里全图，根据王春教授提供的草图绘制

贵余里的胡同口在宇纬路上，为实胡同。建于1925年，系律师朱道孔所建。朱道孔当年精于法律，代人诉讼，胜诉后，事主作为答谢，将该地赠给了朱道孔。朱道孔得到此地后，即在此建起六个院落，砖瓦平房共67间，形成里巷，取“富贵有余”之意，名为贵余里。

小东兴里建于1919年，是与马路对面的东兴里同时建成，是军阀李纯的房产。因为这里胡同片小房少，称为小东兴里。胡同里只有一个院落，胡同临近李纯捐建的秀山小学(今为第二幼儿园)。

1976年大地震后，这里胡同的平房建筑全部拆迁，建起抗震里居民楼。

马公祠与黄纬路小学

在河北区黄纬路抗震里居民区内，有一所黄纬路小学，学校的前身为清朝天津提督马玉昆的祠堂。

马玉昆(? ~1908)，字荆山，号景山，民间称为马三元，安徽亳州市蒙城马集人。时太平军兴起，围城，军粮断绝，马玉昆则号召群众，冲出城，将军粮运来，得到嘉奖。又以武童从毅军宋庆，参加对捻军作战，积功至都司，擢以总兵衔记名，并赏给“振勇巴图鲁”称号。自同治七年调往西北镇压回民起义，1874 年与左宗棠部共同抗击阿古柏和沙俄侵略及新疆等地的叛乱，兼办屯垦，以兴地利，颇得赞誉，先后驻守新疆达 10 年之久。清廷因马玉昆立有功劳，赏穿黄马褂，赐骑都尉世职。

光绪甲午年(1894)补授山西太原镇总兵，协助宋庆防卫旅顺口。7 月朝鲜事急，奉令率军至平壤。在平壤保卫战中，他指挥所部奋勇抗击，重创日军第九旅

1917年天津水灾后被安置在马公祠前的灾民

团。但因主帅叶志超贪生怕死，指挥失当，终于败回国内。1895年在辽河下游与日军作战中，马玉昆虽英勇善战，但由于清军各部不协，仍以清军失败而结束。1899年擢任浙江提督，次年调任直隶提督。

1900年庚子之变时，八国联军入侵天津，马玉昆率武卫左军驻守河东陈家沟、小树林一带，率部奋勇作战。天津城陷，马玉昆退至北仓配合义和团进行抵御。相持月余，卒以无援而败退。后那拉氏挟光绪出走西安，命马玉昆随扈。翌年还京，加封太子太保衔。

1908年，马玉昆病逝于天津，追赠太子太保，赏加二等轻车都尉世职，谥忠武，朝廷建马公祠以纪念马玉昆的功绩。马公祠位于黄纬路中部，在宇纬路、四马路、五马路之间。祠堂门外设一对石狮和一座影壁，主要建筑为绿色琉璃瓦顶三进大殿。院中立有石碑一座，记载着马玉昆的生平事迹，整体建筑气势宏伟。

李鸿章祠堂(天津李公祠)内曾有马玉昆撰文的纪念李鸿章的石碑，今保存在天津市历史博物馆。并题联：受知阅四十年，御侮列门强，我是淮军子弟；余威震九万里，大名垂宇宙，人怀丞相祠堂。

民国初年，马公祠曾被军队占用，建筑遭到破坏，年久失修。

日本发动侵华战争时期，在天津的日本侨民急剧增加，其中主要是中小工商业者，日租界已无法完全容纳，很多日本人开始移居华界、特别各区居住，河北四马路一带日侨比较集中。如何教育日本侨民子弟为侨民所关心，为此创办了一系列学校。为方便租界外的侨民子弟入学，租界当局开始在日租界外设立学校。1939 年 4 月在黄纬路马公祠，设立天津三笠日本寻常高等小学，由中野义男创办，并于 1940 年 4 月搬到河北区新大路南口建立新校舍，即今二中。1940 年马公祠的此处校址改为正和小学，1950 年改为三区第二小学，1952 年改为三区十八小学，1954 年改为黄纬路小学，四马路周围居民的孩子都在这里读书启蒙，马公祠的附属建筑被若干住户和煤厂占用。

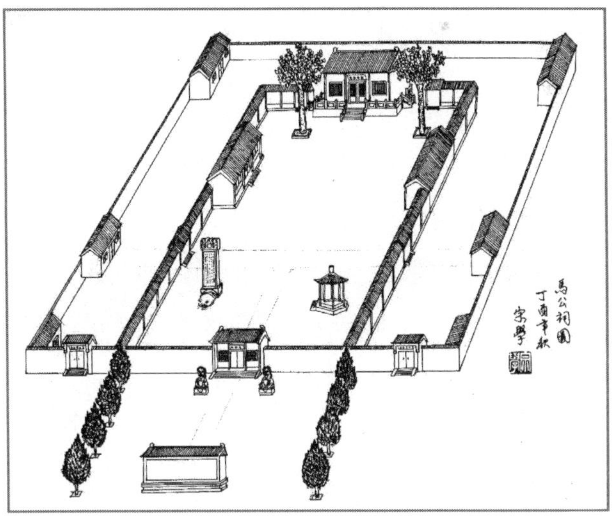

马公祠复原图

曾经住在东兴里，现在的河北二幼（前身为黄纬路小学）门卫的刘老先生回忆说：他是于 1958 年在黄纬路小学读书，当时马公祠大殿已经不在了，院子里尚有祠堂的附属建筑，改为音乐教室，如今从屋脊上还能看出房屋的历史。1963 年在原

右侧的铁栅栏处早年是马公祠的正门

大殿位置建起三层教学楼，至今还在使用。

在马公祠后侧有一条马公祠胡同,始建于1900年。据《天津河北区地名志》记载:胡同因清末宫保马三元祠堂而得名，当时有马家住房一处，余多系浮房,后逐步建成16个院落。1949年后马玉昆的后代马志臣将房屋卖掉,祠堂内的建筑也拆除。在1978年改建时,马公祠胡同的位置已并入黄纬路小学校园内,成为历史胡同名。

1976年的唐山大地震波及天津,这一带房屋震损严重,于1978年拆除重建成居民楼房数幢,取名为“抗震里”。黄纬路小学于2012年并入扶轮小学,该校址已于2012年9月1日改为河北区第二幼儿园。

霍树森

采访对象: 霍树森(1941 年生)

采访时间: 2016 年 10 月 18 日(星期二)

采访地点: 黄纬路抗震里楼下

我家是在1949年前，从河东搬到马公祠胡同的，我上小学是在马公祠院里的小学，以前叫三区二小。学校就在家门口，我上学的时候，学校里还有大殿呢，是在1958年拆的。这两座大殿当作办公室、校长室等。教室在旁边平房，两座大殿之间是操场，大殿也不是特别大，殿檐下和大殿内也没有圆柱子。大殿就是比别处的房子高，跟李公祠的大殿比，差远了！

霍树森和爱人在部队

马公祠胡同北口拐弯的地方，原来有一个大影壁，那个宅子特别讲究，住着有钱人家，据说是跟马公祠有关系的。

学校的大门在教学楼的侧面，校门左侧是煤厂，是姓姜的开的，97 岁去世的，就是前些年的事。他儿子还在这里住，已经七十多岁了。

我爹以前是干嘛的？我爹 1949 年前是国民党军官，不是在部队里，是在国民党后勤军需部，天津被服总厂，是做军服的，厂址在月纬路上。1949 年后，我父亲留在厂里当工人了，厂子改名叫天津被服二厂。

霍树森在部队

天津解放之前，国民党兵在这驻着，在我们胡同口挖战壕挖防空洞，我那时才多大呀，也不知道谁是好人谁是坏人，也跟着挖。在这胡同口建了一个炮楼子，当兵的还逗我们玩，给我们糖吃。后来，在这架起铁丝网。天津外围大炮响，旁边的陆军医院伤兵住不下了，就安排在马公祠的小学校里。我们小学生上课，教室前面坐着我们学生，后面坐着国民党的伤兵，呻吟声音传过来，老师讲着课，不让我们回头看。后来，我们上着课，听到口哨声，那些伤兵被人用担架抬着的，有被人架着走，不一会儿就都撤走了。看到大殿房顶上有一个当兵的，拿着老长的竹竿子，去钩房上一个香瓜式样的手雷，怕在上面炸了。

解放前后的那几天，马公祠大殿旁边有一间屋，里面专门存放国民党兵的死

霍树森在舞台上说相声

尸,死尸摞的老高,家属来了找到死尸坐在地上哭。

我们胡同旁边的陆军医院,在打仗的时候,那里特别激烈,医院里国民党兵向西边打炮,我当时在这看着,一溜红线,嗖嗖的声音。越来越激烈了,我们就躲在防空洞里,是在自己屋里挖的防空洞。转天早晨,听到窗户外面啪地一声,不知道是什么掉下来了。我爹出去一看,窗外地上有一大块肉,就是人的屁股肉,崩过来的。我爹怕我们害怕,用铁锨铴起来给扔外面去了。我亲眼看到解放军在这路口,追一个穿着皮袄的国民党兵,一把没抓住,让他跑了。战斗结束后,解放军在河北中学里,扛着枪训练,好像是临时兵营。

黄纬路五马路围墙是在 1954 年打开的,堵路的围墙墙头上,插着碎玻璃碴子,日本后方医院那会儿,围墙头是电网。

解放前后那些年,黄纬路从四马路到五马路,是一溜门脸商业街,卖什么的都有,买东西特别方便。从四马路开始数,杂货店,白家的牛羊肉,裁缝店、洗衣店、大肉铺、菜市场、小人书铺、煤场、理发店、大饼铺,热闹着呢。

我在青年时期参军去了，1965 年 10 月份，我所在的部队抽调十几个人参加抗美援越，我被选中，到了越南前线的任务是，打仗、演出、战勤、辅导、创作，在战场上经历了枪林弹雨。我给你拿一样儿东西，你看看是嘛，没看出来吧，是炮弹皮。当时我在战壕里望着前面，就是这块炮皮，炸到离我脑门才几公分的地方，差一点我就牺牲了。

文革时期我爹受到了冲击，给圈起来了。圈在扶轮小学，让交代历史问题。我爹说交代嘛，解放的时候都已经交代清楚了。家里墙上挂着我穿着军服的相片，红卫兵指着说，这就是国民党军官。我在部队跟首长一说我爹的事，让我回来交涉。首长说，不是早交代清楚了吗？怎么还交代呢？没办法，我从北京部队赶

霍树森拿着差一点让他牺牲的炮弹皮▶

霍树森获得的奖章▼

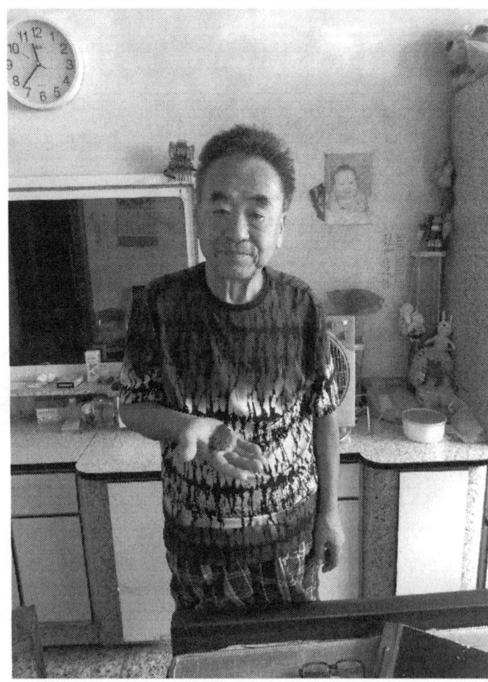

霍家的摆设

回来，去扶轮小学看我父亲。红卫兵说，你是国民党军官，我就说，我是共产党军官，现在哪有国民党军官在天津马路走的。红卫兵没话说了！我父亲被圈了一个星期就给放出来了。也没有挨打，也许是沾我的光了。

文革中，我穿着军装回家探亲，看到我爹在胡同里扫地，我说您这么大岁数别扫了，我去扫。街道主任看见了说，怎么你扫？我说，我扫怎么了？他说，你穿着这衣服怎么能扫地呢。我说穿什么衣服都能扫地呀，你也可以扫地，劳动最光荣，谁都可以劳动嘛。街道主任没话说了，我就替父亲在胡同里扫了几天地。

大地震后，我们这里的居民住上了楼房，又赶上改革开放。像我这个年纪的人，经历的事情太多了，还是现在好啊，可以安安稳稳地过日子。

姜德成

采访对象：姜德成（1948 年生）

采访时间：2016 年 10 月 19 日（星期三）

采访地点：黄纬路抗震里家中

对！我父亲是开煤店的，民国年间就开在马公祠正门旁。我父亲名叫姜尽兴，1912年生人，两岁就没有母亲了，十二岁时，没父亲了，因为是独子就跟着大娘过，日子过的很艰难。在1926年14岁时，带着一块大洋，一个人闯关东。从山东平阴，沿着铁道线徒步走到天津。走了两个多月吧，带的钱花光了，沿途要饭走过来的。走到天津小树林铁道旁，遇到山东老乡，那老乡在铁道边上生绿豆菜的，就停留下来，跟着老乡在附近做工。慢慢攒了点钱，老乡说你自己干点嘛吧。后来，老乡接济点钱，又借了一些钱，在黄纬路的马公祠旁买了一块地，面积有0.8亩，那时候这块地价是几袋面。干什么呢，开煤店。因为老乡有干煤店的，让人带着就轻车熟路些。我父亲的煤店起的名字叫"中义成煤店"。每天摇煤球，给需要的人家送煤。后来，在五二年左右，我姑姑的两个孩子，还有一个我舅舅的孩子，从老家来天津，在我家煤店里帮忙。因为山东比较穷，出来闯关东，路过天津，这是一站歇脚，就留下来给我父亲帮忙，

姜尽兴的照片

混口饭吃。公私合营时，就都走了，有去内蒙的、有去东北的，自谋出路吧。

姜德成20岁时的照片

在1942年的时候，日本侵占天津，我父亲因为卖一种煤，这种煤是非常好的烟煤，往日本拉，不许你卖了，属于战略物资。我父亲不知道，马路对面的仁田西里，住着日本人和汉奸，给告密了。我父亲就被抓走，送到东北煤矿当劳工。那里太苦了，劳工有逃跑的，被日本人抓回来灌辣椒水，有的让狼狗咬，死的劳工特别多，有的人给送到日本当劳工，很多人死在了日本。

我父亲跟一位也是一同被抓来，姓孟的天津人，商量一起逃跑。不跑是死，跑了被抓也是死，如果跑成功了，不就活了嘛。有一天晚上我父亲做了一个梦，感觉挺好的，梦到夜空晴朗，月亮照的倍儿亮。我父亲比较相信命运这种事，就算是迷信吧。于是，在一个夜里跟姓孟的一起逃跑了。挺侥幸的，跑到山沟里到老乡家讨口饭吃。日本鬼子封锁、到处搜查，也没有捉到。白天找个地方躲藏歇着，夜晚再接着跑，是徒步跑回天津来的。等到晚上了，偷偷回趟家。才知道我两个姐姐得病死了，没有能力抚养啊。因为穷，有病治不起，发烧一抽风人就没了。那几年，都是亲戚朋友接济的，我母亲本来想回老家，却没有盘缠，只得在天津艰难度日。因为附近住着很多日本人、汉奸，我父亲只能在天津打一照面，就回老家躲避了。等到1945年日本投降后，我父亲才回到天津，继续操持这个煤店。四八年生的我，那时家里生活安定下来了。

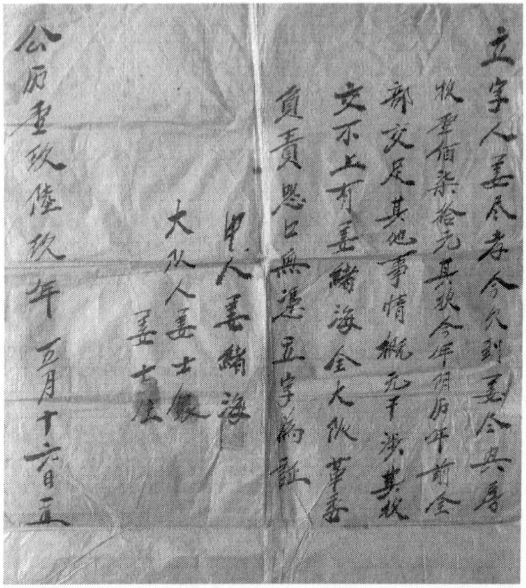
立字人姜尽孝今欠到姜公兵房价叁佰柒拾元其欸今年阴历年前全部交足其他事情概无干涉其欸交不上有姜鹏海全大伙草番负责恐口无凭立字为证
中人姜鹏海
大伙人姜士银
姜士侯
公历壹玖陆玖年 五月十六日立

姜家卖房的凭证

我给你讲讲天津解放战争时，马公祠的事。听我父亲说，解放天津时，国民党军队抵抗，连马公祠里面的小学都改成了处理伤病员的地方，战死士兵的堆放地。伤兵都满了，马公祠的学校里招不开了。在街上躺着受伤士兵，哭着喊着，没人救。有国民党军官，手里拿着大洋，哀求这里附近住的人，说等我死了给我家捎个信，找一个埋的地方给我安葬了。没人管呀，太多了。最后，死尸由义工抬上马车拉走，不知道埋到哪去了。

国民党军队逃跑时，随打随撤，这帮伤员顾不过来了，炮弹从我们家房顶子上飞过去。我有一个同学的父亲，在那时，他跑出来在街上捡洋捞。在街上，把死尸身上的手表，口袋里的钱，军大衣，都拿走了。国民党兵打暗枪，打死好多人了，我同学父亲的腿就这样给打折了。

1949年后，国家号召公私合营，我家煤店与附近的几家煤店合并，改为黄纬路煤场。因为我父亲干的年头太多了，拉小车送煤。送煤的范围挺大的，北到八马路、南到中山路、西到窑洼、东到北站，这些地方都给送煤。我父亲退休以后还干呢，一直干到七十多岁。文革时期，我父亲的成分定为独立劳动者，简称独劳。

我们这离新开河近，以前过新开河到小王庄去，要过木桥。1949年后，建了新桥，绕走元纬路。黄纬路道上原来铺着鹅卵石，最早通四路公共汽车，烧煤气的，后面背个大煤气罐。修完桥后，就到了三反五反运动，在小王庄过铁道的席场下坡，那边有个刑场，是枪毙人的地方。我们小孩跑去看，死刑犯插着木牌子，写着反动资本家、地主、反动派、流氓会会、不法分子。一车一车的，往河那边拉，都是路过这里。我那年七岁了，跟着跑过去看热闹。

我记得那年流行麻疹，就是天花。死了好多小孩，周围邻居的孩子麻疹好了，没死的，眼睛也瞎了，最后落点残。

我最早上小学是在辰纬路、四马路的民德私立小学，老师姓陈，一家子都是老师。学三字经、百家姓，天天背课文，学写字，管的特别严，学习不好的打手板。刚解放，教育还没接轨。后来，我实在受不了，就让父亲把我转到黄纬路小学，就在家门口啊，上学近了。

五八年大炼钢铁，我还在黄纬路小学上学，老师让学生回去把家里的钢、铁都交到学校里来。那时家里不允许有铁锅，学生们吃食堂。学校操场上立一座高炉，让学生到外面找劈柴、碎木头，最后炼出来一堆铁渣子。

我们在小学里有手工劳动，按装气咪芯。我们干的最多的是砸核桃，各班里都在砸核桃，有的让带回家去砸，将核桃仁送回学校。核桃出口啊，那时候也小，不敢偷吃。

后来，我考上农业企业制造学校，属于中专，学校在杨柳青。全国就有三家，另外两家在佳木斯和无锡，直属中央八机部。所以，我们是全国分配，我被分配到山东济宁。留在天津的极少，一个班有七个名额，得够条件的，比如家庭困难的、独生子女的，政治条件是没有参加过造反派的等等，有好些条件了。在那干了几年，跟山东鱼台的一名复员军人对调回到天津的，进到北仓的内燃机挂件厂。

文革的时候，新开河那边的609厂，武斗闹的最厉害。有一次，他们从黄纬路过，看到他们厂里的人都身穿雨衣，胸前有一个小布包，包里装着硫酸瓶子，扔在马路上直冒绿泡，谁也不敢接近他们，别的造反派都吓跑了。后来，有造反派把推土机前面改装，焊了一个大尖，把609厂的围墙撞开，冲进去了，就是一通打砸。

在我们煤场后院就是马玉昆祠堂，我们老百姓都是称呼马三元。在我们后院与祠堂两个屋檐之间窄小细长的空档处，曾经有大理石的王八驮的石碑，我记得是五几年，国家来人把那石碑拉走了。祠堂里都是青砖大瓦房，大殿不是太大，就是比别处房子高，灰色瓦顶，起大房脊，大殿两边是排房，也是青砖大瓦房。改成三区二小后，大殿改作办公室和教室。1958年大殿拆除，盖起三层教学楼，就是现在学校里的教学楼。

马公祠胡同里还有一个大影壁，对着院门，是一个大户人家。胡同里有几个大宅院，住着几户有钱人家。

马路对面的仁田西里有几个大院，曾经住过大户人家，6号院，挺大的后来改小工厂了，叫鞋眼厂，后来搬到黄纬路上了。仁田西里住的日本人多，建房时，几个月时间就建起来了。地震房子损坏的严重，都是日本人留下的小院。我们这边建的晚，地震没事。

你这一来，我这些日子脑瓜子里老想着小时候的事，记得煤场院里有口水井，夏天热，用竹篮子，放上一个大西瓜，拿绳子溜下井里去，到了晚上，提上来，西瓜冰冷的，吃起来特别凉快，别人家没有这个条件。您说有井栏吗？有啊！是砖砌的。水井上边搭的葡萄架子，种了几棵葡萄树。到葡萄丰收的时候，用煤球筐收了五六筐，有白猫眼、有马奶子。院子大，一个葡萄架子不显嘛，收了葡萄给邻居各家送。周围邻居有做外加工的，织网兜的到我家葡萄架下，有阴凉儿，这成了聚集点似的。傍晚也是这样，拿个大蒲扇，坐板凳、躺椅的来乘凉。

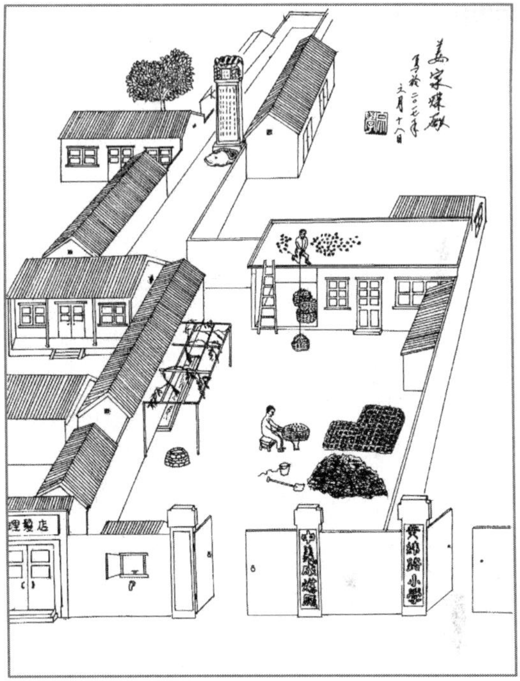

姜家煤厂图

过去还没有自来水，都是水车送水。煤场用水多呀，买水用得起吗，就花钱在院里打了一口井，活煤灰，打煤球都是用这口井水。

我和我爱人从小是邻居，都是在黄纬路小学上学。因为，我父母与她父母关系不错，经常走动串门，互相了解。是在七三年以后，两家挑明了关系。在七五年五月我们结的婚，当时在煤场的大场棚里摆的桌，请邻居给做饭，好十桌，就算是大办了。

七六年大地震，我们这胡同里的房子损坏严重。拆迁时，煤场里我们家那几间私产房子,无偿献给国家了,当时签了一个协议。我们家搬到民权门的临建住,那个罪受的,临建房八面漏风啊,冬天冻的人真是受不了。找来两位同事,帮忙将墙壁重新抹灰。我儿子就是在七七年住在临建棚时出生的,在那度过了两个冬天。

我们这四个楼房居民区,是 1977 年开始建,先建的军民里,第二个建的抗震里,第三个建的胜天里。最后建的团结里,转着圈建起来的。开始是解放军建的,后来是二建接着建。朝鲜支援的一部分水泥,我们这几片楼房建的特别结实。因为是刚地震后,建楼房首先考虑抗震,住平房地震了可以躲在床下,楼房如果不结实的话就塌了,没处躲呀。所以,这里的楼房能抗八级地震,住这里的楼房,心里踏实。

我家后面是美院宿舍大院,溥佐,孙其峰等很多名画家在那院里住,孙其峰的老伴姓杨,是街道主任,溥佐跟我父亲相当熟,总是从我家门口过,说姜大爷,你买点宣纸,我给你写一幅字儿。人家是爱新觉罗家族嫡系嘛,有名气。

在度荒的年代,当时有先进增粮法,就是蒸米饭先拿水泡,一斤能蒸八斤,宣通通,不解饱。我父亲是节煤能手,用一两劈柴点着炉子。在二马路举行群英会的时候,我父亲作示范表演,推广是为了节省能源。

我父亲人缘好,没有脾气,是个活地图,哪家哪户都知道。要说我父亲挺长寿,身体特别好,从来也没得过病,没有吃过药。七十多岁才退休,退休也没有离开煤场。七十多岁还背着一百斤的煤上楼了,95 岁还在外面摆烟摊卖烟。不指望赚钱,就是为了活动。活到 96 岁,2008 年没的。我父亲是这一带的灵魂式人物,这里的老人都知道他。

王政昌

采访对象：王政昌（1952 年生）

采访时间：2016 年 10 月 23 日（星期日）

采访地点：抗震里楼下

我父亲是开棺材铺的，最早在河东，后来就搬到这来的，什么时候搬来的？肯定是1949年前，我姐姐四九年在这生人，我在这生人，这门口从四马路到五马路的门脸我都熟，一条商业街，卖嘛的都有。四马路开始是文泰兴杂货铺、回民刘家牛羊肉铺、宋家裁缝店、王家洗衣店、卢家大肉铺、挨着是福厚里，再有就是张家菜铺、贾家机器铺，有一个车床做加工，再前面是我家住的黄纬路74号院，就是在这些商业门脸房之间的院子。我家旁边挨着小人书铺，再旁边是于家的院，左边是一家小工厂，做钥匙链的，手榴弹拉环也做，军民两用嘛。小厂子没有多少人，做的产品还都是电镀的，现在不用电镀了。左边就是黄纬路小学进口，左边就是姜家煤场、理发店、卖大饼的、周家大院、石家大院，再左边是马公祠胡同的进口，挨着五马路是邵家大院。这些门脸房铺子，在五五年公私合营后都合并归国营、集体单位了。

我家挨着的小人书铺，原来这家是鲜货铺，后来改小人书铺。那时候，小孩坐在铺子里看小人书，看一本一分钱，拿回家看是二分钱。我家跟他们是前后院，通着。我去小人书铺是白看，邻居嘛。后来到了文化大革命时不让干了，就归到新华书店。那时看小人书挺哏儿的，二分钱看一本电影的小人书，租走的，就问小孩，你在哪住，拿个本记下来，就让人家把小人书拿走了，交二分钱，明天就得还回来。那时候的孩子都规矩,看完了就老实送回来。要不二分钱拿走了,不送回来了怎么办,以前的孩子都没有这样的想法。

我们 74 号院子特别长,曲里拐弯的,如果不是汤家在横头盖了一间房给挡住了,就一直通到宇纬路去了,后面是新华橡胶厂。福厚里往里走的一号院,是老宅子,都是青砖盖的,特别大,是一家人的,后门通到宇纬路。我有同学住在那院,我经常去找他玩。

我上小学就在院子后面的黄纬路小学,原来是马公祠。我刚上小学时候,正在拆大殿,那大柱子特别粗啊,拆大殿的大青砖、大青瓦都是拿滑道一个一个滑下来的,怕摔坏了。当时院里已经盖好教学楼了,就把大殿给拆了。

我上中学在五十三中,六九年我就上山下乡,去东北黑龙江建设兵团,现在的饶河县,属于兵团第六师。苦不苦吗?不苦!别管苦不苦,当时拿工资呀,吃白面馒头不就完了嘛。我返城晚,八二年回来的,分配到小集体单位上班,后来在大天津食品厂,再后来就下岗,在家待着,然后就退休了。

我年轻时候玩 120 照相机,当时没那脑子,把当时老胡同照下来就好了。现在拿出来看看,也是怀念呀。人上了岁数就爱怀旧,过去有过去的好,现在有现在的好,不一样。

后边马公祠胡同有个大影壁,也特别精致,在胡同的老五号院,那大院门口两个威武石狮子,据说是看马公祠的,他们家曾经当个嘛官,就不知道了。这里早就没有马公祠马家的后人,打我记事就没有,如果有也早就搬走了。最早,原来马公祠里有一个看祠堂的。

小时候去旁边煤场玩,总是弄一身黑回来,院里有葡萄架子,等葡萄熟了就偷葡萄去，姜爷一喊，给吓唬跑了。人家卖煤不容易，煤球用手摇，辛辛苦苦的。搞运动了，还给人家算小业主，哪说理去。

住在这里的人都是特别和睦，你看我家以前是开棺材铺的，邻居有办丧事，有困难，没钱怎么办，拿走，先拿走，先发送老的，有没有钱以后再说，街坊邻居谁不求谁呀。

黄纬路上周家大院的周士瑞，也是开棺材铺，我父亲是单干。棺材铺那时候是卖板，到丧家现做，我父亲就是给人做棺材。后来，让火葬了，不让卖棺材，我父亲就进了木材厂工作。

你看楼上墙壁上的角铁，那是送煤的挂个滑轮，用电三轮的马达拉上去，上边有人接煤，以前都是人背煤上去。你看每个楼口都有一个，这是七几年、八几年的事，成了那个年代的纪念物了，现在谁还用煤，早改煤气做饭，集中供暖了。

以前，我们黄纬路五马路这是封死的，五四年打开的黄纬路，然后修马路，铺的大块洋灰的路面。现在我在这里也算老人了，再老的，死的死，都没啦。反正我在这土生土长的，知道过去的事多。因为，我总是跟着老人在一块聊天，我也好聊这些事。我以前在外面摆摊，好些老头到我那坐着，搭个搭，说老话。就知道了好些早年的事，我也不能瞎说，要有根有叶，也得八九不离十的，是不是？

其实，你了解了解 33 中，那是李公祠，我姐姐就是在那学校上学，那里太好了，后来给拆了，太可惜了，好东西怎么就留不住呢。以前那里跟小花园似的，北宁进门左边的湖心亭，就是从李公祠搬过去的，卖给北宁一万块钱。以前里边都是古建筑，老高的台阶，都是走廊亭子，保留的特别完整。那学校真好，下雨进校门顺着走廊走，不用打伞。后来，长廊亭子都隔成小房间，放体育器材。

白国富

采访对象：白国富（1949 年生）

许秀芹（1950 年生）

采访时间：2016 年 10 月 30 日（星期日）

采访地点：增产道家中

白国富(支教模范白芳礼长子)

我是1949年在天津生人,正是天津解放那年。我父亲白芳礼是三几年到的天津,十几岁时在沧州卖馒头。到了天津,开始从沧州运来小枣卖,后来一看不赚钱,就开始蹬三轮,不识字,只能卖苦力呗。我家是什么时候住到黄纬路东兴里,我真没问过我父亲。因为,我出生在东兴里,所以肯定是在1949年前。我家在东兴里住一间房子,也就十平米吧,家里五口人,我有一个姐姐和一个妹妹。

我家住在东兴里12号,离三马路近,东兴里是整个大四方块,几条胡同整整齐齐的。

我五七年上小学,在黄纬路小学,中学在35中学。1968年初中毕业后,没有上山下乡,分配到天津建筑机械厂。我到了工厂以后,1969年就参军了。到了福建,那里是前线。我姐姐在天津师范学院毕业后,分配到故城,在衡水附近,那时候是全国分配。我妹妹留城了!后来,因为我母亲身体不好,我在1973年复员,回天津后,还是回到本厂工作,从哪来回哪去。

以前我住在胡同院里的人家,干什么的都有。院里的三哥是医院的麻醉师,半夜来砸门,有紧急抢救动手术的,整个院子都闹醒了。以前没有电话呀,就来砸门。有做服装的，平时邻里关系特别好，在院子里总是说说笑笑的，以后住楼房了，就很怀念以前在胡同大院的生活。那时候有那时候的乐趣，特别热闹，邻居之间特别亲，都是互相照顾。

白芳礼蹬三轮赚钱支教(照片来自网络)

七六年大地震，东兴里房屋损坏很多，最厉害的是 72 号，地震时砸死了刘家的两口子，他儿子刘冰洋跟我是小学同学，够惨的。

地震以后，四马路这四片居民区，重建居民楼，我家搬到第三体育场，住在临建里。两、三年后，我家分到抗震里，因为是属于增房户，就分到五楼顶层。

我儿子白松，是师范学校毕业，在小学当老师。对！也是受他爷爷白芳礼的影响，爷爷和姑姑鼓励他从事教育工作，育人嘛，是崇高的职业。因为他爷爷一直给教育捐款，就让自己的家人也从事教育工作，白松自己也喜欢当老师。

我父亲是在 74 岁开始捐款，当时，他是捐款最早，还是李瑞环当市长的时候，那时候还很少有捐钱的，他捐的钱都是自己的血汗挣来的。所以说，他的影响大呢，跟富人捐款的情况不一样，他完全是省吃俭用节省下来的钱。

许秀芹补述(白国富的妻子)

我们家爷爷白芳礼一辈子太不容易了，因为看到贫困地区的孩子上不起学，

感动中国的白芳礼(照片来自网络)

他看着心疼，就开始捐款教育。

他为什么为贫困的学生捐款呢？是因为有一年，沧州老家一直守寡的姑婆婆去世了，而且老家的侄子侄女也要给我们爷爷办大寿，就这样爷爷奶奶就回老家一趟。他看到那里还是特别贫穷，孩子们吃的穿的都很困难，上学也上不起。于是，我们爷爷就想要资助这些孩子，就把老家的房子卖了，把钱捐给这里的学校。开始人家大队干部还不同意收他的捐款，那里人都姓白，沾亲带故的，看他都这么大岁数了，生活也不富裕，不忍心收他的钱。最后，他请大队干部吃了一顿饭，给人家送礼，人家这才收了他的捐款。

我从嫁到白家，开始不理解，吃饭拿秤来过秤，吃饭吃不饱，省着，一分钱掰好几瓣花。因为，我们爷爷从小就受穷啊，家里的孩子多，十几岁从沧州到了天津。他还要照顾他的姐姐，他姐姐十八岁就守寡，带一个孩子回娘家。老家有一个表叟给她点粮食，我们爷爷给她寄钱，接济她的生活。老家谁得病住院，都来找他。而且我们奶奶长期有病，家庭条件特别不好。可是他以身作则，平时舍不得吃舍不得喝，攒攒攒，攒点钱捐款。

原来有一家报纸经常报道他的事迹，后来也不敢报道了，怕他捐的多，太影响他的生活。

我们奶奶有病天天躺在炕上，还得吃药打针。他七十多岁了，每天蹬三轮挣点钱，也不多，做儿女的也支持他，不讲吃不讲穿。他天天在外面捡，捡水果摊不要的烂水果，搁炉子上烤，择一个好一点的还让给我吃。你想呀，我这心里是什么滋味。很多人不理解他，这老爷子太不容易了。

以前老爷子给学校捐款，到了人家学校门口，就把钱给传达室，说给孩子们捐钱了，也不让人家打收条，嘛手续也没有。有人说，你这样捐款不行，捐款能不能到贫困孩子手里，如果让人家给扣下，到不了贫困学生手里怎么办？一定要收条！他也不以为然，捐完就走。后来，收到捐款的学校给打收条，捐给几所大学的钱，人家给登记开收条，正规起来了。给红光中学捐款，那里都是藏族学生，人家都是正规的给打收条，收白大爷多少钱。他就是这样，从来也不求名利，只是默默地奉献。

儿子、闺女给他买一双旅游鞋，转天一看又穿着一样一只的鞋回来，怎么回事，原来是把那双新鞋捐给一个打工的了。

东站那小亭子多冷啊，连个炉子都没有，你要看着照片，都做不到了，下边流着水，搭着一块板，上边搭着塑料布。我给做一个被子，明天再一看，这被子又没了，给一个困难的民工了。就是这样，家里的棉衣都给人，自己就穿着补丁的衣服，袜子让我补了多少次，还不让扔。我们给他买的新衣服，临到他死都没有穿，我们也给捐了。秋裤破了，给他买一条新的，不要！你就得给我补。我说你穿你儿子的旧秋裤行吗？这还行，新的不要！我们姑姑来一趟给老

感动中国的白芳礼(照片来自网络)

爹买一件羽绒服,明天一看羽绒服又没了,捐了！捐给一个没有寒衣的农民工。唉,心太善,总是想帮助别人。

他每天吃饭不吃饱,说自己的肚子是无底洞,我吃饱了是浪费。他还是真这样,我不瞒您说,我熬的酱稀饭,他一吃就三大碗,他一天不吃东西饿着也过去了。我儿子住校不在家,有一天,我说咱们包点羊肉饺子。我们三口包了一盖帘,觉得够了吧。我煮出来,一看他们爷俩吃着不够,我都没敢吃,你说爷爷他肚子亏不亏?其实他也是馋呀,咱疼的慌啊!炖点肉,舍不得吃,晚上睡觉含着一块肉,咋嘛滋味,说真香！也舍不得吃下去,这肚子太亏了。

他从来没买过早点,有时候去捡人家吃剩下的馄饨汤。让他吃油条烧饼叫奢侈,夏天就是拌个粉皮黄瓜。剩下坏了,不让扔,明天接着吃,就介样儿。过的日子天天就是咸菜,大锅面汤。我们奶奶常年胆结石,需要吃白米稀饭,锅上面蒸馒头,下面熬稀饭,他说吃米多贵呀,吃馒头便宜。他如果回家早,不让我做饭,说我炒菜放的油多,包包子嫌我放的馅大。二两一个馒头,他天天拿秤称,亲自煮饺子,总是问够了吗？够了吗？看你吃,他疼的慌。

他的收入从来不给儿女,全捐出去了。我们大姑结婚时,没有好衣服穿,还是借我们老姑的一条裤子,大姑那时一个月工资三十八块钱,你猜他找人家要多钱？三十块钱！我们姑姑来一次哭一次,就是这样。

过年了,就买二斤肉,我们在一起过,我工资四十五块八,我对象工资五十多一点,饭钱我们就交四十五块八,吃嘛饭,嘛也吃不着。过年了,来个亲戚,热一碗馒头,热一碗肉菜,就这样。蒸一锅米饭,炒点菜,从来没有过。我那时候特别瘦,一家人都是营养不良。十二点了,我跟爷爷说,咱能煮点饺子吃吗?肚子饿呀。我们爷爷说，别煮呀，要不大年初一没有饺子吃了。这肉在那搁着，看有来拜年的，喊我：秀芹啊，来人了，做饭留人家吃饭，有嘛可吃呀。天天烩个饼，大葱蘸点酱，吃饭就是就乎。

感动中国的白芳礼(照片来自网络)

我们孩子奶奶常年有病，老家人来探望，给送点鸡蛋来，这鸡蛋他不让吃，他要提着出去卖了，然后捐款。我说，您别卖，您卖给我吧，我给您钱！呵呵，我交完饭钱，鸡蛋还得卖给我。他就数鸡蛋，大的一毛二，小的一毛一，就这样把鸡蛋卖给我了。他就把这些过日子钱都存着，劈点劈柴也换成钱，家里东西能换成钱的都拿走捐款了。

白松小时候吃饭，爷爷看着就说，你吃一口饭，就了好几口菜了，你看我，一口饭就一口菜就够了。我就说，孩子正是长身体的时候，不吃哪行啊。可是，他给外面困难的人钱，他一点也不吝惜。

我再跟您说一件事，有一年，海尔集团搞庆典，赠了一个180升冰箱给我家。我们住在抗震里的五楼，楼道本来就狭窄，还堆满了蜂窝煤。人家找了四位大小伙子很费劲抬上了楼，爷爷说嘛也不要，说我不能让我的儿女享受。人家说，白大爷，不对呀，怎么是让你儿女享受，他们每天给您做熟饭，不也是伺候您吗？我们爷爷就是说不行，非让人家搬回去。总是这几句话，我是先有国后有家！这样做属于我自私，你们必须给我抬回去。人家不抬呀，大五楼，黑灯瞎火的好不容易搬上来的。最后，还是宁不过老爷子，归齐还是抬下去了。

执着的人都是干大事,脑子没有别的,只是这个。过年过节,我们爷爷从来也没休息过,白松很少碰见爷爷,孩子这么大了,从来也没给孙子买过东西。有一次记者采访时,问白松,你对爷爷印象最深刻的是什么?白松说,印象最深的,是有一年爷爷给我一百块钱。那时孩子都上中专了,星期天回家,晚上要回学校时看见爷爷,爷爷给的钱,以前从来没有给过孩子钱。白松上班了,过年过节要给爷爷一百块钱,爷爷说别给我买东西,你给我钱,我还有用。买东西吃了就浪费了,他拿钱又去捐了。他在外边从来也没剃过头,都是回家我给剃的。给他三块钱让他出去剃,不要,就让你给我剃。

老爷子怪不易的,有几次冬天拉人,到了目的地了,那人不给钱就跑了。哎呀,你说咱们总有善心,现在没有道德的人也有啊,欺负老年人。他也没有过年过节的概念,一年到头的,一天也没歇过,就是出去蹬三轮赚钱,然后捐款。感冒发烧都不休息,只要能挣钱,不管多远多累都干。

有一次,他蹬三轮去杨村拉活,夜里三点都没有回来,儿子到处去找啊。大早晨,才回来了。看着他就很疲惫的样子,我们就问杨村这么远你怎么还去呢,他说给的价钱合适。唉,都不吝惜自己的老命了,我们家里人看着心疼啊。

在他去世的前四年,2001 年,身体不行了,蹬不动三轮,腿脚不利索了,快 90 岁的人了。那也不闲着,找了个看自行车的活,赚了钱再去捐。最后一次捐款,是给耀华中学捐款,当时,还下着雪送去的。然后就回家休息了,因为我们两口子都要上班,爷爷在我们老姑家住了三年,老姑下岗了,有时间伺候他。2005 年,老爷子 93 岁去世的。

康永顺

采访对象：康永顺（1947 年生）

采访时间：2016 年 11 月 30 日（星期三）

采访地点：黄纬路抗震里

我家最早以前在西窑洼住，在四马路口这，分为东窑洼和西窑洼，前边就到河边了，窑洼就是天纬路这块。这一带就西窑洼这块地方热闹，居民区也特别密集。

1949年前我父亲在西窑洼开粮店，前店后厂，后头推面，前头卖面。字号叫康记米面铺。在校场下坡，天纬路是上坡。天纬路有个杨家胡同，过去就是下坡。就说东窑洼，前边后边差一层房子那么多的高度。你在天纬路四马路这边站着，好像站在房顶子上面似的，是有一个台儿，前几年刚把那台儿弄平了，现在是大悲院后面的停车场了。是个大台儿，比别处高，是黄土的台儿都给清走了。天纬路东窑洼和西窑洼就差一丈来的高矮，元纬路的平房现在还有呢。

日本占领天津时期，粮食控制供应，粮食进不来城啊。听我父亲说，那时候，别处都没有粮食，就我们家粮店有粮食。我家有一个亲戚，是我父亲的表兄弟，在武清县是干列车员的，我父亲找到他，让他帮着买一批粮食，他说多了我办不了，买个三袋五袋的还行，给你送过去。就买了几袋子棒子，拿嘛车运呢，一合计，想了一个办法，用铁路修火车的人力轧道车，两个人嘎嘎地压，在铁轨上速度快，跟汽车赛的飞快。前面来火车了，两人把轧道车搬下来让道。到北站了，三个人、四个人一人扛一袋，车站都是日本人站岗，见他们几个人都是穿着日本铁路服装，带着日本帽花，就跟红灯记里的李玉和穿的差不多，就放行。隔三天五天就弄几袋粮食来，就我家粮店有粮食，别的粮店没有粮食卖。粮食进不来，不让进呀，老百姓只能买到三合面吃，没办法。

那会儿，日本占了天津。来了日本几个兵，就把北站给收了。咱们的军队也没在那，警察打两枪就跑了，打不过人家呀。

我小时候经常跟我父亲去三条石的万春斗店，过去就叫粮食市儿，满马路上都是卖粮食的，我们去那买棒子，拉回来磨成棒子面，那是五几年的事。五六年，公私合营，都变成国营了。合营以后，我家粮店没动，还在那经营着。我们一家人在粮店里居住，带卖粮食。上级找到我父亲说，你看窑洼这一大片的居民都是在你家的粮店买粮食，给你家找一间房子，把你家粮店的房子交公吧。就这样，我家就从粮店搬走了。

西窑洼天纬路那块地方比较热闹，小饭馆、豆腐房，小商铺特别多，说相声的马志存他家在那块儿开的马记包子铺，卖包子的。后来，他家也搬到黄纬路五马路了，住敏智巷。从大悲院到土地庙那一块商业特别密集，特别热闹。

我小学在大悲院对面的河北省师范学院附属二小，一小在保定。后来学校改叫西箭道小学，过去就是女子师范学校嘛，现在就是美术学院，我们学校开会都是去师范学院那院里去。学校里没有校长，只有主任，我问怎么没有校长呢？人家说，是师范学院的院长管咱们学校。大悲院旁边还有一个小学，叫西窑洼小学，又改为天纬路中学，改了好几回。就西箭道小学没动，一直到拆迁。我上中学是在三十三中上的，就是在东箭道的李公祠院里，那个院子大，都是古建筑，大悲院后面是西窑洼小学，后来也归大悲院了。

后来，我家搬到黄纬路这边来住，就是离不开中山路这一带，住着习惯了，哪也不想去。去年我老伴的学校分房，给住房费，让我找房本的底儿去，哪找去？去河北区房管局一查，在哪住，这没有底，你去市房管局里查去，在黄家花园那。也别说还真有，拿出来一看，还是五十年代的档案了。你想要吗？六十块钱复印，主要是给你盖那红章。还有你家的房子，是在东南西北在操场下坡哪个位置，胡同在哪，这个院子里有多少间房子，都标的特别清楚。原来房主是我父亲一个人的名字。后面又有一张图，五几年售出，卖出去了，张三李四王五上面全有。

你问在这里住的老住户，下午快吃饭的时候，老人下楼的多。天热时候，邻居老人都在我这门口坐着，都是凳子椅子，围坐一圈聊天。超市门口还有一帮老头，天天坐那打扑克下象棋。都是住了几代人了，问他们就行。好些岁数大的也是后来搬过来的，有投奔儿女来的，他们了解的不多。

殷世杰

采访对象：殷世杰（1947 年生）

采访时间：2016 年 12 月 29 日（星期四）

采访地点：南开区南城街公寓

我家地震以前住在黄纬路福厚里，地震后这里就成为天津第一拨危改建楼，叫抗震里。福厚里一共有八个院，我家住一号院，院里非常大，有三进院，是这个胡同里最大的院，住着九户。其余的院大小就不一样了。

我家是1949年前搬过来的，最早住北屋三间，西屋是两间。这个院大部分房子是郑茂林置办的，他以前开了一个作坊，有钱了就置办房产，投资在这。一号院、二号院、三号院都是他的，也不是特别有钱。按现在来说，就是个业主，房子租给大伙儿。1949年以后，就都归公了。他家在二号院，住了三间房。他特别胖，他这个人好打官司，房客不给房租了就去告状。文革没有受到什么冲击，因为他们家挺邋遢，家里五、六个孩子，生活条件不好。腾出来两间房子，他们一家就挤在一屋里。那时候，他家还不如工人家庭呢。

我们一号大院过去是日本人住的，日本战败后，日本人就都回国了。房子是日式和中式相结合，有廊檐，窗户比较低而且宽，采光好，房顶也厚，冬暖夏凉。院子挺漂亮的，房屋内全是地板，而且地板特别结实，都是厚厚的板材。我家住最后一道院的一间房子，二十五平米吧，挺大的房子。我小时候，地板有个小眼，我往里扔玻璃球，搬家的时候觉得太可惜了，想撬开，里面都是球啊，最后也没撬，因为撬不开呀，如果不是拆迁，现在也坏不了。院里的北房是三层石阶，挺高的，连四间，两边还有小储藏室，西屋东屋各三间也是带廊檐的地板地，就一号院讲究。

我们福厚里这些院里，过去住的人家都是有钱人，而且都有一些历史背景，都有一段故事。

就说我们院有一家，孩子跟我差不多大，他跟我说过他家的事。说起来，他们家就是有些复杂了，别提姓嘛了。他爸爸没上过班，从来没工作过。现在就叫啃老族吧，属于公子哥，人家家里有钱呗。最早他家在南开住，他妈妈娘家是东北的，在天津开织袜厂，电车房。你想啊，那时候他家里就有汽车。他爸妈结婚的时候，搬到黄纬路福厚里来。那时候，他家有钱，他妈妈娘家也有钱。只是到了后来，就逐渐没落了。

他爷爷以前是做生意的，挺有钱的。他有两个儿子，住我们院的他爸爸是头大的，嘛也没干过，一辈子到死也没上过班，他叔叔是黄埔军校毕业的，保定军校的教官。后来是青县第一任的公安局的局长，还任天津稽查处的处长。春风得意没几年，1949 年后，就不干了。进去了几年，没受嘛罪，没把他搁到监狱里，后来出来了，他爷爷也得病死了。这样，他家就开始穷了，卖着家底吃饭。他叔叔在文革刚结束，快要落实政策的时候就去世了。听说他上小学的课本，写的作业本都留着，一个角都没有折过，整整齐齐的，是一个非常严谨的人。

他妈妈娘家的财产比他们家还厚了，他姥爷是俄国翻译，是东北沈阳的。他舅舅也是国民党军官，让苏联红军进沈阳的时候给打死了。

一道院住在北房三间的，是资本家姓张，我记得是叫张立仁，他们家是开铸造厂的。东屋两间住的叫王谦，是河北省饶阳的，文革给下放迁走了。他们家干嘛的呢？熟皮子的，有时候在院里熟皮子，在大木桶里熟，熟好了再卖，那家人挺厚道的。旁边的一间住的是姓陆的，1949 年前是国民党警察，后来给留用了，一段时间以后，就转业到运输厂。挨着一间住的姓翟，是亨得利表店修表的。

二道院最神奇了，左边住的是茶叶李，1949 年前他是跟黄敬一块的，是地下工作者，卖茶叶作掩护，因为作风不好，1949 年后被管制。旁边是毛英的房子，他是民国的遗老遗少，我记得特别清楚。

院里边有个小茅房住的是王清俊，他是从河北省过来的，是搞缝纫的，跟毛英老对立，毛英是一个人住，光棍一条，门上的锁头眼里总被插进了洋火棍，老打架。

二号院，是房东郑茂林住的院，左边三间是东北来的姓张，都是大高个，一对夫妇，三个儿子。右边三间住的叫卢苇，他爸爸是宝坻县的，是逃亡地主，被管制的。1949 年前，他家是宝坻县的首富。他的两个孩子都是当老师，有文化，都挺好的。

三号院有一家，一边住的是二医院的化验师，文革时期造反挺厉害，后来迁回农村去了。另外两间住的是新华橡胶厂的工人，两口子挺厚道的。对面住的是一位海军转业的，爱喝酒，娶了一个天津资本家的小老婆，没孩子。

四号院可就了不得了，仅次于我们一号院这么大，青砖铺地，房屋都是带廊檐的。有两道院，就是一个小院里面套一个大院，小院与大院之间有门楼，非常格局。他的正房不是北房，是东房，正房住的谁呢，原来是派出所警察，姓王，家里有姐俩，挺沉稳的。他的妹妹两口子都是大学生，被打成右派，男的就给轰农村去了。女的个性挺强，就带着两个孩子生活，男的偶尔回来一次。

院里北房是两大间，这家人可了不得，这家姓周，我去过他们家。那时候，我妈妈当过代表,胡同里每个月都要收水钱电钱,有时候我跟着去。这家男的特别精神,四十多岁,站起来特别魁梧,一看就是军人。屋里两间摆着两个钢丝床,金属的挺高的床帮子,其余都是放着皮箱子,肯定是经常外出。据说他是傅作义的部下,起码是团级以上的。文革前夕,就销声匿迹了,不知道哪去了。

五号院的正房三间,住户姓刘,是铁一小的老师。左边房子的住户也是在铁路工作的,挺好的人。对面的房子,住家是姓周的两口子,过去是剧团的。那女的一看就不凡,男的有自己的剧团,是从东北来的,赚了点钱。这媳妇是干包头的,就是给演员化妆,就像现在的化妆师一样。1949 年后,这男的就在黄纬路的副食店里工作,就在我们胡同对过,仁田西里旁边。院里还有一家姓李,现在还在抗震里住呢,也是个老警察。

六号院是老韩家,是从山东来的,沾点小资本家吧,干纺织行业的,那个院差不多都是他们家的。靠外边住的是老边家,丈夫是铁路丰台机务段的司机,开火车的。那时候的火车司机,大部分都是两个婆,天津一个,北京一个,火车司机工资也多,火车到哪就去哪住。

七号院住的是张傻子,他们自己家住一个院,是个资本家。他的媳妇跟他是再婚,带着三个闺女,到了这又生了一个闺女。

八号院也有来历,姓星,是个知识分子吧,不知道干什么的。他家三间屋子隔开了,他住中间的一间屋子里。从来也不点电灯,点煤油灯,有电灯他也不点。五十来岁,屋里嘛也没有,特别脏。这个人来历不凡,听说是国民党一个高官,1949 年以后,干嘛呢? 蹬三轮。旁边住着他哥哥妹妹,也不往来。能隐呀,他不敢惹事啊,怕牵连别人。他吃喝就在这一屋里,脏极了。

福厚里胡同情况，基本就是这样。七几年时，胡同里每个院都挖防空洞，青砖都起了，时间不长又填上了。那叫什么防空洞，就是挖一个猫洞赛的，糊弄自己的，哪结实呀。从福厚里一出来，到黄纬路上，两边都是门脸，特别热闹，卖嘛的都有。

七六年地震时，就我们院惨，夹过道的房子都倒了。就是茶叶李，给砸伤了，送到二五四医院。正好，二五四医院在抢救唐山来的重病员，顾不过来他。那些天还下着小雨，他的伤口感染，没几天就死了。

你问橡胶四厂，以前是荣家的，荣子政是资本家，他儿子荣大鑫跟我是校友，三十中学同学，胖乎乎的挺精神的。娶了个日本华侨的媳妇，他们两家有关系，结婚后就出国走了。我看过他夫妻俩一次，那是多少年以前，还没改革开放了。他媳妇穿着日本的长筒袜，擦的香水，他们家以前住在橡胶厂对过小院里，我去过他家，院里特别清静，特别讲究。

黄道里的房子不错，很多是有钱人家住的，仁田西里房子也不错，东兴里的房子差一些。

卢广朴

采访对象：卢光朴（1946 年生）

采访时间：2017 年 1 月 8 日（星期日）

采访地点：黄纬路抗震里

我家1949年前就在这住，我爸爸年轻的时候从山东长清来到天津，在黄纬路上开了一家大肉铺，紧挨着福厚里，我爷爷在山东农村，没到天津来。门脸房也是租的，不是自己的房子，我家的房子是房主郑家的，福厚里百分之八十的房子都是郑家的，人家是干大买卖的，有钱了就买房子出租。后来，文化大革命批斗他，给遣送走了。他家所有的胡同里的房子和门脸房都归公了。

文化大革命的时候，给我家定的小业主，后来改为独立劳动者，就是劳动阶级。你想啊，房子都不是自己的，就是在门脸房里摆个案子，刀具嘛的，也没雇人，就是自己家里人干的。

我父亲五几年就没了，出殡的时候，在黄纬路是出大殡，办的特别隆重，在黄纬路太扎眼了。从山东来的大马车拉走的棺材，老大的黑色大漆棺材，一直拉到山东老家去。后来，我妈妈一直守寡，把我们哥几个拉扯大，真是不容易呀。

我父亲去世以后，我老娘和我大姐接着在大肉铺干。五六年公私合营的时候，归到副食行业，就合进去了。大肉不卖了，我们老娘财迷呀，没交房钱，每月才两块一毛钱的房租。那时候这也是钱呀，房钱人家公司交，门脸房就归人家单位了。我家就住到门脸房后面的一间房子里。

那时候我哥哥弟弟还小，人家就照顾我们老娘，还在这个门脸房，我们接着卖肉,卖完肉,给单位交账。转天早晨,有送货来的,卖完肉拢账,卖了多少钱,给人家结账。文化大革命后,门脸房就分给职工了,还是把我们一家人轰到后面的一间房里了。

我今年71岁了,四六年生人,小学在黄纬路小学上的,就是马公祠。那时候,大殿还有呢,过了煤场,进了大红色的大门,前院迎面就是大殿,一溜房子。大殿后面是小院,长条的院,盖一溜房子是教室,那里有个后门,后门就挨着福厚里一号院。学校后面夹道有一座赑屃驮石碑,我去看的时候,那石碑已经倚墙上了,快要倒了。我那时候小,碑文写的嘛没注意看。那块地方背静,大伙都在那撒尿,尿完了就赶快跑了,怕那有嘛东西,害怕呀。

我是在恒源毛纺厂工作,是干保全的,以前上班在车间里干活也累呀,为了拿个奖金,大伙玩命干呀,一等奖八块钱,二等奖六块钱,一个月干出两个月的活,才能拿到最高奖金。

文革时期好友合影,后右为卢广朴,前中为姜德成

你问德厚里老星家,他家住8号院,离我家近。他爸爸1949年前是资本家,出身不好,用现在的话说,人家是有钱人。老星在第二医院后面的乳胶厂工

作，从街坊邻居来说，人家比较老实，说话北京调，是个北京人，他跟邻居的关系都不错。文革的时候，他挨过斗，就是因为历史不太好啊。

我们经常走动的邻居，都是父辈时候的邻居了，几十年关系都挺好的，没打过架。直到现在，我们这一辈的还在一块聚会了。以前从小就在一块玩。那时候社会稳定，去谁家串门，推门就进，开门就走。现在住楼房就不行了，谁也不理谁，有的搬走了，房子租出去了，就更不认识了。新来的人不敢跟他说话，不知道是嘛人啊。

现在我的腰不太好，就是以前地震住临建，特别潮湿，做下的病根。你想啊，在河边临建过了两个冬天。我家住的临建房里，蝎子，蜈蚣都有，睡觉的时候，掀开枕巾一看，这么长的一条大蜈蚣，我戴上劳保手套给捏走的。我脖子后面的疙瘩就是蜈蚣咬的，现在还落个伤疤呢。

你要是写黄纬路，就画一张老的黄纬路图，这个门脸是卖嘛的，那个门脸是卖嘛。我以前想画一张图，就是现在脑子不好，记不下来了。

赵桐春

采访对象：赵桐春（1953 年生）

采访时间：2017 年 1 月 8 日（星期日）

采访地点：黄纬路抗震里楼下

我家地震以前在四马路橡胶四厂后面的高阳里住，地震后建新楼房，把我家分到抗震里来的。我家是什么时候住进高阳里的？告诉你吧，那可早了，从我爷爷那辈就住这，我上山下乡的时候，我奶奶还活着呢，那时候八十多了。我爷爷过去是干小买卖的，我们这边胡同里做买卖的特别多，过去讲究都是出去做小买卖，1949 年后，我父亲一辈的都是有工作。

我从小是在那长起来的，从我记事的时候，橡胶四厂已经是国营企业了，那是公私合营以后的事，后来，到了文革时期，橡胶四厂改名叫永红橡胶厂。

我家院门对着橡胶厂的后围墙，其实，墙也不太高，特别破，看见厂里的房子特别旧，特别破。围墙以前是拆过一次，又用红砖盖起来的，好像不是从原地起来的，把胡同给挤了点。那时候，我才四、五岁。胡同里的黄鼠狼遍地跑，黄鼠狼在胡同有窝，到了晚上嗖嗖地跑。

橡胶厂车间的窗户也不高，大人的身高可以从窗户看到车间里面，机器嘛的都能看见，能闻到橡胶味。地震以后，随着军民里建起楼房，橡胶四厂也跟着建起了三层楼房的厂房。

橡胶四厂在 1949 年前后的私营老板是荣子政，厂子有他的股份。他小儿子荣大鑫跟我是中学的同班同学。现在他也有六十多岁，跟我一般大，胖乎乎的。据荣大鑫跟我说过，荣家几次运动中受到冲击，具体家庭是嘛情况咱不了解。为什么不了解？因为我没去过他家。不过，看他平时穿戴就比咱强。我知道他二哥一家子都去香港了，文化大革命的时候，他一家子已经在香港了，跟一个华侨结婚了，人家有亲戚在香港。荣大鑫没走，还在天津了。

我小学是在元纬路小学上的，中学在三十三中学上的，地点就在东箭道，以前的造纸四厂，在大悲院院墙那边。以前的商家就是我们的学校，早拆了，现在建成窗帘城。最早，那块地有高台，比别处地高出一截，具体那有什么建筑就想不起来了，这么多年了。

我接着跟你讲讲高阳里，那条胡同的老住户不多了。前边住的陈二哥原来是住在高阳里。高阳里是单面胡同，胡同中间位置还有一个横胡同，是个死胡同。从仁田西里这边数，有四号院，六号院、八号院、十号院，死胡同里是十二号院和十四号院，然后是十六号院，这个院里是套院。后来把套院中间给截死了，里边的院门走后面的炭黑厂的大门了，我们管炭黑厂叫木材厂。十八号院也是套院，跟十六号院一样，然后就到胡同口，胡同外面就是元纬路。

同仁里胡同里特别僻静，平日看不见人，住过日本人，岁数挺大的。胡同拐过去有一个院住着印尼华侨，具体情况就不了解了。团结里那片儿，过去的胡同就数黄道里的房子是最不错的，房子带檐廊，院子也挺大，胡同也宽，别的胡同都是细长的。

1949 年以前，我父亲是面粉厂的，就在堤头那边，那厂子在日本时期就有，生产面粉，厂子挺大的，跟粮店一样都是跟粮食局一个系统。

我是 69 届的，1970 年初上山下乡，去的东北黑龙江建设兵团，不算太苦，有工资拿,就是冷点,零下三十多度。1979 年返城,顶替我父亲进了面粉厂。

我小时候也没嘛经历,就是觉得住平房的时候热闹。那时候小,经常串门,邻居也和睦。进了院就像一个家庭似的,有嘛事了都是互相帮忙,谁家做好吃的,给那几家端去。不像现在住楼房死性,谁也不认识谁,住好几十年了,就连姓嘛都不知道。

现在知道过去事的越来越少了,像我们这一拨的都六十多岁了,现在活着的像我父亲那一辈的都是八十多岁、九十多岁了,大多数早没啦,都没有了。

其实,你们写这些历史挺好的,记录下来我们老百姓曾经的生活经历。老年人慢慢的都没了,现在你采访都晚了,这里都是楼房了,想回忆过去都回忆不起来了,上一辈儿的还行,像我们这辈的,还记得嘛呀。

阎兆奇

采访对象:阎兆奇(1950 年生)

采访时间:2017 年 2 月 17 日(星期五)

采访地点:黄纬路抗震里

我家最早住在马路对过的仁田西里,我在那生人,在那长大。小学在黄纬路小学上的,中学是在三十三中上的,那学校过去是李公祠,离大悲院海河那边近,前些年就拆了。我上学的时候,学校里的老建筑还有一部分,有大殿,前院有走廊,通到学校里面一圈。后面是两栋新楼,之间还夹着一个大殿,过去是祠堂嘛,有没有碑就没注意。那时候正是文革时期,大殿屋檐上面的砖刻什么的都给挑下来了。

黄纬路小学在过去我们上学的时候,里面还有大殿,改作办公室教室了,它过去是马公祠嘛,跟李公祠一个性质,那个大殿盖的方向特别正。地震以前,大门在前边对着黄纬路,现在这个楼房是个小夹道,夹道两边就是居民区。

1970 年,我赶上了上山下乡,老三届的嘛。由于我体质不好,没跟着学校安排的一块走,自己到南郊。那时候,上山下乡不走的,不给安排工作,谁给安排工作就是破坏上山下乡运动。在 1975 年,我选调进了钢厂。到了 2000 年的时候,钢厂东移到军粮城,我就回来了。五十五岁特岗退休,一直在家待着。

我家是 1949 年前搬到仁田西里的,我父亲从河北省无极来到天津,在南郊区粮食局上班当会计,我爷爷还在老家呢,没跟着来天津,我奶奶来了照顾我们这些孩子。因为,我上边还有两个哥哥、两个姐姐,在农村生的,领着到这来的,就

阎兆奇在抗震里开的小卖部

是我在天津生的。

我们胡同里的房子基本都是公产，地震以后盖楼房，分的公产房。仁田西里是两条胡同，从黄纬路进去通五马路和高阳里，跟四马路、元纬路都通着，胡同中间还有一个横胡同相通，就是说胡同里哪都通。胡同里有一个小五金厂，好像是做别针的。

四马路上有同仁里，右边有个大院，是二楼的砖木结构的房子，左边是橡胶厂，大概其是这样，因为时间太长了，记不清楚了。

介门口上岁数的还真少了，我那时才多大啊，天天上班忙忙乎乎的，好些事也记不清了。天天基本不在家,上山下乡去了五年,上班又是三班倒,不掺和外面的事。

地震的时候,我家房子损坏的不算厉害,只是二层顶子掉下来了,倒是没伤人。迁到铁路工程学校住临建住,还赶上着火,我家临建后面的三排临建都烧没了。从上风头着的火,一刮风,就火烧连营了。最后,烧的嘛也没剩,废墟里剩点东西,一家来个人,站在那谁也不许猫腰,喊一二三,一起找自己家的东西。你看水缸还有什么的,已经烧的热了,拿凉水一激就完了,再一摸就散了。我们住的这一排,特别幸运没烧到,房顶上的油毡都快烤化了。

我家在临建房住了一年多,就分楼房了。我家分房还晚,搬来的时候,楼里都住齐了。我们胡同那片应该分军民里,因为家里老人身体不好,就分到抗震里的一楼。

跟您说,我们这正赶上拆迁片,在 2008 年 4 月就要拆迁,拓宽五马路,这条马路通海河的永乐桥。一闹拆迁,家里东西都处理的差不多了,老照片也都找不着了。到了 2008 年 8 月奥运的时候,这块就停了,钱用在别处了。所以,我们这块这么多年了还没拆,不过,拆迁的人还没走,听说也快拆了。

王　春

采访对象:王春(1956 年生)

采访时间:2017 年 3 月 10 日(星期五)

采访地点:笔者家中

我家以前住在福厚里四号院，胡同的左边是院子，右边是围墙，所以，胡同比较清静。从我爷爷开始，就在福厚里住，老家早就没人了。我爷爷哥儿好几个，东兴里有我家好多亲戚，不叫亲戚，都是本家。我爷爷1949年前是做生意的，按现在说就是副食店，可是做的大了，不是在这，在解放路，属于租界地，后来还在这三马路附近，开了一家店。

我父亲在1949年前，跟我爷爷学做买卖。一解放呢，做买卖肯定不行了，考了公安学校，后来就是警察，一直在中山路派出所当警察。到了文革后期，出身不好的就给转业到企业去了。我大爷去日本留学，我老叔在河北工学院读书，毕业以后去潜艇学院，一直干到训练部主任。当年我父亲给我老叔买计算尺，要进口的，过去没有计算器呀，一个计算尺能买洋面好几袋。

福厚里的胡同这么宽这么直，没有一家在院里盖煤池子，盖小屋的，都是规规矩矩的，有什么东西都是放屋里，没有占公共的地，占别人便宜的。那时候，三家也就有一辆自行车，有的家大人放手了，把自行车推出来，一胡同的孩子拿这个自行车练着骑。

你想问什么，我就说什么。福厚里所有的房屋里都是地板地，文革抄家的时候，把地板撬开，一看下面的龙骨足有一米多深，为了防潮嘛，我小时候钻进去捉迷藏玩。进院是高台阶，进屋门口也是高台阶。

您需要福厚里胡同的图，我给您画一下，我还有印象。这胡同特神秘，一号院在胡同最里面，左边是黄纬路小学。就是以前的马公祠，一号大院是个三进大院，院门特别宽。进了院，迎面就是影壁墙，人家有钱人的院子没有直给的。套院里边的房子，不论正房和厢房都是带走廊的，房子真大，五间正房，两边各是三间厢房。院里过道有门洞儿，没有门有顶子。上面有木头雕花，透雕的。那雕花雕的特别棒。现在古文化街商店里的雕花比不了。过道上还有藤萝架，特别是大门，是个大木门，夹壁墙里还有个大铁拉门，底下有铁轨，闹土匪的时候就把大铁门拉上了，门楼上边有字，忘了是什么字了。院里还有一个后门，就是有钱人遇到危险时，从那逃跑，磕灰的就是走这个小后门。出了后门，有一条小胡同通到后面的宇纬路，这个小胡同没有名字，没有住什么人家，只是为一号院的后门留的通道。所以说这一号院位置选的特别有学问，黄纬路进胡同，后门通宇纬路，一般人想不到这样的。

王春的父亲穿着警服，20 世纪 50 年代

我讲讲胡同里，这几个院的情况，一号院里的五间正房的主人姓张，天津缝

纫机厂过去是他家开的。文革抄家抄出很多银元,还有一大堆的外国香皂和缝纫机配件。他有个儿子一脸麻子,人们背后叫他麻三,可能行三吧。这个人特别有意思,进了胡同一背手就叫板,开始唱戏。那时候我们小,不知道唱的是哪派的。有时他在他们大院里穿上全部行头,高底靴,扎上靠,带翎子,唱戏玩,孩子们都去看热闹。哈哈,那时大人上班回来忙做饭,没有大人特意去看他表演的。

翟家是钟表匠,翟先生早年去世,老太太带着大女儿和两个儿子生活,家里有一个珍贵的钟表,不当好东西,孩子们拿出来玩,表里有小人儿会自动打点,就是西洋钟啊,类似故宫里的西洋钟。

二号院就差了,三间正房两边是厢房,都带夹过道。三号院跟二号院的房型是一样的。二号院住的郑懋林家,福厚里整条胡同都是郑懋林他们家的,老子给留下来这些房产。他媳妇喜欢穿高跟鞋,穿着旗袍,不带洗的,脏了一扔,买新的。他家以四九年为界,前三年就已经破败了。那胡同的房子他是怎么给卖的?人家租他的房子,房子漏雨了就去找他,说我交你房租,你给我修房子。他说没钱修,人家说你不给修我不给你房租。他就说,你也别这样,你给我二百块钱,房子给你了。今天卖点,明天卖点,房子全都卖了。所以,他们家从最主要的一号大院搬到二号院把边的一个小屋,五六个孩子,都挤在一屋了。一解放,别人都挨折腾,他们家没事,没资产就评不上成分了。

郑懋林的媳妇不会过日子,家里盆朝天碗朝地的,人们喊她郑太太。孩子问大人,他家那样破还叫太太?大人说,她家过去有钱。

四号院里边的正房三间,带走廊,东屋两间、西屋两间,这里边的院全是我王家住。一进门有个门洞,旁边有个门房,是看门人住的。过了门洞,左手三间南房,是下人住的。右手进二道门，上台阶有门楼的，就是老话说的大门不出二门不迈嘛，过去说有钱人不住东南房。我们四号院东屋是水泥地面。老人说，那是过去日本人住的时候，为了洗澡方便，把木地板改成水泥地面了。丰厚里四、五、七号院早年有水龙头，不用挑水，其他院子要到胡同口去打水，就是因为有日本人住的院子都有水龙头。

王春的母亲，20 世纪 50 年代

我姑姑、我大爷都在这住。我们家原来在东兴里住，后来人越来越多，又在福厚里买的房子。我父亲，我大爷，我姑姑三家住到福厚里来了。

我姑姑和姑父有文化，都是老师，姑父姓苏，吹拉弹唱都行。就是因为上大学的时候，被人拉进国军青年军，1949 年后就挨整了。他爹是旧军队的师长，在泊头市有名气，他家哥哥也是当官的。姑姑家大理石镶嵌的红木家具，镶贝的一人多高的穿衣镜，在文革初期，怕抄家，卖给中山路的委托店了，现在只剩下一个大圆桌和一个花架子。

我们四号院有一家姓周的，是傅作义手下的，一派军人做派，不苟言笑，也不惹事，虽然是起义部队的，也是很小心处事。

我父亲在刚解放时，让他参加南下工作团，随着解放军南下，做接收刚解放城市的恢复工作。我父亲胆小没敢去,他当年的朋友有的去了后,基本都落户在江南了。

我们四号院有一棵藤萝,这棵藤萝有多大?隔几年得买一批房檩,重新换支架。到了解放那年,买不起房檩,藤萝就支不住了。后来捐给了北宁公园,北宁公园来人给刨走了。

我家住的四号院是北房三间,两边是厢房各两间,屋里都有灯池,房子讲究。房前带走廊,这走廊可不是一般的走廊,上边木结构是带瓦的,下边是木条吊顶的,走廊上跟公园长廊一样有可以坐的木栏,我们小孩就在上边玩。到了文革的时候给拆了,改成木板铺油毡。夹道有厕所。二道门可不是个门框子,上边有檐有瓦。外面的跨院是下人住的房子两间,大门下面铺的是石条,旁边有一个门房,现在就叫门卫了。

五号院住着周家老爷子,全胡同尊称为周先生,为了哄胡同里的孩子们,别和他的养子打架,经常分给孩子们块糖吃。五号院跟四号院是一模一样的,也带走廊,二道门是一个带半圆的过门,跟月亮门一样,外面跨院有一个下人住的门房。六号院跟七号院、八号院都是一样的房型。

八号院住的姓星,是在金刚花园后面的乳胶厂工作。男人过去是会计师,会画画。会拉小提琴,打篮球也挺棒。他的一个哥们,1949 年前也是有身份的人,隐匿在他家,开始是拉洋车,后来蹬三轮干客运,常年戴草帽,帽沿压的低低的,戴着度数极高的眼镜。他屋里特别脏,黝黑的看不出来原来的颜色。哥俩没有任何的交集,正屋堂屋放三轮和破烂,两侧住人。另外的东西屋,各是一小间,会计师两口子住一间,他母亲住一间。

福厚里没有九号院，后来的菜铺门脸房，都是里外间，外面是菜铺，里面住人。公私合营收过去了，后边房子就成了黄纬路余门没号。

七六年地震的时候，福厚里房子塌的够呛，厢房全塌了，带走廊的房子都没事。走廊时间长了，早已损坏了，房管站也不给修。只有一号院、五号院保留着，我们四号院只保留着榫子眼。

福厚里的大院里是大青砖铺地，小院是小青砖铺地。青砖都是用桐油泡过的，结实啊。跟您说个事，我们这那么好的房子，也是给房地产商给坑了。七六年大地震的时候，房子带厦子的一间没倒，嘛事儿没有，再看东西屋都倒了，南屋也塌了，那墙是整个倒下来的，平拍呀。一看是怎么倒的，外墙是青砖磨砖对缝，里面是红砖，黄泥粘的，根本不结实，红砖一磕就断。你得佩服瓦工，里外墙谁也不挨着谁，如果是隔几个咬一道，压茬就没事了，这可好，青砖倒了，红砖让房顶压着呢没倒，里墙套着泥，外面抹一层薄薄的青膏，有多薄，跟一层纸差不多，一毫米那么薄。房前带走廊的挡着外面墙了，墙就倒不了。过去都是营造厂建的房，你主家拿来图纸，我给你干完活，验收的就没看出来，这房子不倒你看不出来，为嘛拆了呢，没法修。

福厚里在日据时期，住了很多的日本人。日本战败后都回国了，这里大批的房子都空出来。一号大院住进来一位大律师，后来搬走了。那开缝纫机厂的张家原来住在五大道租界里，由于内战时期生意不好做，就节约开支搬到丰厚里一号院住。南洋橡胶厂的荣家原来也是住在租界，就是为了压缩开支，二是为了离厂子近，才住到四马路、元纬路的那个院子里。

东兴里有一家子主妇是日本人，她家一个女孩跟我在一个学校。田中角雄访华后,她一家子都回到日本了。胡同里的小孩淘气,给人家起外号叫小日本。那个女人穿袜子是分脚趾的,看着奇怪,回家问大人,才知道是日本人落下的女人,没法子生活,嫁给中国人了。我父亲讲过,黄纬路住的日本人都是生意人,没有什么权势,日本人撤退时就没有人管了。以后就在中国住下来,女的多,只能嫁人才能活着。都是嫁给娶不上媳妇的穷人,有钱人也不要日本人。时常有人张嘴就是日本娘们儿,带有鄙视的意思。我父亲在中山路派出所工作多年,那时候要经常下片儿,对这里的情况比较了解。

贵余里是个死胡同,马路对面的河北区科技馆,原来是云贵会馆,跟贵余里有关。会馆就是办事处,来了人住哪呀,同乡投奔来的,不能让住旅馆去,有头有脸的乡绅来了,就住在贵余里。

现在的河北区法院原来是李纯的公馆。那院里是三层大跨院,院墙跟城墙似的,我小时候上去过,有坡道。一看就是懂军事的人家,上面还有马牙口射击孔呢。你说,这是老百姓住的房子吗?附近的孩子经常去里面玩。李纯死的时候,办丧事七七四十九天。后来,公馆就逐渐破败了,卖给别人干别的。

四马路小学是秀山小学,是大军阀李纯捐的,南开大学的秀山堂是他捐的,他一共捐了三所小学和大学的一个楼。

同仁里我知道,那个胡同住的人档次特别高。我小时候有一个同学,他姥爷住在同仁里,是师范学校的老师。我跟着去他姥爷家,看那一个个小院特别清静,特别干净。胡同里住过印尼华侨,那时候华侨出来,穿着小瘦腿裤,穿个拖鞋,在马路上走,骑着红色的自行车。这华侨是怎么回事呢?印尼第一次反华的时候,跑回来的,年龄还都不大,当时也就二十来岁左右。

我一直有个疑问，印尼华侨来之前为什么房子是空的，印尼华侨来了还就有地方住。因为那时候还在反特，肯定是监视他们呢。那个胡同当老师的当干部的多。胡同里有个女的外号叫小舞女，小孩淘气喊人家外号，然后就跑走了。文革的时候，斗他们家可厉害了。那个胡同特别神秘，平时看不见有人出来进去，特别清静，外人轻易也不进去。家家大门都关着，不像咱们大杂院的大门天天开着。挺奇怪的胡同，从四马路往胡同里走，一个院没有，只是右边有一个厕所，拐过去才有院呢。二号院住着一个老头，推着小车捡废品，最后他的眼球给蹦出来了，疼得在地上打滚，是得了一种病。

说小时候的事，其实也没有什么可说的。经常在胡同里抽嘎嘎，逮木头，扇麻号，推铁环，捉迷藏，就玩这些。说讨厌的事，下雪了在胡同里滚雪球，越滚越大，最后推呀推，老大个了，大雪球就堵人家门口，人家出不来。菜铺以前门口都是堆着卖大白菜的大方竹筐，没人收，下雪了，筐里坐几个孩子，连推带拉就在马路上玩，玩完了又给人家推门口去了。那是一段无忧无虑的童年，现在对老胡同特别怀旧。

上山下乡我去的是静海，河北区的学生都是去静海，我是在恢复高考时才回来的。静海那时候很穷很穷，一天工分也就一毛几分钱。在那有三年时间吧，回来上学，毕业分配到纺织工学院。

四马路的南洋橡胶厂，老板是荣子政，他家在新元善里，别看胡同挺宽的，院子里的房子绝对不一样，上档次了，房前带走廊，人家都是独门独院住着。他们家的荣淑珍，你看人家出来，那做派，一看就是大家闺秀。那时候人都穷，她不是那种邋邋遢遢的，非常干净利索。后来，被生活所迫做毛活、编篮子嘛。

南洋橡胶厂在我印象当中,我小时候就看到,这个厂子基建没停过。四马路原来就是石子路,他们厂子的煤在外头堆着,原料也在外头。文革当中,车间都跑到马路中间去了。炉灰倒的马路到处都是,那个味呀。橡胶厂的工人一下班,你是压胶车间的,橡胶怕粘了,用滑石粉,你就一身白;这人是掺炭黑的,你就一身黑;这个车间是做暖水袋的,暖水袋是红颜色的,你就一身红,都能分的出来。

何章起

采访对象:何章起(1949 年生)

采访时间:2017 年 6 月 8 日(星期四)

采访地点:黄纬路抗震里

我家在地震以前住在元和里四号，就是在原来的李纯公馆旁边胡同。1949 年前从我父亲这辈儿就住在这，我们四号院 1949 年前是煤场，是高家开的。我父亲在 1949 年前是开织布厂的，也不怎么样，置办了两个织布机，两间房子，就是在自己家里的小作坊。后来，我父亲又在冈纬路弄了一间房子，把织布厂搬到那，雇了几个人。要不说，在后来搞运动的时候，定为小业主呢。织出来的布，也不是自己卖，百货大楼收，是给人家大商场加工。

到了五六年公私合营，我父亲给合到色织八厂，后来又调到第二染纱厂，在小王庄那。搞运动的时候，小业主在可斗、不可斗边缘，看单位了。我父亲沾嘛光了，要是在色八就坏了，色八没有大资本家嘛的，就拿小业主开刀。第二染纱厂里都是大资本家，所以资本家在头里，小业主是陪绑的，有时候站站队，后来也不站了，你就在一边眯着别靠前了。我父亲老实巴交的，就没嘛事。

我是五八年上小学，在东窑洼小学，就是在大悲院旁边。海河边还有一个分校，原来也是一座庙，一二年级是在那上的，到了五年级东窑洼和西窑洼合并了。中学在三十五中，该下乡的时候我是留城的，我二弟就下乡了。我在家是老大，当时家里生活比较困难，反正是留一个走一个。我家五个孩子，后来我分工作，去了人民农药厂，在引河桥那，修外环线的时候拆了。

过去干杂货铺的挺多,这附近就有好几家,都是比较小。四马路金老五杂货铺,在这一带挺有名。因为铺子大,货品全,嘛都卖。公私合营以后,金老五一直还在杂货铺干,一直到退休,杂货铺干到拆迁。杂货铺门脸两间房,不算太大吧,挺出名。这一大片一提金老五都知道,一说买东西去金老五杂货铺。为嘛呢? 他卖的东西全。黄道里那有一个杂货铺,太小了。最后,都让黄二给收走了,黄二是嘛? 公私合营后,是黄纬路二马路副食综合店,零零散散的小杂货铺都属于那管,都改名叫副食店,附近的人家还是习惯叫金老五杂货铺。卖的东西也多了,卸一车麻蛤,一毛钱一铁锨,西红柿一毛钱一簸箕,拿盆收去,买东西挺方便。

我家跟金家是亲戚,我何家来天津,也是沾了老金家的光了。一开始我父亲跟着二大爷投奔他来的,金老五是我舅爷,我父亲的亲舅舅。

金家写了一本家谱,《金氏家谱》,你可以参考参考。给我的那本找不着了,不知道放哪了。你可以采访采访他家,家谱写的金家从老家到天津,是有这么一段经历。写家谱不容易,家里材料得有,一点点的回忆,从老家是怎么来的,怎么发的家,家谱里都有。

黄纬路与四马路交口的牌坊，这个路口是四个居民区的交汇处。

韩金玉

采访对象：韩金玉（1944 年生）

采访时间：2017 年 6 月 8 日（星期四）

采访地点：黄纬路抗震里

我家以前住哪个胡同？黄纬路的福厚里。在我三四岁的时候，我家就住在6号院，一直住顶到七六年地震后拆迁。

我父亲在福利工厂工作，在望海楼那边，做秋衣秋裤的。谈不上资本家，属于资方代理，现在说就是经理。人家掌柜的入股拿钱，咱们给人家管理。文革的时候还给我家压缩房产，抄家，别提了。开始6号院除了门房和紧里头一间外，四间房子都是我家的，就是这四间房子才九十块钱买的。我们院里有二道月亮门，因为这个月亮门地震的时候差点砸着人了。

我家住的房子，廊檐有一米多宽了，屋里是木地板，地板下的龙骨有半米深。房子那么大呀，房上就三根檩，这么地震都没倒。房檩都是带榫子的，跟旁边屋的檩都咬着，屋的门前有石头台阶，隔断墙是单砖的。你看人家那活，青砖抹灰，质量真好。

那时候屋里一进门是大水缸，感觉小时候挺好的，无忧无虑，住房也挺豁亮。院里的房子一般是一明两暗，中间屋是堂屋，是来客人坐的地方。一边是老人住，另一边是儿媳妇住的。过去，在过年的时候比现在热闹，关键是从前的人情味相当浓。现在我住在闺女家，对门姓嘛也不知道，见面就是点点头，越不知道人家姓嘛，越不好意思问了。

福厚里胡同是单面的，属于比较清静的，要是双面院的就乱了。过去谁家有个嘛事儿，不用你叫，就过来帮忙。胡同里的人有困难借钱，借个两块钱，最多了借个五块钱。关钱的时候，先还两块钱，过些日子再还两块钱，然后再借。我母亲从来不驳人，实在没有了，我母亲让我去找周太太借，周太太开箱子，一箱钱。她过去是河北省评剧团的，六二年就返退了，家底厚。

四号院姓嘛的忘了，是个军人，跟着傅作义起义的军官，他小丫头两个脚丫子朝后。这院有我的同学，叫王芳慎，她的父亲挺有学问，给定了个右派，她姐姐考了大学。度荒的时候我还跟她去北仓捡菜去了。

我们这一块儿，我看就是同仁里的房子好，我同学李永清住在同仁里第一个院。胡同特别静，房子也高。比我们福厚里讲究，我们家那廊檐没法跟人家的比，人家都是砖雕木雕，讲究极了。要不说深宅大院呢，院子里四面都是带廊檐的房子。她爸爸文革的时候被贴的大字报，说是露划大地主，她爸爸是文人，大娘不生养，这些孩子都是她妈妈生的。

我上小学在哪个学校？不用问！这一片都是黄纬路小学。学校厕所后面的大石碑我还记得，五三年打老虎，把那些东西都放在那了，我们还去那墙头看。

中学我是在三十三中学，就是李鸿章祠堂。那时候，学校里还都是老建筑，进校门两边是长廊，通到后花园。到处都是石头雕刻的，特别精美。北宁公园有个湖中岛上的亭子，就是李公祠的。那时，大殿还有呢，大柱子特别高。学校的大礼堂，刻的都是花，就是有点庙宇的意思，好极了。我还记得七个小英雄在中心公园捉特务的事迹，到我们学校作报告。

马公祠胡同也有一个大院，我同学住那院里，前边是老派所。快要拐到五马

韩金玉(右一)1950 年 6 岁时与哥哥弟弟合影

路那,有一个大院,门口有个大影壁,那家姓邢,原来是有钱人家。

我分配的工作是盖房子,你知道为嘛分这个工作吗?我在六二年高中毕业,没考大学,我妈有病了,就想让我早点上班吧。学校的支部也找我,让我上升学班。天啊,打复习那天,我妈的腰就动不了啊,等人家考完试了,我妈妈的病也好了。我在家呆了七个月,没工作。等来工作了,是哪?大兴安岭伐木,不要女的,海洋捕捞也不用女的,第三个,拖拉机站,上农村了嘛,开拖拉机。最后一个房屋修缮,就是这么一个能去的,你看这学上的。我想,就当小工,干一天说一天吧。要是晚去呢,分配税务局、学校、档案室、统计局。气得我呀,这就是人的命呀。这一干就干到退休。也别说,第一年,我就提干了,以工代干。人家说,干部赚钱少,长级才五块,工人岗位长级就是六、七块,我就成天找领导去说,还是下组吧。下去了十年,九年也没长工资,白干这么多年。到了七二年才长了七块钱。可是一长工资,干部工人都是一个级。又换头了,赶快当干部吧。哈哈,人别跟命争。

陈学良

采访对象:陈学良(1959 年生)

采访时间:2017 年 9 月 11 日(星期一)

采访地点:黄纬路抗震里

我父亲 8 岁就在这住，我父亲要是活着的话是九十七周岁。我家原籍是北京，我爷爷在家里行大，有弟弟妹妹，那些人都留北京了，就我爷爷一家在天津。我奶奶是沧县人，我爸爸十几岁，我爷爷就死了。我奶奶就带着这三个儿子过，过去讲究守寡呀，不能再嫁人了。那时候，我奶奶还不到三十岁了，把这三个儿子拉扯大，就一直到七十多岁。

我父亲叫陈家启，是他在黄纬路开的小人书铺。我给你找了两张老照片，跟小人书铺有关的，这是我母亲跟小人书铺的人合影照片，照片上我就认识几个人，跟我妈经常联系的，总上我们家串门。过去一提租赁业，就是小人书铺。

小人书可以租回家看去，可以在铺子里看，租回家交押金。成套的，比如《三国》、《红楼梦》，交一块两块的押金。要是租单本的，最多交两毛钱押金，因为看一次才一分钱，厚的二分钱。还有一分钱看两本的，就是给特别小还不认识字的小孩看的。

那个时代，人们的文化生活太贫乏。以前黄纬路上有阅报栏，里边有个管灯，那时候人民日报、天津日报就四版，没有广告，人们吃完饭就站在那看去。剩下的就是看小人书，没有别的。字书都少，图书馆也少，借书证都不好办，因为书有限。

那时候，小人书铺里，靠着墙边上，摆着一溜挺窄的长桌子，桌底下是铁三角

公私合营后小人书铺职工合影，后排左二为陈学良的母亲冯荣香

架，上边铺着木板，前边摆着长凳子，脸冲墙看。看完一本，拿到柜台，说给我换一本。墙上边挂着一个牌子，写着新来的什么书。看完了，你这一共五分钱，交完了就走人。那都是阔主才看五分钱的，一般看二分钱的就完了。要是看成套的，你看完第一本，第二本人家正看着了，你得等会，等人家看完了。

后来，公私合营我父亲就给合到新华书店了，就是在东北角的老楼，过去是商务印书馆。小人书铺跟书有关嘛，一直干到退休。退休以后又被请到图书发行所，在徐庄子。我母亲叫冯荣香，还留在小人书铺，因为我家孩子也多，可以捎带照顾家。到了文革时期，六九、六八年小人书铺就给取消了。你知道那些小人书都拉到哪去了吗？用菜店卖菜的大竹子筐，装在那个筐里头和麻袋里头。来一辆 130

陈学良二十岁时与同学合影，后排右二为陈学良

汽车，停在门口，往上装，拉到西窑洼的造纸厂，现在是造纸研究所。我奶奶天天点炉子的时候，拿两本小人书，撕开以后，当引火。

过去黄纬路上，这一溜的门脸房都是自己家的私产，门脸两间是前后门，从门脸进去通到我们家院，门脸边上是院门，进去也通到院里。进了我家院就是影壁墙，前院七间房，我们一家住，人口多嘛。我父亲有两个兄弟，都是在这个院结的婚，后来就陆续搬走了，剩下我们一家住。到了1949年后，我奶奶家的成分不太好，我奶奶的哥哥在沧县是地主。而且，他这个地主是有武装的地主。因为，那时候闹灾没吃的，经常闹土匪抢东西。他养了些看家护院的，买了枪了，盖的特别高的门楼，护院的在上边拿着枪护卫。1949年后，就打击这样的，这算是反动武装地主。

我们家后院可长了，从黄纬路一直到宇纬路这么长，长可是长，只是窄，后院里的几十间房都是我家的。不知你知不知道，这原来是马公祠，小名叫马三元，大名叫马玉昆。他是慈禧太后的干儿子，是个武将，杀长毛有功，所谓长毛就是义和团。听我爸爸讲过，用官职来说就是现在的国防部长，过去讲几品。后来，慈禧太后赏他一件黄马褂，为嘛给他盖祠堂？因为他有功嘛。

我为嘛要说他呢？为嘛我家房子这么多呢？因为马家的后人后来败了家了，人家的孩子嘛活也不干，北京有封地，到时候吃租子，租借地有人家的楼房，黄马褂就供在这祠堂里。日本侵略中国，把天津占了嘛，华北驻屯军司令、天津宪兵司令啊，都得到祠堂里毕恭毕敬地，朝着黄马褂磕头。后来，大少爷、二少爷、三少爷就败了家了。马家的四个樟木箱子现在还在我家了，是马家三奶奶存在我家的。我父亲在这一带比较有名，嘛名？用现在说就是玩闹的意思，过去的玩闹跟现在不一样，过去是真练功夫，说打就打，说闹就闹。马家三奶奶临解放的时候准备跑，就跟我爸爸说："家启呀，我有四个箱子，存你这，没有我的亲笔信谁也别给。"我父亲答应了，就存在我家了。

我家的那几十间房子都是用拆马公祠的材料建的，马公祠整个卖，没人买，谁也买不起。怎么办呢？就委托人卖。我们门脸房隔两家是棺材铺，姓周，叫周仕瑞，娶两个婆。那时候，有俩儿钱的人都娶两婆，大婆在天津，小婆在北京。周仕瑞一看马公祠有不少木料，大房檩啊，都可以打棺材。就跟马家说，这得拆了卖才好卖。马家说，行啊！木料多少钱，石料多少钱。因为，我姥爷给马家看祠堂，我姥爷叫冯大山。马家人不总在这，就是到了祭奠祖先的日子，什么清明节、鬼节、春节到祠堂来上供祭奠。人家买石料都是要精美雕刻的，卖剩下的都是破砖烂瓦没人

陈家启与孙女合影

要的,我父亲找人就在马公祠的地,用这些砖瓦盖起来几十间房子。院子这么窄却很长,我家住前院,后边盖了这么多房子,租出去了。每个月收租金,有一块钱的、有一块五的。你租给人家房子,房顶漏了,你得给人家修啊。唉哟,这可要了命了,这要是一修,几十间房子,修不起了,不行。就跟租房户说,这房子我们不要了,就归你吧,你们自己修。人家租户都不要,还是交房租,你就得给我修房子。这可怎么办?

到了文革前,我家就把后院的几十间房子都交给国家了,就是归房管站。房管站的人一看这些房子也没有修的价值,就落地重盖的红砖房子,我家前院还是青砖的,屋脊上还有五脊六兽,都是拆马公祠的东西,因为马公祠房上都是那个,一拆就没人要了,我家盖房子就给按上了,哈哈。

过去马公祠挺大的,大殿都是四梁八柱,主殿是在1949年前就给拆了卖了。可是,他的附属建筑没拆。马公祠胡同一号院,就是马家后人住的地方,门楼上的雕刻特别漂亮,进了院,迎面北房,前面出廊,三房两耳,两边是东西厢房,厢房也有耳房。我父亲吃完晚饭经常给我讲马公祠的事,说到为什么叫上厕所,叫下厨房。北房的耳房必定是厕所,左边厢房的耳房必定是厨房,这都是有规制的,盖房子不能瞎盖。

马公祠大殿什么时候拆的,肯定是日本投降以后,因为,听我爸说的,日本人去祠堂祭拜,我姥爷是看祠堂的。我小时候哪都去玩,大人进不去的地方,我们小孩也能进去,一钻就进去了。

我再说马家存在我家那四个箱子的事,我也是听我父亲说的。四九年解放,马家的人都跑没了,也不知道哪去了。存在我家的箱子贴着封条,不知道箱子里面是什么东西?也不能动啊,相信你才存在你这。到了 1950 年冬天,下着大雪,半夜敲门,我爸把门开了。好么,马家的三个少爷跑来了,穿的鞋都露脚豆了,冻的呀。我爸就问,你们都跑哪去了?那三人说是跑东北去了,老太太已经死了,老太太说存这四个箱子。我爸说,对,老太太可说了,得有她的亲笔信才能给你打开。三个少爷说,老太太死之前告诉我们的,存在这里四个箱子。这箱子不是从马公祠搬过来的,是从租界洋楼里搬过来的。

这哥仨没含糊,问有吃的吗?我爸说,现在要吃,只有嘎嘎汤,现给你拍。我奶奶起来,在我们家的大锅灶现点火。我爸给他们拍了一盆的嘎嘎汤。这哥仨狼吞虎咽就都给吃了。人家以前是少爷,哪吃过这个呀。吃完了,领他们进屋看那四个箱子,也不知道里面是嘛东西,以为是他们家的金银财宝了,反正是细软呗,哥仨准备分呢。嗨,没想到,把这四个箱子打开一看,都是他爷爷马玉昆上朝时穿的衣服,官服。冬天穿的、春秋穿的,夏天穿的,不值钱呀。这哥仨傻了,皮的袍子,毛都掉了。为嘛呢?民国有一年闹过大水,租借地叫下边,那边洼,紧底下箱子放的是

陈母与小人书铺的老同事在海河广场合影

冬天的衣服，让水泡过了。这老太太是有心人，别的都是身外之物，为嘛留下这些东西，是为了留下祖辈的精神。这三人很失望，也没办法。他们马家这一跑，咱就知道，嘛都不是你的，就是命和吃的是真的。马公祠后来没人管了，逃命要紧啊。

这四个箱子一直就放在我家了，这箱子都是上翻盖的，得往上摞，你要是找中间的箱子，你得把上边的箱子搬下来，不方便。你知道，在七十年代末，家家都有会木匠的，我大哥就学了木匠，谁结婚就给谁打家具。我父亲说这几个箱子找东西太费劲了，我大哥说，咱能改，改成前开门的，摞那以后就可以不动了。然后，我大哥还有三姨奶奶的大儿子，他们都是业余木匠，一起就给改了。

箱子上边都有大铜片，我看怎么有的有，有的没有呢？上边有眼呀，过去小时候有臭虫，臭虫都钻那眼里去了，我拿针一扎，就能扎出臭虫。我奶奶说，这箱子上面铜的东西，在闹日本时，家家得捐献铜，就给拆下来捐献日本了，保长天天来催呀。咱们小时候学校让捐废钢铁，让孩子们捡去，家里有嘛就捐嘛。柜子上的铜件，有三个先落下来一个，交去。再要呢，就再落下来一个，哈哈。

我家过去有一个小铜盒子，打开一看，里面都是图章，是马玉昆的。后来，破四旧的时候就都糟蹋了。我跟您说，我们小时候，没拿这些当好东西，要是搁到现在就行了。我家床头上挂的大串珠子，看人家小孩跳房子，都是拿算盘珠穿。我们把这串珠子掐下来几个，嘛色儿的都有，现在知道了，有个珠子是红珊瑚的，一个是紫水晶的。我们家有几个算盘，都是红木的，我爸不让动。把算盘带到学校，老师说给你换一个新的吧，换没了一个，现在家里还有一个。

马玉昆后人寄存在陈家的樟木箱仍然在使用着

我奶奶每年过生日，我二大爷一大家子人从北京来祝寿，说我奶奶是有功之人，一个人把三个孩子拉扯大了。要说没文化真可怕，有一幅一笔寿字，那是祠堂里的，慈禧太后给马三元他妈妈写的，我们小时候记得那上面盖的大印章就这么大个。每年我奶奶过生日，拿棍儿把这幅寿字挂在中堂，这有条案、八仙桌子、两把太师椅。我估计也是从马公祠那搬来的。因为以我们家的财力呀，使唤不起这些东西。还有那磕头用的蒲团，不是草编的，是锦绣的，有大的有小的，我估计也是马家祠堂里的。我是最后一个磕头,是用最小的蒲团。

后来我二叔、三叔娶媳妇,人家媳妇是新女性,一看怎么还磕头呢?我奶奶一过生日、过年,必须给她磕头。条案上摆着的上供的器具吧,我估计啊,都是从马家弄出来的。每年我那几个叔叔,八叔叔、九叔叔、十叔叔,是我父亲姨表兄弟儿,因为我爷爷这辈都在北京,只有我奶奶这边在天津。几个叔叔过年来,我奶奶有个规矩,不能让妇女摸上供的东西,那时他们是小孩,一人给两毛钱,让他们擦,因为那是容易生锈的,得拿炉灰擦,擦的是蹭亮啊。

我二爷在北京邮票厂,是技师,因为邮票厂是英国人帮着建的,工程师都是外国人,中国人最高的职位就是技师,工资还高。你看这个厂子的特点,首都在哪,这个厂子就得在哪。他跟着国民党迁都,日本人进来那些年,迁到香港,没去重庆,1949年以后才回来的,落在北京了。我二爷让我父亲、我二叔、三叔念书,他每个月给我奶奶寄钱来,嘱咐好,这个钱不能用于生活,要用于孩子们上学。可是,我父亲只上了小学四年级,念了两年的私塾就不上了,我父亲写的字特别好,文化比我都高。

我爷爷是保定军校毕业的,后来在部队里当军官,因为他死的早,情况我也不了解,我三叔都没见过他。

陈学霞

采访对象：陈学霞（1953 年生）

采访时间：2017 年 9 月 14 日（星期四）

采访地点：黄纬路抗震里

我家离马公祠近,1949年前,这附近有很多日本人在这住过,跟我们住邻居。我奶奶总说,都说日本人倍儿坏,其实人家日本人倍儿规矩,日本小媳妇出来都踏着木屐鞋,见面跟你鞠躬,说话客气极了,说话声音还特别小。我姥爷给马公祠看祠堂,姥爷家条件好,还抽大烟。那时候,我们家齐白石的画,徐悲鸿的画都有,镶在镜框里。后来谁要谁拿走了。相框镶的大蝴蝶,特别大,以前我爸爸有不少好东西。

陈家大姐在老宅与弟弟合影

别看我爸爸在新华书店工作,他哥仨就他文化低,上到五年级,我二叔是五一手表厂的厂长,我三叔是化工研究院的总工程师。我奶奶28岁守寡,带这三个儿子,我爸爸是头大的,要帮着我奶奶,供养两个弟弟上学。我们家一个院的房子,二十多间,问这两个兄弟,谁都不要,都害怕,怕挨斗。我爸爸说,如果你们都不要,我把这些房子无偿捐献给国家，交给房管站。跟房管站联系，让我爸爸写字据。最后，我家只剩下前院了，院里有葡萄架子，有无花果，种了好些花。我家厨房都是里外屋，外屋是做饭的，里屋是储藏的。

陈母(左)与亲戚在后院合影

我们家的房子多，我爸爸自己住一间，我妈妈自己住三间西厢房，孩子都是自己住一间，还借给别人住。七六年地震的时候，我在烟厂上班，我们烟厂处理的烟，两块钱一大兜，用牛皮纸装着。地震后大伙买不着烟，这人抓一把，那人抓一把，可解馋了。有卖烟的商店，得搭东西卖，烟搭咸菜的，搭糖果什么的。

我家里人吃饭的时候都坐在院里，吃完饭坐在葡萄架子底下下棋，我们写作业、画画嘛的都是在院里，没有进屋的。那时候屋子也小，后院大多数人家都是一家几口人住在一间十平米小屋，不睡觉都不进屋，夏天都躺在马路上睡，弄个躺椅，铺个垫子就睡在那了，屋里都热啊。

我给您讲讲我家的小人书铺，铺子大门在黄纬路，进门左边一溜桌子一溜凳子，都是长的桌子，凳子也是长的。看书的得坐呀，有朝墙坐的，有对脸的，右边是柜台，一把椅子，是我妈妈坐的，谁借书就登个记，迎面墙和右边墙是书架，小人

陈家小人书铺

书都是一本一本立着放着，有一套一套的，有散本的。书架上写着书的类别，一套的在一个牛皮纸盒里，比方说，《西游记》从一到多少，都标的特别清楚。来个人换第三本，想借第四本，借出去了，你明天再来吧，盒子上写着了都有条。那时候借书也要个小证件，学生证什么的都行，老街坊旧邻居的，咱就不要了。你想啊，看小人书的多数都是周围的邻居。

每天关门时，要整理一下书，因为好些孩子看完书放回书架时随便放，再找就不好找了。所以，就跟看书的人说一声，看完了就放在那吧。回来我妈再整理，把书放回原来位置。平时小人书铺总是有人看书，也不是太多，小学生放学时，星期日人就多点。

我家的鲜货铺子，干鲜果品呀，冰棍呀都卖。冰棍桶是直上直下的，我家有大冰柜，是厚木头做的，冰柜里头挂着大铁皮。送冰的每天都在我们鲜货铺子卸一两条冰，拿大钩子夹到我们大冰柜里。冰柜盖是一条一条的，不能都打开吧，怕冰化了。有卖黄花鱼的，卖对虾的，到了晚上都上我们家去，说您收了吧，便宜给您。因为他知道我们家条件不错，还有冰柜。

鲜货铺子、小人书铺都是自己家人干。后来，公私合营了，鲜货铺就不让干了。把我爸爸合到新华书店，我妈妈给合到小人书铺，就是给公家干了。以后小人书铺取消，改为新华书店，我妈妈给合到变压器厂，这个厂子的工人都是唱戏的、租书的，跟文化有关系的，都给合到这个厂里了。后来我老兄弟顶替我妈妈，在那厂子干了不少年。那时候，我正在河北中学上学呢。

我爸爸在新华书店工作，特别喜欢看书，只要这本书喜爱，就是看过的书也买回来，用牛皮纸包书皮，特别仔细。我爸爸的书店里，有一个福利，一年给你一个书证，可以优惠买多少钱的书。我爸爸买书都开发票，贴在书后面。就是说，别看我在书店工作，书丢了少了，不落嫌疑。

三姐妹在北宁公园合影

小人书铺留下来不多的小人书，谁喜欢看，也给大伙分了，我们家以前有留声机，搁上唱盘，听戏曲。文革初期，我们家客厅有条案，上边放的大瓷瓶，我奶奶都偷着砸了，名人字画也烧火了，害怕抄家、挨斗。只剩下

陈学霞二十五岁与母亲合影

留声机，大铜喇叭里塞进面纱，声音就小嘛，自己在屋里偷着听。现在，那些东西都值钱了。评成分的时候，我们家给算的是小业主，因为我们家是有买卖，可是我们家没雇人，都是自己家人干。我们家是双职工，有的家庭只有一个人工作，家里有五六个孩子，家里就倍儿穷。

我家六个孩子，三个姐姐，三个弟弟。我们姐弟都是差两岁，跟楼梯赛的。

胜天里

东兴里的历史变迁

在河北区黄纬路与四马路交口，有一片地震后建起的楼房居民区——胜天里。这里最初为荒地，1906 年在这里建成天津陆军医学堂，原名北洋陆军医学堂。1902 年初设于东门外南斜街，1906 年迁到黄纬路路北，其范围：黄纬路、宇纬路、三马路、四马路之间。校舍为欧式楼房，聘请日本和德国教习。时任北洋陆军医学堂副监督伍连德，就是从这里出发，到流行鼠疫的东三省，成功控制了瘟疫大流行。1915 年陆军医学堂迁到北京，学堂校舍弃之不用。

1919 年由江西督军李纯与其弟经营的东兴房产公司，在此建了大片房屋，用于出租，形成里巷。因李纯早年曾居河北区水梯子大街东兴里，所以，取名亦为东兴里。以纪念自己的出身之地，并在黄纬路对面建了一座中西结合式建筑的大公馆。（1949 年后改为外贸学校，今为河北区法院）。

东兴里是由多个井字型、网状相通的胡同组成的，范围西到黄纬路、北到四

1921 年 9 月 11 日,天津工人工余补习学校开学式纪念合影

天津工人工余补习学校创办人于树德(左)、安体诚(右)

马路、东到宇纬路、南到三马路,在每一路段上有三个胡同进口,中间胡同宽,两旁胡同窄。在这样四通八达的胡同,无论住在哪个方位的院落,去任何一个路段都能很方便地选择方向,就近到达。

在东兴里对面的四马路北,有小东兴里,与东兴里同时建成,因片小房少,便称为小东兴里。在 1976 年地震后改建楼房,现名抗震里。

1921 年由革命知识分子安体诚、于树德创办天津工人工余补习学校的,校址就在东兴里四段 2 号。工余补习学校分普通部和特别部两部。普通部招收识字工人,授以工人常识、国文、数学、尺牍等;特别部分为国文科、英文科、数学科,由工人择修一科或数科。学校设有专任教员和辅导教员若干人,于树德和安体诚均亲自任教。当时东兴里的一部分是恒源纱厂宿舍,是工人比较集中的地方。来参加学习的学生以恒源纱厂工人、徒工为最多,也有新车站(北站)的铁路工人。由于任课老师态度和蔼可亲、语言通俗易懂,再加上讲授的内容符合工人们的要求。因此,在很短时间内，便吸引了数百名工人到学校听课。

天津工人工余补习学校历时一年有余，在党的领导下，把马克思主义的基本原理同工人运动有机地结合起来，在团结和发动工人开展革命斗争方面发挥了重要作用。当时，天津的报纸称之为“普及劳工教育之先声”，上海《民国日报》赞扬它是“天津劳工运动的一道曙光”。1922 年暑期，学校一度被警察局查封，于树德和安体城等不得已被迫把学校转入地下活动，后因纱厂老板一面限制工人外出上课，一面搬请警察当局取缔学校，在这种情况下，1922 年底，补习学校被迫停止了活动。

1921 年秋，家住在东兴里的赵女士在这里创办一所专门教授女子学习图画、刺绣的女子图画研究所，赵女士毕业于京师女子师范，毕业后致力于美术图画的研究。这里离北洋女子师范学堂不远，使这一地区成为天津女子教育的中心。民国初年，因为西方民主思想的输入，男女平等和女子受教育的权利日益深入人心。随着中国第一个女子师范学堂——天津北洋女师范学堂的建立，女子教育在天津时兴起来。此时正是美术社团发展时期，许多艺术家和艺术爱好者纷纷组织各种美术社团，在这样的背景下，女子图画刺绣研究所适时成立了，专收女子学员，吸引很多求知的女子来学习，其中不乏大家闺秀。

在这一时期，天津民间后来出现不少类似这样的专门普及女子教育的机构，促进了天津女子美术教育的发展。

在走访很多老住户时了解到，在 1958 年大跃进时，东兴里的所有胡同改为幸福大院，将每个院的大门拆卸下来，院内的围墙拆除，又将整片胡同 12 个胡同口，封堵 8 个，只留 4 个胡同口。胡同里还建起了食堂，每家每户停止起火做饭，统一到食堂吃饭。这样，整个东兴里变成一个幸福大院。到了 1965 年四清时，撤销了幸福大院，又恢复到原状。

东兴里是黄纬路一带最整齐，总长度最大的胡同，临近黄纬路的院落比较大一些、房屋高大讲究，住着比较殷实的家庭，其余大多数院落的房屋面积小、低矮些。最初，东兴里整片胡同的中心位置有一水站，系搭建的小屋，每家每户都要在这里挑水。打水要提前买水牌，木制的水牌上面烫着字。管水站的人是住在 66 号院的郑四爷，因为比较肥胖，众人称为郑胖子。胡同里有专门替人家挑水的挑水工，每天都能看到他用扁担挑着两只水桶，给需要的人家送水。特别是到了大年初二，基本每户都需要送水，民俗中讲究的进财进水，送水人要忙活一天才能都送齐。后来，在几条胡同里又增加了四个自来水接水处，分布更均匀，居民可以就近打水。有需要打热水的，要到宇纬路的轩水铺。

胡同里的水站对面是 72 号院，在 1976 年地震中，这个院里的房屋倒塌最严重，刘姓夫妻俩不幸被砸死，其儿女在旁边的屋里睡觉，侥幸无事，是邻居当年帮着将死尸抬出来，刘家的两个孩子年龄尚小，令人叹息。80 号是一家小杂货铺，针头线脑、糖果小食品等都可以在这里就近买到。这里还有公用电话，外来电话找人，杂货铺主人还去传信。胡同里的人家购买副食品、蔬菜，都要到三马路的永记杂货铺，在这里是需要凭副食本和票证才能供应的副食品。

1976 年大地震后，东兴里震损严重，平房全部拆除，重建为楼房居民区，1979 年竣工，命名为胜天里。

宋梦篁

采访对象:宋梦篁(1942 年生)

采访时间:2016 年 10 月 25 日(星期二)

采访地点:黄纬路胜天里

你问我家是什么时候搬搬到东兴里的？ 1948 年，天津解放前夕。东兴里是黄纬路一带最整齐，也许是天津总长度最长的胡同了。临近黄纬路的院子，都是比较大一些、房屋高，特别讲究，住着比较有钱的家庭，其余大多数院落的房屋面积小、低矮些。

一九六〇年在河北工学院与全班合影

胡同里也没有发生过什么大事，最大的事就是1976年地震。房倒屋塌，65号有房塌了。72号刘家的房顶子塌了，两口子被砸死了，是我把埋在废墟里的两口子尸体扒出来的。他家的孩子现在还住在抗震里。其实，他家屋墙早就都糟了，早应该修的一直没修。刘家是一家三代，爷爷奶奶住在对面的屋里，孩子跟两位老人住，房子没事。那时候人的觉悟跟现在就是不一样，那是早晨扒出来的，他家废墟有一个衣架上还挂着两块手表，到了傍晚，竟没有人动。

宋梦篁 1967 年 25 岁在部队

我父亲是开染整厂的，在狮子林大街口、粮店前街那，叫新天津印染厂，算是小资本家，资方代表。公私合营后，就给分到国营印染厂。没有打成右派，1964年死于脑溢血。我是1960年考进河北工学院，上完两年，1962年正赶上征兵，国家困难时期，从大专院校征兵嘛。1969年3月复员回来，11月份就把我调到6985邯郸涉县天津铁厂。1969年8月5号国家批准的铁厂建设项目，我是第一批去的铁厂，干了四年，21岁以前我都是在外面。我家文革没有受到冲击，因为父亲早就死了，我也在部队里。我家自己一个院，文革时期查封了，因为我在部队，房子没分给别人住，只是贴封条。若是别的家早就给分了。我从部队回来第四天就给揭封条，把房子给我们了，我七一年结的婚。我哥哥在北京铁道学院毕业，编入铁道工程兵。

我父亲虽然是资本家，人缘特别好，自己家里活不干，门外胡同的地总去扫。

宋梦篁（前排左二）从部队回津探亲与同学合影

虽然我家出身不好，别人有什么事，我们都去帮忙。

早年我家里生活不是特别富裕，就是不紧张。公私合营的时候，父亲工资 110 元。我哥上大学时候，家里给 30 元，等到我上大学的时候，就改成每人 20 元了。那就不错了！那时候大多数人的工资都是三十多块钱呀，我父亲是按私方人员对待。

我父亲厂子里的一个技师和一个烧锅炉的没有房子住，我家房子富裕，就租给了他们，后来房租也不给了。那时候资本家不吃香嘛，房子坏了还让我家给修，房租一年才 40 元。红三类吃香，黑五类不吃香，后来我家说房子我不要了，不收房租，也不管修。房产部门说，房子不要不行，不能给他，因为是产权问题。

地震后建楼房，分房子时不按面积，按人口分。你家人口少，交一百间也给你一套房子，你是一间房子，十口人的，也分你两套偏单，当时就是这样的政策。现在住二、三楼的都是房屋压缩的，住在顶层的都是增房户，我家就是分了三楼。五口以下的给独单，五口以上给偏单，如果是两口的婆婆和儿媳妇，也分两间。

李纯除了建东兴里，在四马路对面建小东兴里，旁边建起秀山小学，就是现在的二幼。我 1948 年上学就在秀山小学，当年学校里还有石碑，刻着李纯的名字。

在五几年时，东兴里整片胡同 80 个院，就有一个水站在胡同的中心位置。水站就是搭建一个小屋，每家每户都要在这里排队挑水。打水要提前买水牌，水牌是竹子做的，上面烫着字。凭牌放水，一个牌是一挑两桶水。管水站的人是住在 66 号院的郑四爷，因为比较肥胖，众人称为郑胖子。胡同里有专门替人家挑水的挑水工，每天都能看到他用扁担挑着两只水桶，给需要的人家送水。特别是到了大年初二，基本每户都需要送水，民俗中讲究的进财进水嘛，送水人要忙活一天才能都送齐。后来，在几条胡同里

宋梦篁(右二)1962 年 7 月与同学在河北工学院门前照相

又增加了四个自来水接水处,从水站引的支管,分布更均匀,居民可以就近打水。后来,不用水牌了,按人头收费,胡同每个出口有一个下水道。有需要打热水的,要到宇纬路的轩水铺。

在大跃进的年代，东兴里胡同建共产主义幸福大院。每个院的大门都给卸了,院跟院之间也给打通了,夜不闭户嘛。每条路的三个胡同口,两侧给堵死了,只走中间的胡同。大跃进时期,人民公社是桥梁,大家一起去食堂吃饭。后来一看不行,胡同口又给拆开了,各个院之间又给堵死了,大门又重新按上了。我们院的大门原来是新的,却按上一个旧门,我还到处去找呢。呵呵,现在看起来,那都是政治笑话。

胡同里人多,厕所紧张啊,人们去小东兴里大一些的厕所,去三马路三益里的小厕所。那时候的厕所蹲坑是一个个缸,小孩子在厕所总是蹲老头,就是不起来,发坏呗,哈哈。我们自己院子里有一个不用的房子当厕所,用木头马桶解手,马桶里放炉灰,等到胡同里摇铃铛磕灰的来了,到门外倒马桶。

1949年1月15日,解放天津的时候,解放军一个班在我家里住了一宿,临走送给我家一只金属的饭桶,当做补偿了。

我们这一片最有名的人物,就是南洋橡胶厂的荣子政了。荣子政住在橡胶厂对面的胡同的第一个院,就是现在的燃气站,是换煤气瓶的地方。荣子政在五十年代挺出名的,选人民代表,我都看着投票,在二五四医院大院里投票,就是左边的院里大礼堂,现在是3857单位,原来是二五四的地方。我小时候,那里的礼堂每到周日,有文工团演节目、演电影。不让我们小孩进去,我们就趴墙过去,哈哈。五十年代,二五四医院里的文化生活很丰富。右边医院大院里有湖池,我们小孩子经常去那里玩耍，是从地道里钻过去，就是穿越黄纬路连接两个大院的地下通道，现在地道早已堵死了，在地道的上面建起了天桥。过去是一个单位，现在变成两个单位了。左边院改石油学校，现在是美院高中，以前都是二五四的。

宋梦篁在部队与战友合影

黄纬路以前是石子路，还不是铺的柏油马路。枪毙人都是从这走，到小王庄刑场，就在铁道线旁，四路终点站的位置。

东兴里的居民买东西很方便，胡同的四周有副食店，早点铺，水铺。有走街串巷挑货卖的，剃头的，锔锅锔碗的。都是在胡同里吆喝，挑着对虾、驴肉的送到门口了，知道我家肯定买，成老主顾了。胡同里 80 号是一家小杂货铺，针头线脑、糖果小食品等都可以在这里就近买到。这里还有公用电话，外来电话找人，杂货铺主人还去传信。胡同里的人家购买副食品、蔬菜，去三马路的永记副食店，那时候是需要凭副食本和票证才能买到的副食品。

七六年大地震后，听到胡同要拆迁，大院门洞上的绿瓷瓶子就被人偷偷拆走了。过去门洞上的装饰有讲究，除了砖雕，还讲究在某位置摆放平安物品，镇宅之物。胡同里门洞外小一些的石鼓墩也被人搬走了，我们住的老房子屋里的木雕装饰品，拆下来几件留个纪念。

拆迁的时候，我们这里的居民临时住在民权门、第三体育场、八十四中。有点关系的搬回来早，分军民里的、抗震里的都有。这四大片还都是原来胡同的居民，胜天里现在大多数还是老东兴里的居民，老年人都没动，还住在这里，年轻人早就别处买房子结婚走了。拆迁后，我家住的临建在民权门，住的临建都是亲人解放军给盖的，地震感受到了亲人解放军的温暖，拆迁是解放军给拆的，临建是解放军给建的。1979年4月，楼房建好了，我们搬了回来。

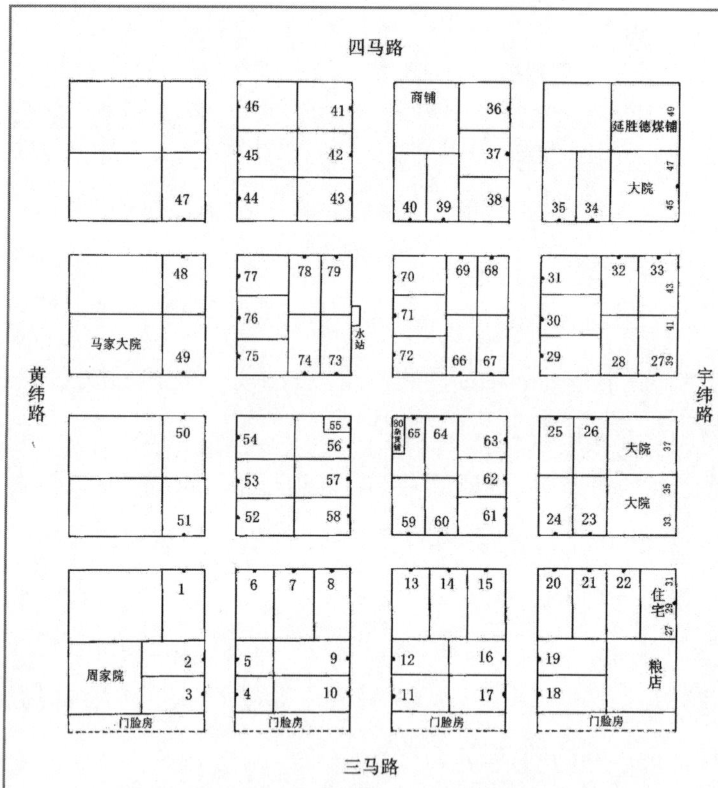

东兴里平面图，根据宋梦篁提供资料绘制

李世杰

采访对象：李世杰（1957 年生）

采访时间：2016 年 11 月 1 日（星期二）

采访地点：黄纬路胜天里

我家从地起就在敏智巷住,从我爷爷就住在那了。原来敏智巷有五条胡同,我家住在四条胡同,胡同不深,每一条胡同里只有四个院。最多不超过三十来米,原来是叫一巷到五巷,后来改称叫一条二条了。原来每个院住几户住几家,我都忘啦,要不我就告诉你了。

著名相声演员马志纯就住在我们敏智巷,跟我们家住一胡同,院子挨着,他家住第一个院,我家住第三个院。

他说相声得有二十多年了,文革后期他开始说相声,他原来是一个建筑工人,爱好说相声。我们胡同的第一个院里,有一个是天津曲艺团的,马志纯跟他学的相声,所以,那个人带的他,出的名。

马志纯是文革后期调到天津市曲艺团,一直为苏文茂捧哏,说的最有名是《批三国》《学习张士珍》你听过吧。马志纯以前在西窑洼住,搬到我们胡同时,他父母都已经不在了,他是哥俩,一个姐姐。马志纯早就去世了,是在 1993 年去世的。

我家里六口人,普通老百姓没嘛经历。我爷爷是制鞋厂的工人,我爸爸是机械厂的技术员,我家就哥仨,我是头大的。我小学在西窑洼小学上的,其实我家离黄纬路小学近,那年我们这片儿的孩子都让去西窑洼小学,我两个弟弟是在黄纬路小学上的。

文革后期，国家号召知识青年上山下乡，也就是去四郊五县，我家哥仨都没有下乡，其实就我赶上了上山下乡了，我是七五年在五十三中初中毕业，赶上最后一批上山下乡，街道动员我下乡，我愣不走，最后没走了。过了一年以后，街道给我来信，说你上班去吧，别老在家待着了，给我安排了工作。那时候，七四年还去家里动员呢，七五年不是太逼你走了。我上班一年以后，上山下乡的开始返城。少数已经在农村当地结婚的，如果不回来的，当地给高级待遇。

要说起来，我们这片儿喜欢文艺的多。几十年前人们的娱乐活动，也就是看电影，票价便宜。想看电影，在中山路一带可选择的电影院可不少，五四年以后是以十月影院为主。看第一轮的影片，看三轮影片去粮店后街的东亚电影院。还有五马路的河北区工人俱乐部，小王庄影院。有时候也去北宁公园里的电影院，公园里有两个电影院，买了一张电影票又可以游园，附加值高。中山路与小关大街交口的河北区文化馆礼堂，关牧村经常在那演出，离我家最近。那个位置 1949 年前是贾家大桥的桥口，是金钟河上的一座木质老桥，这桥是在 1953 年填河筑路时被拆除了，礼堂早拆了，现在是中国银行河北区分行大楼。礼堂一般放映第三轮的影片，票价更低一些。

人们都喜欢看电影，买杂志《大众电影》，买著名演员的黑白照片，人们最喜欢阿诗玛演员的照片。影院外的宣传画，是每个人都是特别关注的。那时的新电影宣传画是由手工绘画。画的特别像，就想知道是如何画的这么好，到十月影院侧面的一间房里，看到一位青年男画家在一面大面积的白纸上绘画电影人物，听说这些影院画宣传画的人都是美术学院毕业分配到电影院，所以，都是些很专业的画家了。

那时候电影院门口有等卖富裕票的，就是有的人买了票，临时有事不能来观影，就到影院门口卖掉，电影票是不能退的。有一段时间，电影院实行无人剪票，随便进，自觉买票，影院里人很少。后来卖循环场的票，随时可以进影院，看一天也没有人管。

看电影也是年轻人谈恋爱最好的去处，有的想追求对方就送电影票，如果两人都去影院看电影，就说明有接受对方的希望了。如今，去电影院看场电影，票价太贵了，多是年轻搞对象的去看大片。

东兴里

郭振远

采访对象：郭振远（1941 年生）

采访时间：2016 年 11 月 2 日（星期三）

采访地点：黄纬路胜天里

我是69年在这住的,以前我家住三戒里,觉悟社遗址旁边的四号院,我们是老住户。我从部队回来以后,结婚在这住,我家的房子不是买的,房管站给分的。六几年那时要房子,登个记,就给你房子。

我今年76岁了,一晃啊。再一晃就那边去了,都得走这条道。我上小学是在三区一中心小学,现在是新开小学。

我父亲在1949年前,干了一家酱油厂,其实是个小作坊。老爷子1949年前就得病死了,我有两个哥哥,大哥在堤头那边的面粉厂工作,原来叫恒大面粉厂,以后叫八一面粉厂,二哥是干车工的。我那时候小,靠两个哥哥养家。大哥挣的多,一个月拉家里五袋面,吃不完,面袋从小桌子摞到房顶了,五十斤一袋呀。院里邻居就喊了,郭奶奶,给我家点面,我家就让拿走。天天赶面吃,烙饼吃。钱过去是拿手绢包着,包一大堆,家里吃的有的是,面摞的跟山似的。

七六年大地震时,我孩子五岁,旁边的山墙倒了,砸在我家房顶上,给砸塌了四分之三,我爱人的腿给砸伤了,下着雨给扒出来的,总算没有落下大毛病,房子露天了。这门口伤了不少人,我门口院砸死人了。两个孩子护着姥姥,砸在孩子脑袋上了,挺孝敬的,也就十一岁左右吧。唉,俩孩子,一个给砸死了,一个受伤了。

胡同里的院子是带门洞的,都是老房子了。在东兴里的把角上,有一家五口人，砸死了四个人。那边有一个高烟筒，地震时烟筒上的大帽子掉下来了，正砸在他家房顶上。据说，黄纬路正好是在地震带上，到东北角再到营口道也是地震带。是属于交错地带，抖起来了，抖这么高，有半米吧。扶着墙都站不住。

我再讲讲年轻的时候，在家里自己办的家庭小图书馆的事。我曾经在胡同里也小有名气，从小就喜欢看连环画，家里的连环画越来越多。长大一些开始买小说看，中山路的书店卖的书不多，就经常去东北角新华书店。那是一座民国的老建筑，非常气派，曾经是商务印书馆。刚开始在这里买的书，是浩然的小说《金光大道》，《艳阳天》，后来出版的《西沙儿女》书，出来什么书，我就买回来看。

文革后期，人们文化饥渴，却买不到书，每次书店来了新书，喜爱读书的人们都要到书店抢购，开始卖西方文学作品，买到《高老头》，《一千零一夜》等西方文学名著。

在书店门外，经常有转卖新书的，看了一遍，不太喜欢，便原价卖给需要的人。有一次，看到有一位卖书的年轻人在书店门外遇到几个小流氓，其中一个流氓接过来要看看，将书传给了同伙，不一会儿，这本书就没有了，等那卖书的人无奈地走后，那几个流氓再把书卖掉。

有一次，去东北角书店买书，二楼卖内部书。不知道是什么书，不让普通读者上楼，要凭介绍信。有很多的书是属于内部发行，像金瓶梅那样属于禁书的，普通读者是不卖的，也就看不到了。

记得北站新华书店那时候搞读书活动，书店在晚上七点，可以花钱买票来阅览连环画（小人书），属于大一些版本的那种。因为，去看书的人太多，就提前卖票，用一张黄纸条写上多少号，到了阅览时间，书店门外围满了人，争先恐后地凭票进入书店，没有买到票的也来起哄。后来就改为借阅，跟图书馆有些一样。不过，只有一个柜台书架的书可借阅，每本书包上了牛皮纸书皮，可以看出当时书店在摸索搞新式的文化普及和营销。

我买的书多了，慢慢的藏书有了一百多本，开始有同学和胡同里的人看到我的藏书多，经常来借阅，还回来的书有的已经卷边了，薄的书变成厚书，遇到不知道爱惜书的人也没有办法。书买的多了，我就有了想法，就是让熟悉的亲戚朋友都能经常阅读，增长知识。于是，我突发奇想，在家里办一个"家庭图书馆"。学着图书馆里的管理办法，给每本书编上号，盖上图章。当然是免费借阅，只是过一下自办图书馆的瘾罢了。

有的朋友借走的书再也没有还回来，我那本借阅记录上记得却是清清楚楚，又不好意思拉破脸要回来，也就算啦。有时候去朋友家串门时，就曾经见到盖着自己图章、编着号的书，只能一笑了之。

后来参加工作，早年的藏书也大多散失了，现在很少去书店买书，读书也少多了，却还是怀念在那读书热潮中的岁月。

张顺通

采访对象：张顺通（1949 年生）

采访时间：2016 年 11 月 4 日（星期五）

采访地点：黄纬路胜天里楼下

说起我小时候，在东兴里发生的事，也没有什么大事。这胡同里在大跃进时期，改为幸福大院的事，还值得说道说道。

东兴里胡同整齐，方方正正的，东西南北面各通着三条交叉的胡同。大跃进那年，就把东兴里所有的胡同改为一个幸福大院了。怎么改？就是把胡同里所有院的大门拆下来，不只是拆了大门，进去院里，这边三间，那边三间，其中有夹空儿道，把那围墙也拆了，各院都通了，随便走了嘛，所有院都连上了。所以说，这几条胡同整个就变成一个幸福大院。在胡同建起了大食堂，大人孩子到食堂吃饭去，组织大家植树，我们小孩子也跟着帮忙。还把黄纬路方向的两边胡同口垒墙封死了，我们去提水，大人和泥，都是义务劳动，也没人提钱的事。现在小孩都玩电脑了，也没有义务劳动。那时候，三条胡同堵死两条胡同口，就留中间最宽的胡同，每个胡同口有几个带红臂章站岗的，经常巡逻，怕坏人，其实那时候没有坏人。

五八年，号召妇女解放，动员妇女上班，不能吃闲饭。可是，过了几年，人又往下砍。到了六四年，四清的时候，幸福大院取消了。又恢复胡同的各个小院，让各院的人去领门，大门找回来都安上了。我们院以前的大门是新的，特别结实，却找不到了，你说这事闹的。

那时候的人都是特别积极主动,街道代表在胡同一喊,扫雪啦!各家都出来了,都是主动劳动,最起码扫扫门外雪吧,现在门前雪都不扫了。过去天津的冬天特别凉,雪下的也大,下一天一宿,现在没大雪了。过去,防寒也不行,点个炉子也不暖和,都是点煤球。文革后,开始点蜂火煤,又卖一种代材,一个月五斤劈柴,哪够且,点一次炉子就用好些劈柴。

我们小时候,在胡同里玩逮木头,经常赢了木头,家里点炉子就够了,总输的话,回家挨大人骂去。那时候人少,现在逮木头也不行了,一下逮人身上了,现在汽车也多,过去哪有嘛车呀,也就有一辆半辆自行车,谁家要是衬(有)一辆自行车,那还了不得了。我们院里有十五户,有一辆就不错了。那时候家里孩子都是六、七个,生活都困难,如果这家孩子少,生活就好,一个人挣几十块钱能养一家子。家庭人均收入十元以下的,可以申请困难补助,学生的学杂费都不用交了,一般上学要交两元五角的学杂费,学校还管水喝,现在是带着水上学。那时候就是运动多,总是开会,阶级斗争的弦总是绷着。

改革开放后,没有挨饿的,没有穿补丁的了。过去没有不穿补丁的!也别说,过去的衣服都是全棉的,爱破呀,买不起,还要布票,不穿补丁的没穿的呀,缝缝补补又穿一年。过年了,家大人给买新的学生蓝衣服,旧的衣服给弟弟妹妹穿了,家家都是这样。

要说这胡同里的房子,刚解放那时候,东兴里的房子不值钱,一袋面就能换一间房子。那时候给你房子,都不要,还得花两块钱交房租,嫌花钱。我们院里以前有一家去外地了,找到我家,说去闯关东,让我们照顾点他家的房子,等他回来时,房子再给他,如果以后不回来,房子也不要了。有一人家可能成分有问题吧,走了,把钥匙搁你这,他是看动静,运动没事了,再回来。一走十几年二十年不回来,最后,房子也不要了。我把房子交给房管站,人家房管站说,房子你要是住,就归你了,得交房钱。我们家四间房子,再要那三间房子,房租我交的起吗? 私产房也不行啊,还得交税啦。那时候的人们,一分钱二分钱也得算计算计。早晨喝碗浆子,有二分的有三分的,你看大伙都喝二分的。那时一个局长工资比工人也多不了多少,你是官也比我好不到哪去。都是艰苦,不许你撑死,也不许你饿死。看病不用你花钱,你没房有宿舍,心踏实。你再有困难了,厂里给你补助。工会出头,到冬天孩子棉裤做不了,馒头不会做,工会就派个女的来了,到你家给你做。过去是你越得病,条件越好,看病不花钱,一分钱也不用花,还给你补助,每月给你十块钱,工会给送家里来。老工人还掉眼泪哭,感动的。

李树杰

采访对象:李树杰(1943 年生)

采访时间:2016 年 11 月 5 日(星期六)

采访地点:黄纬路胜天里

老东兴里都是李纯建的房子，我家搬过来时候，这里没有多少人住，胡同挺清净的。听我父亲说，我家最早以前在西北角西大弯子那边住。我父亲到外地工作，等一闹日本就回天津来了。我有一个叔叔住在东兴里，把我爸爸也召来住，在东兴里找的房子。你看我七十多了，父辈在这里住了八、九十年了。我家住东兴里五号，是个大院，是租的房子。后来，有的人家有钱了，就买下来。我们那有个叫杨胜德的，是从定兴来的，在红桥区开煤场，赚点钱，买了那一块房子，出租给我们。1949年以后，公私合营的时候，房子就归公家了，就是房管站收房租。东兴里的院子一般都是有七间房子的，有九间房的，胡同里有几个特别大的院子。九间房的院子大，上房三间，两边厢房各三间。

1959年李树杰初中毕业照片

1949年以后，在胡同里的水站打水，要买水牌，郑胖子管水站。郑胖子早就没有了，郑胖子的姑爷今年开春没有的，九十多岁没的。

东兴里胡同之间都通着，两边窄的胡同口以前给堵死了，为嘛堵的呢，我听说是日本进天津，这四通八达，怕乱，怕日本人进来。每一条马路上，就留一个胡同口了。

1963年送同学赵家琨参军，前排左一为李树杰

我小时候，这胡同里没有下水道。后来，胡同地面砌过一层砖地，是马鞍子形状的，雨水在房根底下流。胡同口有池子，家家户户的泔水筲往那倒去，家门口没有。

我还小的时候，净水最早是马车送。马车进胡同，谁家买水，拿出来两个木水桶，送水的一拔开水车上的塞，哗，把水桶放满了，挑进来，倒在你家水缸里，他赶着马车再接着走。您问哪里的水？我也不知道是从哪拉来的，反正得往水缸里放明矾，水就清亮了。1949年以后，就把水用水管引进来了，让郑胖子给看着。

65号这个院原来是东兴公司，管东兴里房产。胡同里的大部分房产属于他们的。我叔叔在这一带当警察，对这一片很熟，比如郑胖子、杂货铺李宝平，还有一些能说说道道的老人，经常到东兴公司里去打牌。公司房子也多，七间房子，有地方坐。东兴里有什么事，也是在那院里商量。所以，胡同接进来自来水管就推荐郑胖子管这个水站。在胡同中心部位盖一间小屋，郑胖子坐里边，谁来打水了，给他

1968年李树杰(后排中间)在大中华橡胶厂工作,被派驻到增产道中学文艺宣传队时与学生合影,后中为李树杰

水牌,一个水牌挑两挑水,他负责放水。买水牌要找一个姓宫的老头,公所组织的嘛。后来是姓吕的管卖水牌,又后来,是五十六号卖水牌。

我父亲最早是干税务的,在济南,日本来了,就回天津。临解放前好几年没工作,在北开那卖点东西,后来没什么卖的,就自己写推荐信,投到东浮桥那的公安局,在那当文书。1949年以后,1950年就到新开河对面的华北革命大学,过法政桥就到了,就是现在的党校,学习半年。因为刚解放,老城市的人也得用,学习培养一段。按照我父亲的履历就给分到税务局了,在小王庄北洋桥那边。那时候,从北京一来车就要走这条道,你想躲税嘛的你躲不了,在那设的卡口,汽车来了就得交税。

后来,我父亲在小王庄安定里,负责核准定量。那时候,还没有定量,计划经济嘛,给这片居民核定吃多少,核定量。五六年又搞公私合营去了,进了干鲜果店工作。到了1958年就下放了,因为新干部已经培养起来了,你又是国民党时期当警察,就不用你了。下放到调料厂,一直干到退休。

其实我家以前也是受苦的,我爷爷一个人带着我父亲哥俩个,奶奶二十五岁就死了,爷爷在西大弯子开个小杂货铺,维持生活。我父亲由亲戚引荐去济南税务局工作,在天津说的亲,回来完婚,然后一起回济南,连我爷爷也去济南了。后来税务局换局长,他用自己的人,我父亲没有工作了,就带着全家人回到天津。我叔叔在天津混的不错,从警察升到警长,等日本一进来呢,他也就不干了。你别看他当过警长,也是租别人的房子住,在东兴里71号院住。最后,他剩一间房子住了。虽然以前房子不贵,二百多块钱就买一间,没有钱你买嘛。

我是1950年在黄纬路小学上学,我上学时候,学校里还有两座大殿,我们学生管那叫大庙,大殿挺高,跟大悲院的大殿差不多大。后边新盖了一溜平房,大殿是老师办公室,

我记忆最深刻的是,五八年大跃进,我上初中了嘛,这里成立城市人民公社,办幸福大院,把家家做饭的东西都不要了,临近黄纬路的一个大院建成食堂,大伙去那吃饭,不过也维持时间不长,都跑那吃饭,活谁干去呢。

1970年李树杰结婚时在海河广场留影

我中学是在三十九中上的,远

地震后重建时住在84中临建棚，女儿6岁，儿子2岁

啊，在张兴庄。走到新开河边，过法政桥，那是一个老木桥，中午还要回家吃饭，走来走去也不嫌远。哪像现在的学生，还要家长接送。我们几个同学放学了，跑到新开河堤下边去玩，到处是绿草绿水的，现在回忆起来，还是挺有意思的。

初中毕业就快工作吧，挣俩钱去，学徒工十七块钱，也行，起码不用找家里要钱了。其实那时候动员上高中，咱没有钱的，还上嘛呀。像我们同学聚会，人家上高中，上大学了，相比之下都比咱不错。咱认头工作，学技术，走这条路。现在看，没有知识没有文化还是不行。像我，在大中华橡胶厂工作，上班累呀，比一般厂子累，都是手工。

文革时期，这胡同里有几家挨整的。老陈不知道犯什么错，给定了右派，回来了以后，在胡同里给清地沟。再有就是我刚才说的，我们的房东，开煤场的老杨，住五号院，抄他家。

他的孙伙计跟我妹妹是同学，总去他们家，看着生活也挺艰苦的，天天喝棒子面粥。我父亲说了，人家杨家进天津的时候，是推着独轮车来的，左边放被服卷，右边放吃的。谋点生意，一直干到有煤场子，置办房产。人家勤奋啊，懒惰的人挣不到这么多的财产。我父亲说，咱连房产都没有啊。

李树杰的父亲年轻时的照片

四到八号院都是他买下来的，他还有账房先生嘛，房租是账房先生来收，以后他住到东兴里来了，就知道他是房东，房租直接交给他了。

他家被抄，抄出来有银砖金豆子。他的儿子挺积极的，像那带脊的房子的二层顶棚上藏着的金豆子，都拿出来主动上交了。老爷子好不容易藏好的，谁知道藏在那了，他儿子不是资本家，要求进步，这些东西都是四旧嘛。家里那些毛料的衣服，都给弄走了，粗布的破衣服人家不抄。

七号院住着一个姓郭的，叫郭炳章。他是黄埔军校的五期学生，回来也不干嘛了。他儿子说他是干地下工作的，文化大革命挨斗给他斗冤了。我跟他住门口，感觉人家特别规矩，素质也高。

地震以后住楼房，心里也害怕。你想啊，这一震了，受得了吗，住平房还都不知道往哪躲了，这楼房要是倒了还活的了？你看，现在都是高层楼房。不过，我们这里是刚地震后盖的楼，肯定结实，考虑可以抗几级地震。军民里，抗震里都是解放军建的，挑灯夜战，建的特别快，团结里建的最好，砖结构的，我们胜天里都是

李树杰兄弟三人合影

预制板的，夏天热冬天凉，前两年外墙包上一层隔热材料，还好一些了。

第一批回迁的先分那两片，一个是原住户，先分的想要来胜天里，我们这里的房间大点，还是外阳台，他们那几片是内阳台。分房子按人口，不按原面积，好些是拆大拆小的，怎么住呀，我家以前住三间，给我家分两个独单，那时候我家人口少，我父亲、母亲、我、再加上我老妹妹，有个弟弟在大港，迁户口走，后来还惦记回来，回来结婚没房子，就调成一个三室的，我父母住一间，我结婚住一间，我弟弟也是在这结的婚，住一间。

我们搬回来一年，我父亲就没有了。我母亲就住小间，挤在一起住不方便。后来，我母亲也没有了，弟媳娘家那边老婶有房子，就说让你哥哥出点钱，住我这吧。这样，我弟弟就搬出去，我这才宽阔了。我们这些楼里，好多是哥俩结婚住在一个单元房的。我是哥七个，以前能一起过行，结婚以后不是还考虑关系嘛，妯娌之间的关系。所以说，还是分开住比较好一些。以前没条件，现在有条件就

李树杰家的居室

分开了。

我父母岁数大了，分一楼也行，以前都是认为二、三楼好嘛，五、六楼高。一楼虽然屋里潮、暗，光线差，现在我岁数大了，住一楼更觉得方便了。

我家是哥仨，姐四个，七个孩子嘛，下乡的赶上三个，两个弟弟一个妹妹赶上下乡了，妹妹去的是内蒙。

到现在妹妹两口子没有退休费，下乡一段时间就选调到东北马场当农工，就分田地到户了。你自己种粮食自己吃，一亩地找你要几块钱，东北那地有的是。不过住的房子也不适合，你收的粮食往哪搁。后来离职了，到青县，干了几年也不行，回天津又回不来，只允许一个子女回天津，跟着我们过。那时候，我母亲还活着。再后来，他们两口子在吴嘴买了小二楼的房子，花了两万七，在那边摆个小摊卖服装，混个吃饭，退休金医保，嘛也没有。也不去找，档案还在家放着，哪也不要，农村也不要，街道也不要。说你这档案太破了，自己拿着吧。六八年下乡的，有几个落你这样的。六十岁了回天津投闺女，户口才办回来。现在，房子拆迁了，服装小摊也摆不了了，现在吃低保，凑合着过吧。

陈卫民

采访对象：陈卫民（1952 年生）

采访时间：2016 年 11 月 6 日（星期日）

采访地点：黄纬路胜天里家中

我家是在文革期间搬到东兴里50号，以前住在西关街，跟别人换的房子。刚搬来时，记得特别清楚，在金刚桥下坡，中山路口的那块宽地界儿，摆着两个石膏像，一个是刘少奇，一个是邓小平，对脸儿摆着，是美术学校做的。刚搬来时我12岁，上初中了，我两个妹妹都是在黄纬路小学上学。搬到这里来后赶上了龙卷风，我还记得我那时穿的鞋还是小方口的。

陈卫民

我在古田中学上的中学，在大丰桥河边，现在改什么中学我就不知道了。我上中学降了两年班，1970年我初中毕业，没有上山下乡，学校分配去邯郸三年，搞建筑的，去建设邯郸钢厂，就是涉县6985厂。那地方也够穷的，我干电工，那里正在建厂，楼建起来，我去接电线安装电器什么的，七三年底回天津。我的两个妹妹也没上山下乡，毕业后分配工作了。

七六年大地震后，我们家在金刚桥旁

的金刚花园里搭的临建棚。看到第二医院门口边道上，地震砸死的尸体一个挨着一个的，都火葬不了了，来不及处理。火葬场都排满了，都是用大白塑料袋装进去，系上绳子。上边写上名字，一数也得有二、三十个，都是中山路这一带地震砸死的，死得太惨了。

陈卫民年轻时的照片

后来我家被统一安排搬到民权门河边的临建房，因为东兴里要盖楼房嘛，在临建住了三年。那时候，我正在搞对象。七九年胜天里才建好，搬回来后，我俩是八一年结的婚，我家属于

陈卫民（后排左三）1968 年 16 岁时与家人合影

陈家的居室仍然使用着当年结婚时的家具

增房户,以前住一间房,大龄子女,分的是顶层偏单房子。

你看我家楼下的马路边,从我楼下走,马路边原来是四合套。就是现在宏发超市的位置,是大院套小院,小院套大院,就是四个四合院吧,以前住的是条件不错的人家。三马路对面以前是幸福食品厂,做面包的,现在改建成河北区档案馆了。

我是55岁特岗退休,退休后呢,我在天津美术学院当模特,学生画我,你注意到我桌子上玻璃缸上贴的我的人物素描了吧,这是美术学院的老师给我画的。我是星期一到星期五上午去上课,都是给研究生上的,我们这一块儿都知道我作模特。我从2004年开始作模特的,一直到现在,有十年多了。美术学院的系主任于小东出了本画集,书里有我结构图和人体画像,是油画的。我现在没有这本书,人家美院有,学生有买的。

还有一位教授,画我早晨吃早点的那幅画,在北京得了银鸡奖。画的是在农村的马路边上,远处是庄稼地,在土道上,一个大案子前,连我一共是五个人吃饭,有两个人坐着的,三个人站着,我站在边上端着碗。

当模特的收入嘛，开始不行，上8点下11点半，3个半小时，最早的时候，才18块钱，就是画头像。说白了，光屁流儿的那个，就是人体，算上大课，才32块钱。打去年和前年，涨了两年，头像是一节课18块钱，四节课就是72块钱，人体一节课是30块钱，四节课是120块钱。现在准备又涨了。我经常去南开大学，天津大学，天津工程学院，西青的天狮学院，最远的是大港的滨海学院，坐人家的班车。这几个大学我都去过，说白了，我算是老模特了。人家知道我的人体结构，一个传一个，人家老师的眼一看，这个模特，一个是有结构，二是有骨骼，再一个肌肉不是囊揣，挺紧紧巴巴的，要是找一个大胖子来，满身都是肉，看不到肌肉，学生不了解呀。

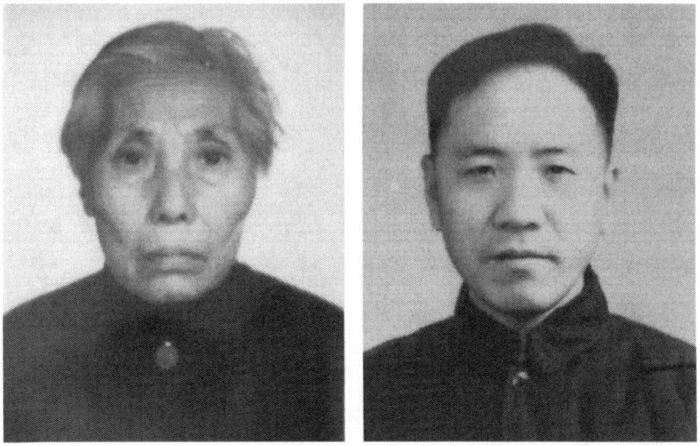

陈卫民的父母照片

我家就一个孩子，是个闺女，小白眼今年刚上学，在扶轮小学，原来的铁路职工学校，全国排16名，这几年扩大招生，我们东兴里这片儿的属于扶轮小学招生范围，你看马路对面属于那边一片儿的，想进来还进不来呢。我听说明年招生又改革了，不分片，改成摇号，摇到谁是谁了，跟汽车摇号似的，就像抓阄。

你看我家的地面，还是水泥地，我们这楼里就这一层地面质量最好，铺瓷砖太滑，我们也不讲究，实用就好。家具也没有换，还是当年结婚时置的，都是榫卯活,特别结实,现在没有这样的活了。

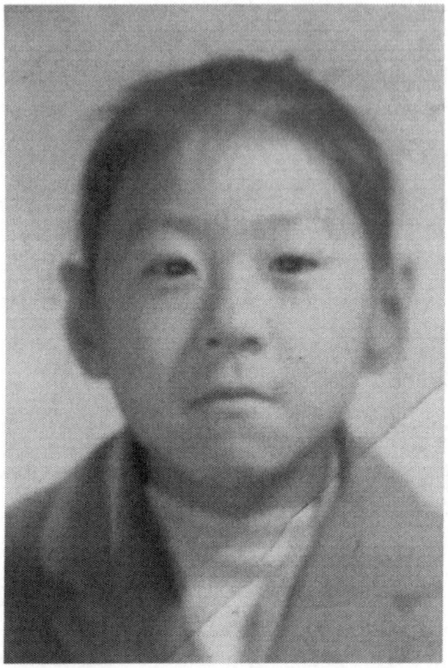
陈卫民的女儿三岁时的照片

我爱人的娘家住在城里，以前住的房子是当铺。老城里两个四合院特别好,老黄家的四合院,现在的格格府,你知道吗？我们家的四合院就给拆了,我们家过去是个当铺,拆迁的时候,拆当铺,来了好些警察,当铺屋里墙是个夹层,里面尽是好东西,都藏了几十年了,怕批斗才藏起来的。到这阵子一拆,都值钱了。我们院里的老魏,文革时,说他过去是军官,拿走他的两盒金手表,一共是十二块,抄走了,等平反了落实政策才退回来两块手表,不知道谁给拿走了,好的衣服都给撕的烂了。我们三道院老陈家,他们家都是好衣服,把他的衣服都给集中一间屋里,等开封进去一看,衣服都糟了。

梁广彩

采访对象：梁广彩（1950 年生）

采访时间：2016 年 11 月 23 日（星期三）

采访地点：黄纬路胜天里楼下

我家以前在粮店前街住，后来才搬到黄纬路来的。我家多少辈都是干粮行的，我爷爷1949年前在粮店前街开粮行，那一带有李叔同故居，原来的李叔同故居在粮店后街，不是很大的院，现在建的纪念馆大了很多，建在海河边上。

听我父亲说，闹日本的时候，实行粮食统购统销，我爷爷从东北采购一批粮食。在途中，火车车皮被日本人给烧了，这是我爷爷与别的生意人合股从东北买的粮食。很多钱是借来的，这一下就亏本了。都烧了，找谁赔去，也没有上保险，打那就不干了。那时候，我爷爷也就四十多岁。日本侵略中国的年代，保命就不错了，慢慢缓上来了，我父亲还是干粮行。

我家住的地方，以前就是存粮食的仓库，1949年以后，我父亲还是干粮行，公私合营就分到西站粮库工作了，成了国营职工。西站粮库现在也没有了，盖超市和住宅区了。

听我父亲念叨，日本占领天津，在城里看到有个中国人遇到日本人，没给他鞠躬，日本人过来就给中国人来个大嘴巴子，老百姓挨打了也不敢言语。欺压咱中国人嘛，咱打不过人家，没办法，只能忍着。

原来我家旁边大宅子姓冯的，就是在清朝时候做大官的，不知道什么原因，被冤枉了，被贬职回家，他就告诉子女，以后无论干什么就是不能当官。他家的青砖房子有二楼这么高,装修的真是金碧辉煌,砖雕特别多。文化大革命抄他们家,那时候的大解放汽车,拉了一个多礼拜,都给抄走了。其实,人家都是私人财产,几代人攒下来的,人家又不是贪官,那时候没有法律了。

文革的时候,我家倒是没有受到冲击,可我姥爷家被抄家了。嗨,其实就是私方代理,就给算资本家。我姥爷家楼里存着寿材,就是用棉被围着一口棺材。那时就不行了,家里搁一口棺材,哪行呀,都给抄走了。抄走的东西,最后也没有退赔回来什么。

我家祖辈在清朝的时候还当过几品大官呢,家谱里把我们也写进去了。看我们梁氏家谱里记了好几代了,都是辈份排下来的。开头写着先祖当嘛嘛官,排下来多少人,多少分支,女人也在家谱里面。还有起名字排字,已经排多少代了,到我这辈还排着,后来就都不排了。家庭观念没有了,现在谁还重视这些。其实,老的传统挺不错的。家谱现在没在我手上,在老家南郊了,挺远的没法拿来。

听我父亲说,早年一个大铜板买一斤对虾,搁到现在还不得一百多块钱一斤,也见不着了。那时候,不懂怎么吃,就拿水煮着吃。原来,我们院里有一家,两口子上班,就一个孩子,条件富裕呀。一到下班回来,就捎海货,一兜螃蟹,要不就是蛤蜊、皮皮虾。那时候也不贵,他就坐在门口,小桌子一放,小酒一喝,小日子过得挺不错。

我总是回忆童年的时候,回我老家南郊。那时候还没上学了,跟我大哥们儿捉螃蟹,先钓蛤蟆,用蚂蚱钓到蛤蟆,只剩腿、身子这么大。到晚上插河沟里头,提个桅灯照,一个多小时就捉到一面袋的螃蟹。南郊都是水稻地,有的是螃蟹。享受田园生活嘛,现在没有了。现在回老家连听蛤蟆叫声都没了,那时候到处呱呱叫。

如今地也没有了，都交了，村民住的楼房比咱们市里的还好呢。

我们这一代人太不容易了，六十年代初，度荒赶上了，挨过饿。文化大革命，没怎么念书，只上到初一，上山下乡去了东北，黑龙江建设兵团。虽然说给工资，可是，干活累啊，冷啊，最低气温零下 40 度。平常是零下十几度。戴棉帽子，穿棉衣在外边待不了，得冻透了，穿戴都是皮毛的，狗皮毛的才暖和。

在东北八年时间，第二年春节才回家探亲，火车票也不好买，人多也挤，都是返城探亲嘛。七七年返城，上了几年班，又赶上下岗。办退休时，人家一看记录，93 年就下岗，下岗十七年。上班还没十七年了，就靠自己出去干，卖这个卖那个。还有人管你，什么占道，什么执法的呀，还都管着你，嘛事全让我赶上了。

石宝华

采访对象：石宝华（1956 年生）

采访时间：2017 年 1 月 12 日（星期四）

采访地点：黄纬路胜天里家中

以前我们这里都是平房，原来叫东兴里，是军阀李纯建的。这儿可能是天津最大最整齐的胡同了。横三条竖三条，胡同也宽，房子都是10平米一间，特规矩，房子盖的也结实。卫生条件也好，一家一个小土筐，倒垃圾都特别规矩。

胡同里住的都是平民老百姓，没有大人物住这。都是大杂院，进了院子，基本都是三合院，迎面三间，左右厢房各三间。一个院有五六家的，八九家的。我们家的房子最多了，北房两间，南房一间。旁边还有一个小厕所呢，过去是磕灰，胡同一喊磕灰的来了摇着铃铛。一会儿，又是倒土的来了。拆迁的时候，原来房子多也没用啊，我们家没有能耐，拆迁回来就给我们这偏单。

我就记得小时候，胡同里磕灰的，倒土的，有卖茉莉花梳头油的，磨剪子镪菜刀的，剃头的，锔锅锔碗的，挑着挑子，跟小炉匠赛的，有刨搓板的。那时候，都是串胡同。锔锅锔碗特别有意思，先打眼儿，然后用金属锔子锔，再抹上腻子。其实，要是回忆小时候也挺有意思。那时候，也不觉得多苦，就知道玩，苦有苦的乐趣。就是大人为了点粮食发愁，家家都是这样，没有攀比的。家里孩子多的，条件就差，孩子少的条件就好。大多数家庭都是五六个、六七个孩子。我们家就五个，我最小。

黄纬路以前没有现在这么宽，是后来拓宽的。抗震里那边原来有福厚里，再前边是马公祠，很早就改成黄纬路小学，起码有六十多年了吧。我就是在那学校上的小学，现在是幼儿园，改了好几年了。四马路上的二幼以前是四马路小学，我哥哥在四马路小学，我姐姐是在鸿顺里小学，你看我们住在这，分的片儿不一样。我小学三年级就文化大革命了，我上中学就是大锅端，在志成道中学，六九年上的中学。七五年，我高中毕业后下乡的，要不我也走不了，因为我二姐考上南开大学了。我要是不走也没有好工作，建筑啊，市政啊，都是那个。

这几十年我们也够不易的，什么都让我们赶上了，上学的时候吧，文化大革命，也没学到知识，等下乡回来了，上了几年班又赶上下岗。我们五零后什么都赶上了。现在是上有老下有小，伺候老人，看着孙子，四代人了，多累呀。

七六年，趴擦地震了。那年，我下乡在北郊霍庄子，去了四年嘛。回来我就顶替我母亲，进了恒源毛纺厂，就是一毛。文化大革命改的一毛，后来又恢复了老字号。

等我们从临建回来，胜天里就盖好了。天津市第一批盖楼，邓小平来我们这视察。我们这是大板楼，缺点是冬天冷，夏天热。如果国家有点钱，把我们这大板楼拆了吧。

小时候的事，也没嘛说的，就是在胡同里玩，跳跳猴皮筋，跳跳房子，也就这些，长大了上班，买菜做饭。

对面二美里把角的地方，最早是做硫酸的厂子，文革时候，打砸抢武斗起来，拿硫酸瓶子互相扔，吓得我们在胡同口不敢出来。文革后，改成牛奶厂，接着又改成食品厂了。再后来，又改农行，来回折腾，现在是河北区档案馆。

我母亲今年八十八周岁了，快九十的人了，她有文化。以前跟我说过，东兴里是李纯建的，诗经村是冯国璋他们家的，二五四医院原来是曹锟的，我就喜欢听这些历史。

我母亲1949年前就在这里住，要说起来就远了，我姥爷原先是洋行的账房先生，给英国人打工。在和平区河南路，就在麦购后面，跟周总理的叔叔还有侄子的，住邻居，住在旁边院。都是小独栋嘛，一个院一个院的。那时候，我们家条件还算行。就是后来英国人都撤走了，条件就不行了，才搬到河北黄纬路来住。前几年，我还跟我老娘去老宅子看看。到了那一看，房子现在还有呢，就在滨江道那。我老娘总是跟我们讲他小时候的一件事，有一个给西餐厅做饭的厨师，没儿没女，总接我家人去西餐厅吃西餐，我妈妈才几岁总是跟着去。刚走出门，外面当啷当啷以为是车到了。出去一看，来的是周总理，他的叔叔在隔壁院住。等到1949年以后，我们刚明白这些事。

我老爹拿八袋面换的东兴里这三间房子，以前都是拿面换，没有像现在拿钱买的。一直住到七六年地震，拆迁盖楼房，又一直住到现在，没离开这点地儿。我结婚走了二十年，我们老娘房子在这嘛，让我回来又接着住。我们老娘买一楼的房子搬走了，因为我们老爹的腿不行，上不了楼，搬走十四年了。我跟胜天里就一直没断，结婚走了不也是天天来嘛。

这门口比我大几岁的，也不一定知道的事多，很多是后来搬来的，新户也多。要是老人都还活着，那就说不完了。

我娘家可是有背景的家庭，就说我姥姥的亲哥哥，那还是军阀时候了，去北伐，死在战场上了。当时给他们家多少土地，就成了地主了嘛。老家在河间，高台阶，那都是有名的了。我姥姥的侄子让过继一个，1949年前在北京当财政局局长，

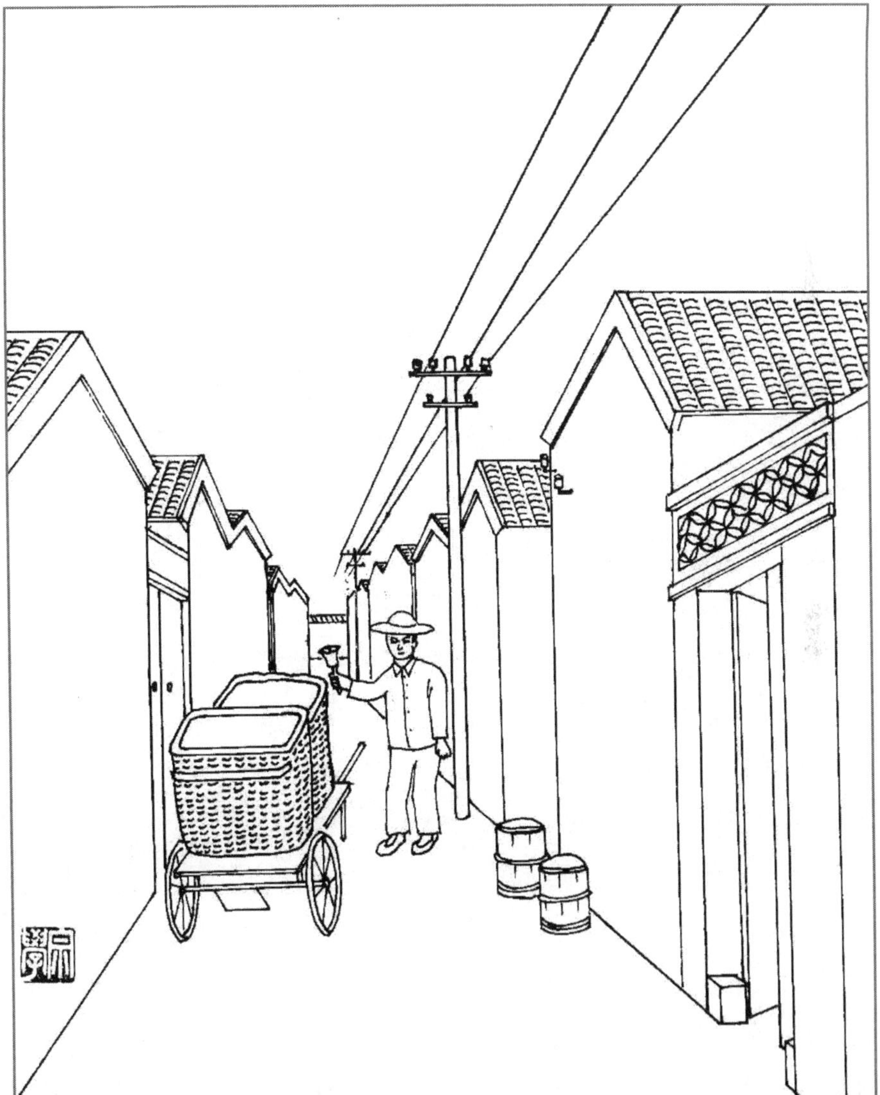

胡同磕灰图

现在北京还有他们住的四合院呢。那讲究啊，我妈妈还去看呢。大狼狗就养好几条，光给狼狗蒸饽饽的就有两个厨子。我们老娘也没享几年福，1949年前家里就穷了，我老娘就去恒源毛纺厂上班，吃了多少苦。也就是在小时候，享了几年福！有嘛用。我妈说，就是有了我们老姨开始，我们老姨是三八年出生的，开始闹日本，社会就不太平，我家就越来越不行了。老姨今年已经七十九了嘛，都是八十年前的事。

五马路那，以前还有一块石碑写着大日本三个字，在染化楼那。这说话也有十多年前呢，我走到那一看，刻着大日本。后来有人领记者去，照了几张像，可能现在已经进了博物馆了。

老东兴里，我的记忆是嘛呢，就是出了胡同，有一个大饼铺，他的儿子腿瘸，旁边有砸铁的，水铺。住三马路门脸的，都是做小买卖的。家里用水，都是让水铺给送，一挑二分钱。

黄纬路胡同口附近没有开门脸的，都是一座座大院。有一个大院子老大的，是个红木门，在吃大锅饭的时候，是食堂，后来改成幼儿园。

东兴里建幸福大院的事，我有点印象，文化大革命以前，就是院里这边三间房子，那边三间房子，中间有个过道嘛，有一个墙，算是一个院，把那墙给拆了。把大门的门拴上了，用砖给砌死了，不让走大门，让走那边了。胡同建食堂，还要吃大锅饭。记得六九年，挖防空洞，我们这些院的人都出来挖。哏儿极了，那时候多穷，去哪弄木头去，就把大门卸下来，架在地道上边，再铺上土，我们小孩就钻进去玩。备战备荒为人民，那时候特别紧张，粮本的那点粮食，还让你存三斤。你说那时候人特别听话，让存就存。可是，如果一打仗了，那三斤去哪买去？粮店是每个月二十五号借粮，借下个月的定量。到了天冷了，十一月二十三号开始卖山芋，因为粮食不够吃的嘛，山芋还多给点，一斤定量给五斤、七斤山芋。有红芽的，黄芽的，家家都是拿麻袋装着。一家一个煤球炉子，一家供应多少煤、多少劈柴。你看那时候的人，一个个都是精神极了，过的那日子噔儿噔儿的，挺和谐的。那时候，还没有和谐这个词，哈哈。

我大哥是老三届，下乡去黑龙江建设兵团。条件还可以，回来探亲捎来瓜子、黄豆，拿大锅炒，一院子都吃。你说现在住楼房了，谁认识谁呀。

支教模范白芳礼，以前就是住在东兴里中胡同，一直蹬三轮，把钱都捐献学校了，真是不容易，他闺女下岗多困难呀。后来给他塑了像，留下了名。

东兴里也不都是穷苦人，也有隐姓埋名的，有一个院住的女人漂亮极了，一扫听，1949 年前是妓院的。

东兴里距现在也有一百年了吧，对面的李纯公馆，1949 年后改为外贸外国语学校。我小时候，经常去那里玩，有看门的，我们小孩就蹲着往里跑。大院特别深，院里四周都是大瓦青砖平房，正中间有一座洋楼。我们爬木楼梯，上洋楼二楼房顶上玩，它的房顶子特别好上，你看我是小闺女都上的去。那个看门的老头追我们也追不着，哏儿极了。

东兴里大多数房子都是出租的，最后你想买下来，就给他几袋面换。那时候的面不是普通的面，是美国进口的面，可能是三十斤一袋，一般的面，人家还不要啊。那时候穷啊，总是备战缺粮食，人家乐意要面，房子也不值钱，搁到现在可换不了了，哈哈。

听我妈妈说，解放天津的时候，这边枪炮声也挺激烈的。巷战嘛，不过时间短,也就一晚上,到了早晨就说是解放了。

大悲院前面二十年前曾经挖出了一口棺材,就在李公祠那里。挖了一半悬在那,向上边申请是不是挖出来,最后没让动,还给埋上了。

就说我们恒源毛纺厂,厂长室的大四合院,要是留下来点照片多好啊。厂里的礼堂拆的时候,卸下来的大木头得卖多少钱呀。

我姥爷以前还存着一块匾,黑色的木头绿色的字刻着什么商行,后来破四旧的时候,给锯了钉板凳,最后也给扔了。

赵桂华

采访对象：赵桂华（1932 年生）

采访时间：2017 年 1 月 15 日（星期日）

采访地点：黄纬路胜天里楼下

我家什么时候住在东兴里的？说起来话长了。我是1949年从河北衡水地区来到天津的，那年18岁，天津已经解放了，我在天津过的第一个十月一国庆节。

我是从老家投奔我哥哥来的，我哥哥比我大十二岁。1949年前，他一个人来到天津，最早我哥哥是在一家铁工厂干钳工，给橡胶厂的机器做零件，加工好给安装上，技术也学到手了。以前蹬过三轮，认识的人就多了，认识了一些资本家，人家就说，你也有一些技术，干嘛不自己干呢。我哥哥就动了心思，开始自己创业，在黄纬路三马路门脸租了房子，买个机床子，雇了几个人，去联系有关系的厂家，逐渐干起来了。

我家的铁工厂在三马路东兴里附近，那的门脸房第一个门是我们铁工厂，旁边第二家是棉花铺，第三家是杠房，第四家是卖鲜货的。

四九年我哥哥就把我从老家叫来，在铁工厂里学技术干活。我们当时都是住在小工厂里面，一个小厂子四、五个人去哪睡觉呢？就在房子里搭个吊楼，我们在吊楼上面睡觉。

我们铁工厂是做压胶机的，给橡胶厂制作机器设备，像四马路上的南洋橡胶厂、环球橡胶厂都是用我们铁工厂的机器。南洋橡胶厂的老板还是爱国进步资本家，民主人士，叫荣子政。1949年前，厂子是他的私营企业，他带头公私合营，还担任过区政府的领导。我知道他，有点胖乎乎的，特别有资本家的派头。他有名气，买卖就干的好。他的大儿子还在这附近住呢，他的二儿子在香港，小儿子也住的不远，个不太高，胖胖乎乎的，前些天我在海河边上晨练还看见他呢。反右的时候，荣子政挨批了，以后的运动也挨整。他的孩子也受牵连，你说出身谁能选择呀，你要是出身不好，你就倒霉了。

我在铁工厂就是干活，画好的图纸，把铸铁件在车床上加工，压胶机有大辊子和小辊子不一样，就跟压面条一样，用电机的皮带传动转悠。

1956年，全行业公私合营，我家的铁工厂的机器给弄走了，房子就腾出来了，我哥哥就住在那。我结婚就住在东兴里9号院里，是租的房子。房主是一家煤场的老板，人家赚钱了，就在东兴里买了好些房子出租。1949年后，房子都归房管站了，房租不交给他了，交到房管站。

公私合营以后，我就到东郊区的一家机械厂上班，骑自行车玩命骑也得45分钟。这个厂子，听说是资本家出钱建的大厂子，厂里是做耕地用的双人双桦犁。其实，农村用这个没少死牛啊，把牛都累死了，那是多沉的家伙，铁架子沉啊。俗话说能拉千斤载，不拉一犁土。牲口就怕拉这个，千斤载它有轱辘就好点，犁地总是一个劲绷着，不使劲犁不走啊。所以呀，农村用这个就没少吃牛肉。后来，我调到三条石的面粉机械厂，做面粉机。最后，是到汽车行业工作，直到退休。

我哥哥早就死了，比我大十二岁，你想啊，我今年都86岁了，1932年出生的。

以前东兴里胡同横三条竖三条，一共六条胡同，胡同特别长特别整齐，有一年把左右两边的窄胡同给堵死了，只留中间的宽胡同。黄纬路是五二年拓宽的，原来是石子路，两边都是商铺和住家，到了五马路截死了，左拐从元纬路走才到新开河边,再右拐才到京津桥,黄纬路是以后才打通的。

七六年大地震我们东兴里砸死人了,胡同中间的一个院里砸死两个人,另一个院砸死一个人。东兴里要拆迁盖楼,我家在 84 中学住临建棚,两年后搬进了楼房。建楼的时候,邓小平还来视察了。

我再跟你讲,我年轻的时候,来天津之前的事,我觉得还是很光荣的。我十几岁在农村的时候,是儿童团的团长,那时候抗日,我们站岗放哨,到了四四年,日本兵就不敢随便出来了。我们天天站岗放哨,查路条,从小做革命工作。周围十四个学校的学生都到我那开会去,我给他们讲话。

八路军经常在我们那活动,有一次,我住在学校里,晚上睡觉,被窝里多了一个人,是被日本兵追,躲进来的。我们那有汉奸,告诉日本兵哪有八路。日本投降后,我接着上学,一共上了六年私塾,念《百家姓》。那时候没法好好上学,日本人来了,跟着村里人往松树坟跑,就是坟地种满了松树林。树叶不高,进去人也看不见。躲起来呀,怕被日本人逮走就崴了。日本人进了村就抢鸡,你还没起呢,他就骑着自行车来了,鸡笼还没撤呢,他就打开鸡笼,把鸡提走了。日本岗楼离我们村八里地,经常来骚扰。那时候,妇女都是用锅底的黑灰抹脸,怕被日本兵强奸。

四六年,我们那的文教委员让我跟着他南下做地下工作去。因为我父亲有病,需要照顾,我就没跟着去。土改的时候,跟着一起分地主的地,房子也给穷人分了,我们那比天津解放的早。

马佩莹

采访对象:马佩莹(1955 年生)

采访时间:2017 年 3 月 10 日(星期五)

采访地点:在笔者家中

我父母家在四马路的新元善里9号，一个独门独院，跟南洋橡胶厂的荣子政家隔着一个门。我常年住在姥爷家，住的院子在黄纬路上，背靠着东兴里，在原李纯公馆的对面。从三马路到四马路之间有八个院，其间还有东兴里的三条胡同，中间胡同是宽的，两边的两条胡同是窄的。这八个院都是大院，大门楼都是一模一样的。门楼上都有砖雕，每个院的砖雕图案都不一样，有动物的、有花的、有仙鹤的、有小猴抱桃的，都是吉祥如意的图案，我们院是松鹤延年。到了文革的时候，扫四旧嘛，人们搬梯子拿斧子，上去把砖雕都砍下来了，有的用白灰给抹平了。铁一小门楼上的雕刻最可惜，很多给拆下来了，不拆的也给破坏了。

进大门就看到影壁墙，影壁上有砖雕。向左拐就是一个月亮门，进去是一个四四方方的大院，院里正房、厢房都算上，一共有十八间房子。迎面是北房五间，有走廊，左右是东西厢房，南房五间，其中一间是门道。北房是我姥爷住的，进屋是会客的地方，八仙桌子，太师椅，条案，我小时候都见过。中堂古画，花瓶，帽桶，两边是木雕隔扇的套房。西厢房靠北房前，有一棵特别粗的大槐树，我小时候就这么粗了，树龄肯定比这院子还早。一到春天，满树上开的都是白花，走到四马路就闻到槐花香。黄纬路一带种槐树的多，曹家花园，就是现在的二五四医院的院里，种的都是槐树，包括宇纬路的美术学校宿舍院里也种的槐树。

我跟您说，我们院的大槐树是怎么砍的呢？六九年战备的时候，挖防空洞，因为防空洞都是通的，我们院的地道口进去，一直通到街道办事处，指挥室，仓库，幼儿园都能上去，一直通到幸福食品厂。因为地道从我们院里通过，这棵树太深了，影响防空洞，就把这棵树给砍了，砍树是园林局来人砍的。园林有规定，树是允许你种，不允许你砍，砍要申请，这么粗的树，你要是自己砍，倒了非得把你们家的房子砸塌了。

听我姥爷说，他小的时候，就觉得曹家花园的槐树挺粗的，现在看嘛，还是这么粗。后来，听说是千年松，万年柏，隔不住老槐树这么一拽。槐树长的慢，特别慢。

姥爷家黄纬路的这个院是四八年买的，以前我姥爷家在河北老家，那里的第一所新式学堂，是我姥爷出钱捐建的，第一个女子学校也是我姥爷出钱建的。新学校是不读四书五经的，是学数学、美术、音乐的新式学堂。

马佩莹的母亲（后排中立者）与其爷爷奶奶及家人在20世纪40年代合影，这些人都曾经在黄纬路50号生活过

那时正发生七七事变，经常闹土匪，那正是战争时期，我姥爷在老家呆不住了，为了躲避战乱，也因为在天津有买卖，就到天津来了。到了天津之后还想走，被

我爷爷给劝住了，说别再去别处了，就在这住下来吧。这样，就在黄纬路买了这个院。听说是从姓李的那买的院子，肯定是李纯家的人呗。房屋都是装修好的，带整屋的家俱。过去卖房子都是这样，有点钱的人家，搬家就是带着衣服细软，提着柳条箱。中国传统的柳条箱，皮子包箱子四角，有用黄铜包的，一提着就搬家了。人家有身份的房东，一看你穷不拉叽的，他不租给你。

东兴里有水铺，胡同住这么多人，我姥爷义务管过水费。街道代表找到我姥爷，我姥爷就答应了，说我管行，不要钱。我姥爷家卖水牌，是竹子做的牌，牌上烫着字，用铁丝串着。跟过去自行车存车处给的牌一样，挑一挑水给一个牌。文革抄我姥爷家的时候，胡同有个人想管水牌，就给使坏，说我姥爷贪污水费。这边抄家，我姥爷这边一笔一笔给算，算来算去就差二分钱对不上账，我姥爷把抽屉反过来，二分钱蹦出来了。

文革时，自己能砸的能烧的都全去了，动不了的东西，像八仙桌子、条案、太师椅、镜框，都抄走了。给留一个老式的钟表，瓷花瓶都给砸了，花瓶托还留着了。字画烧了，镜框是红木的，就连后面的板都是红木的。为嘛留下来了没抄走，因为镜框里是毛主席像。

我家的四间南房给没收了，两间分给了乔姨，另外两间就成了清理房屋指挥部。天天有街道和房管站的四五个人在那里上班，一个花白头发的老头是领导，几个青年是帮手。我还记得这两间房子还做过牛鬼蛇神学习班，每天一屋子的牛鬼蛇神交代过去自己的罪行。我有时候，到门口像听故事一样听听。

东兴里的院也分三六九等，房东盖房子的时候，想着有的是卖的，有的是租的。讲究的是一家住的独门独院。大多数都是小杂院，有的是大杂院，四马路小学旁边的小院，民国时期曾经是个小医院。穷人没钱看病，那不要钱，当然了，也没有好药，就是平民医院。

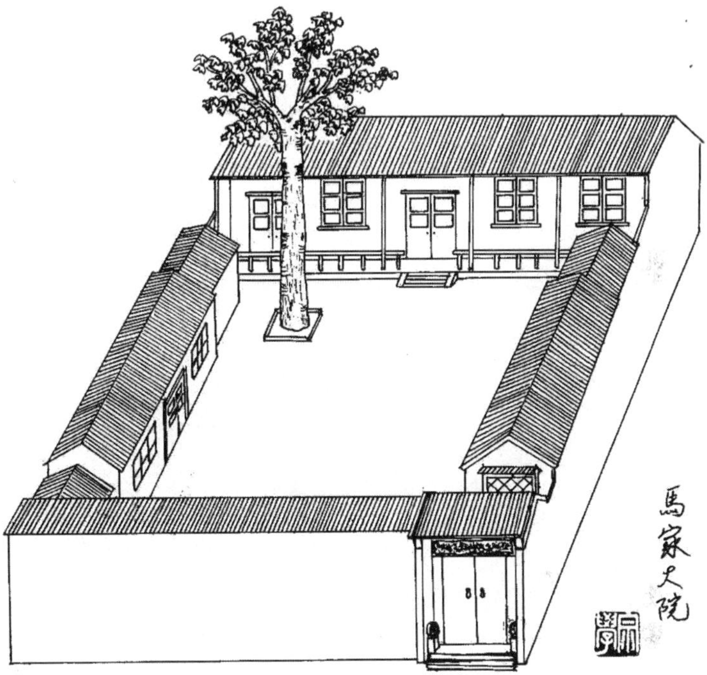

马家大院

中山路的大军阀的公馆多，过去所有的军阀也是有骨气，不愿意看洋人的脸色，没事了他在华界住着。其中，冯国璋就在宇纬路五马路的院子住，就是现在的美院宿舍院里住着，他不参与政治了，一闹土匪动乱了，他就跑租界住去了。一平安，他就又回来了。

说起我家对面的李纯公馆，在我记事的时候，就已经改成外贸学校。文革前我还小，没进去过。过去门口有看大门的，不让进。文革当中，我进去过，三个院二层楼，有长廊。我的一个老师，是外贸学校毕业的，在那上过学，说那个学校以前当过国民党军法处，学校靠三马路的那段宿舍特别像监狱，又阴又黑。说起来，当年吉鸿昌压在哪了吗，就在五马路的第一铁丝厂，那里做过监狱，现在是美术学校的宿舍。

李纯公馆的围墙特别高，特别厚。怎么上去？有坡道，是两边上的，想象都可以骑马上去。跟老天津城墙一样的，带兵的将军就是骑马直接上城墙。您看天安门后面的坡道，皇上要是上去就坐轿子从坡道上抬上去。公馆的大红门，足有五米高，那个门一关上，你什么也看不见，大门上还有一个小门，家人出来进去的走这个小门。他要是坐汽车来了，就开大门。

院里都是砖木结构的房子，木头楼道，木头楼梯，木头走廊，除了砖墙以外，都是木结构的。天井不大，有两座二层楼房，围着楼房一圈走廊，前后楼之间通着走廊，二楼上也有走廊。院里的房子跟围墙不挨着，你就是攻进来，上了围墙再下了围墙，也上不了楼，他防着呢，他是军人出身嘛。李纯住的地方肯定是在中间的楼房里，周围住的是卫兵、厨房的厨师、管家，佣人，他的几个老婆还得分着住呢。

三马路幸福食品厂旁边有个院，那个院还特别清静，栅栏门不高。你知道是谁在那住吗？写武侠小说的宫白羽。刚解放的时候，还不稳定呢，宫白羽穷途潦倒，没有饭吃。1949 年以后，武侠小说吃不开了。过去的作家也吃不开，跟现在的作家不一样，穷笔杆子，赚稿费没多少钱，不是发大财的。

中山路的故事，那可多了，清末开华界，从金刚桥开始，原来叫大经路，也叫大马路，然后是二马路、三马路，天地元黄宇宙日月这么排着。政府将新区规划完了，就招商，要开发一块地，拍卖给你房地产商盖房子去，那就是跟现在一样啊，这些军阀占了天津一半的房子。

潘欣荣

采访对象：潘欣荣（1956年生）

采访时间：2017年3月10日（星期五）

采访地点：在笔者家中

我家住在黄纬路，肯定是1949年前，我哥哥都快八十岁了，我在家最小。我老娘今年九十六岁了。现在住在胜天里，坐炕上从窗户就看见马路对面的河北区法院，就是过去的李纯公馆。

我家原来住在宇纬路与四马路交口那个院里，现在的三宇超市的位置附近。过去，那是个粮店，旁边就是我家的院，大门朝着宇纬路。

三马路上，炸果子铺，水铺，大肉铺都在三马路这一块，一家一家挨着。我爸爸就是在1949年前干点买卖嘛，运动来了就说他是资本家。

以前我家在席场那边住，怎么搬这边来的，那年着火了，那时候还做买卖了，没办法，就买这边的房子。那时还没有我呢，是听我父亲说的，我们几个孩子都是在这出生的。后来我父亲在公私合营的时候，归到一个厂子，还是个小厂子。为什么给我们家定资本家呢，我父亲如果在大厂子根本算不上资本家。我哥哥在板桥农场管犯人的，公安局先搞的四清，给我家定的是小业主，到了我爸爸这厂子给定资本家了。

文革的时候，我们家的东西都给抄走了。就像那漱口盂、镶碗，都是细瓷儿的，那个叫四旧，啪，给摔了，钟表给抱走了。

我没上山下乡，不是幸运！我家有七个孩子，除了我大哥在板桥农场，还有我，其余的都下乡走了。

我家买煤是在四马路，也在马公祠姜大爷的煤店买煤，姜大爷那人可好了，特别仁义，口碑特别好，在我们这块地方有名。七八十岁了还背煤上楼，没有不认识他的。开始是赶着大马车送煤，姜大爷平时脸都是黑的，天天送煤嘛，也顾不上洗。

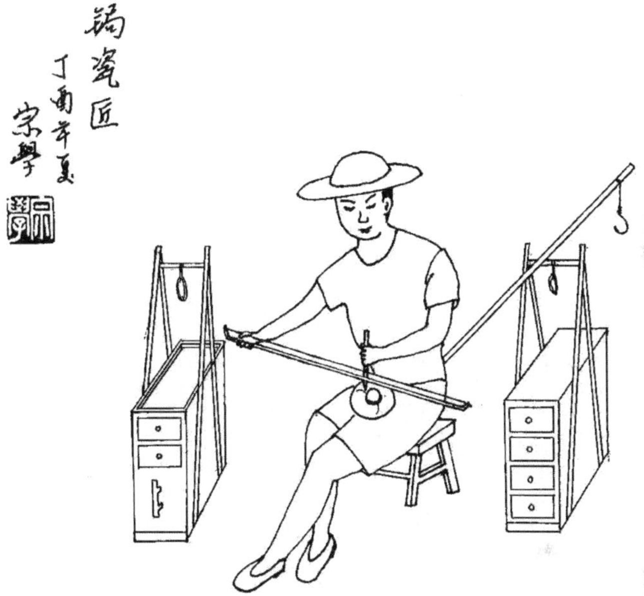

走街串巷的锔瓷匠

东兴里二条胡同住着白芳礼，捐教育，上过电视，蹬了一辈子三轮，做了不少德行事。

我家门口四马路，在文革当中修路的时候，就在四马路小学门口，出过一个大事故。有个小孩淘气，爬上履带式推土机在上边玩，中午人家工人休息，等到工人一开推土机，就把孩子的脚卷进履带里了，一下子把小孩的脚齐刷刷地给切掉了。我还去看了，那孩子的脚就在驾驶员后面的地方，还穿着鞋呢，很惨的一只小脚丫就在那摆着。可怜呀，这就残疾了。若是现在，可能就能给接上了。当时修的路还是三合土的地面，不是现在的柏油马路。

黄纬路跟京津公路连着，从北京来天津的车，黄纬路是必经之路。经常可以看到北京大使馆的汽车，黑色的牌子，使字是红色的。黄纬路的路面是水泥的，可以过坦克，长长的水泥板都这么厚，那是日本干的那活，浇筑的水泥石头子，特别结实，跟大理石似的。后来，改铺柏油马路，破那路面的时候特别费劲。中山路以前路边种的树，都是杨树，叶子特别大，马路之间是电车道，没有现在这么宽。

东兴里有一家女的是日本人，是缝毛衣的，名字叫深夏广芝。因为，她缝毛衣跟我同院的是一组的，所以我跟她熟悉。到了文革后期，中日建交后，她的一家人回日本去了。她女儿叫王丽君，在黄纬路小学上学，王丽君的大哥叫王长江，跟我姐姐是同学。王丽君白白净净的，长的挺漂亮，中学没有毕业就跟着去日本了。听说，她家回到日本后，生活的很不好，亲属客气后也没给多大的帮助。要先去学语言，好像是哥哥们闹着回来，后来他们的妈妈死的挺早。

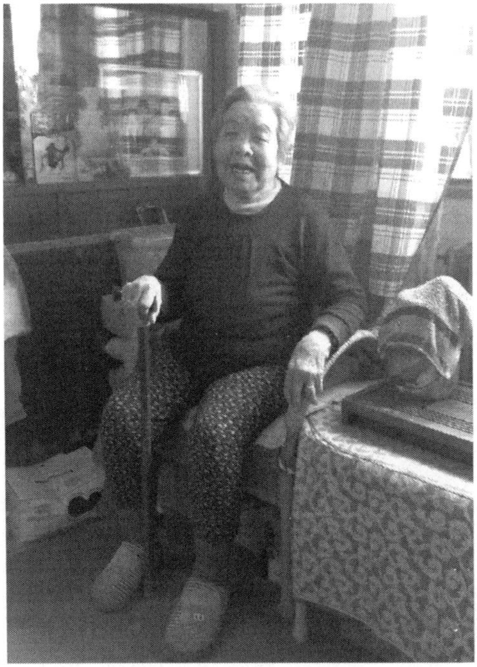

张秀珍

采访对象:张秀珍(1925 年生)

采访时间:2017 年 3 月 25 日(星期六)

采访地点:黄纬路胜天里家中

以前我家住在东兴里23号，胡同口离宇纬路近。你要是想了解以前老胡同的事，还真得抓紧，你知道为嘛吗？从我来讲，在东兴里住了75年了，我今年93岁，好些事都忘了，耳朵也不行，眼也看不清了。

我是1945年，19岁来到天津。你算多少年了，当时住在西头，在掩骨会那住，从那搬到黄纬路东兴里，多少年了。我是北京人，在北京前门外住，我当家的在天津做事，天津有亲戚，我们在北京结的婚，一年后合着就把我接来了，我是带着妈妈来的。北京啊，现在还有一大窝人呢，就我一个人在天津。

天津解放的时候，在院里挖防空洞，坐那里头，一个院的人坐在防空洞里头。我妈妈在外面给大伙儿做饭，给洞里送，就听外面枪炮叮当响。我住这七十多年了，就没离开这块地界儿，住胡同平房，地震后住楼房。

我当家的是在官银号后面的菜市场，给人家卖鸡鸭，按现在说就是售货员。1949年后，五四年那时候叫公私联营，两年以后就是公私合营，到岳阳道菜市场干去了。以后就都解散了，就自个干了，还是摆摊卖鸡鸭，就是干这个。

我家以前的房子是租二房东的，住一间半，两家住三间，那时候兴这个。我们一个院以前住着七家，现在老人就剩下我一个了，其余的全都没了，我都给送走了。

张奶奶与儿女合影

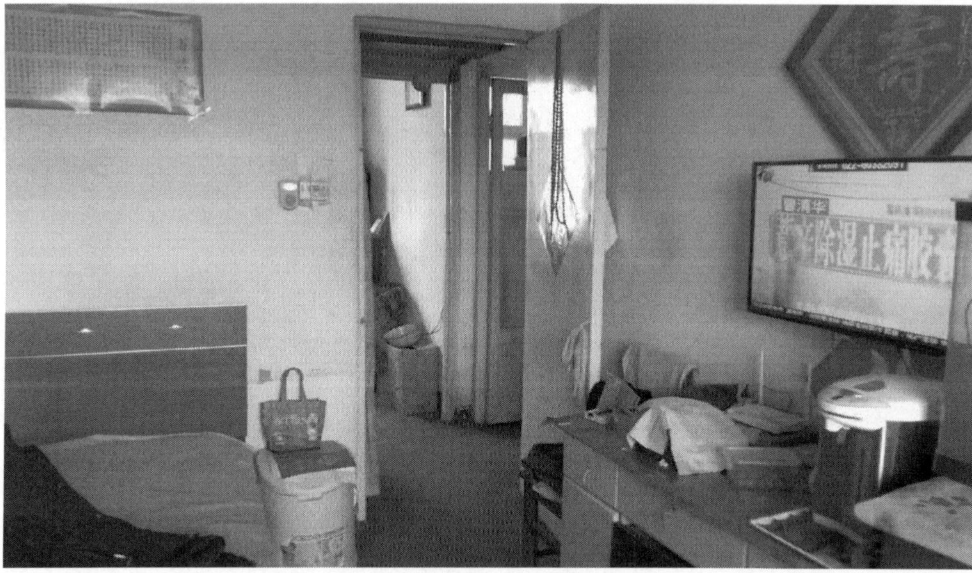

家里的摆设

以前东兴里一面三条胡同，三三见九，九个出口。五八年大跃进的时候，东兴里改成幸福大院，那时是隔一门一堵，怎么回事呢，就是两个院相接的地方开个口，走一个门。胡同都是铺的砖地，坡型的，下雨的时候，往两边流水，走中间没水。六九年每个院里都挖防空洞，就是挖一个坑。拿嘛盖呢，把大门落下来，盖在上面。

三马路有一家聚成号铁铺，掌柜的跟我们住一个院。东兴里 10 号，有个温泉澡堂子掌柜的住那。

头大的孩子参军去了，是空军，在湖南，才 23 岁就牺牲了。当时难过呀，如今年头也多了，就不难过了。现在我还有一大帮孩子在身边呢，如果只生一个孩子就不行了。闺女们都结婚了，还有我外孙子跟着我住，他住小屋，我住大屋。还有一个二闺女，有点毛病，小时候抽风，一直跟着我。

我大儿子牺牲后，部队来了不少人到我家，屋里都坐满了，不敢告诉我们，先谈事，慢慢说呀，他哪能当时就这么说呀，他说有病了，其实早就牺牲了，怕家属一下子接受不了。一看我老头子躺在床上，病的厉害，也快不行了，就没敢说。紧接着，二儿子又去参军，是海军，我家是光荣烈属了。唉，牺牲个儿子，我倒是吃香了，什么都照顾。

以前我家穷，七个孩子，孩子们上学不花钱，吃补助，一个孩子补助七块钱，穷着呢。现在行了，到时候关钱，我也没上过班，没有退休金。因为儿子牺牲了嘛，一来二去的国家给我钱了，以前给我多少？给三十块钱，多少年了，后来一点点涨，现在跟上班的一样。够吃饭的不就完啦。过去买布做衣裳，拿布票去商店买去，花多少钱到单位报销，就是补助嘛。等孩子大了，都上班了，就行了。

东兴里我们那几个院的房子，过去是一个姓王的老太太的，她是二房东。那老太太的儿子，现在还住在胜天里，也是老年痴呆症了。

永记杂货铺在三马路对面，旁边把角是卖豆浆、老豆腐的，旁边是沈家棚铺，三畏里，我们叫永记胡同，因为挨着永记杂货铺，是史家开的，他闺女在黄纬路超市上班，可能也退休了。

在这边门脸有一家是聚成号铁工业，掌柜的叫王聚成，我们胡同姓赵的哥俩在那干。旁边有一家早点铺，里头有一头驴拉磨，旁边有电线杆子，上面有日本人的痕迹，叫高田商会，你见过水泥电线杆子是三角的吗？三角是向里挖的。

宇纬路跟三马路口那有一个粮店，叫盛昌永粮店，宇纬路跟四马路交口的煤店，叫延胜德。三马路上还有玻璃铺，掌柜姓张，他儿子现在住胜天里。

李纯公馆改猪鬃厂，东兴里 17 号的朱家，在那厂里有股份，他家哥五个，朱世铮，朱世元。李纯公馆大门拱型的，比铁一小的门洞稍微小一些，两边是罗马柱，我们都没进去过，人家不让进。

我身体现在还不错，就是眼差着，耳朵有点背，经常让闺女扶着我下楼走走。我现在，对过去的事还记着，现在的事倒是记不住了。我最爱吃闺女包的饺子，还得等饺子晾凉了，拿油煎的。说起来，我爱吃的都是禁止吃的，油大的，咸的，甜的。我喝一碗稀饭搁三勺白糖。就是嘛病没有，哈哈。我年轻的时候不行，到老了，我倒行了。其实啊，年轻时受罪不叫受罪，老了受罪才叫受罪。我主要是心情开朗，嘛病没有。

现在胜天里九十多岁的老人有十多个，有一多半是动不了的，老年痴呆的，有一位已经 101 岁了，是柱子他爸，刚搬到儿子家住了。如果把这些九十多岁的人都搀下来，聚在一起照张相，多好呀。

附录一

四马路——河北“日租界”

在河北区元纬路到月纬路之间的四马路地区，日伪时期，这一带曾是除了日租界以外，日本侨民最集中的地区，当时这一带有“河北日租界”之称。

日本侵略华北，1937年天津沦陷后成立伪政府，河北中山路的中山公园附近是天津特别市公署办公地，市财政局在月纬路三马路附近，这里的周围地区成为天津日伪时期的政府行政中心。

在1937年日本占领整个天津之前，大多数的日本人居住在日租界内。随着日本人来津人口的急剧增加，由于日租界本身面积有限，后来到天津的日本人不得已，居住在日租界外的华界。尽管整个天津都处于日本的占领之下，日本人还是聚居在自己国民多的地方，才会有安全感。日本在这一时期掀起的来天津的热潮，则是带有政府主导下的移民性质。

河北四马路一带，由于临近天津特别市政府，属于高度戒备地区，对日本侨

当地居民保存至今的日本产点心盒▼▶

当地居民保存至今的日本产印章盒

民来说相对安全些，所以，这一带是除了日租界以外，是日侨聚居比较多的地区。

在这一带的街上经常可以见到日本人身穿和服、脚踏木拖鞋行走于街上，日本的小孩子在路边玩耍。所以，四马路这一地区被称为河北的日租界。

日本人在这一地区开办工厂，还有日本人经营的商店，卖的多是日本产的商品，满足本国侨民的日常生活需要，也欢迎中国居民来商店购买商品。所以，时至今日，住在这一带的居民家庭里，仍然完好地保存着那个时期日本产的木制糕点盒、首饰盒、驼绒军大衣等。这里卖的洋面，系木桶包装，营养丰富，据说面粉里掺入奶粉。如果生下小孩没有奶，就用洋面熬成浆糊喂食，孩子照样长的又白又胖。

日本女子在日本战败后嫁给王家，住在东兴里，这是其子女的童年照片，李树杰一直保存着

在月纬路四马路的善邻里10条胡同，是在1942年，日本人田中为日本在津的家

元纬路老照片

属修建平房住宅共 10 排，以“日中亲善，共存共荣”之意取名善邻里 1 至 10 条。房屋建筑为日本建筑风格，胡同为红砖铺地，每户都有一个庭院小花园，通过小花园是日式建筑，厅内有过道，分出南、北房室，房内装修成木地板或榻榻米。住宅区内卫生整洁，环境幽雅。

岁月沧桑，时至 1981 年，由于进行平房改造，将善邻里 1—6 条胡同拆除，改建为两栋六层楼房，取名为临善里大楼，又于 1993 年，将其余 7—10 条平房部分拆除建楼，统称为日远里。

随着日本侨民的增加，为方便这一带的日本侨民子弟入学，开始在附近设立日本人学校。1938 年在月纬路三马路设立春日国民小学；1939 年 4 月在黄纬路四马路的马公祠设立天津三笠日本寻常高等小学，并于 1940 年 4 月在河北新大路南口建立新校舍；1939 年 11 月在河北区六纬路设立天津大和日本寻常高等小学；1940 年 4 月在河北新大路南口同时设立天津三笠日本青年学校和天津大和日本青年学校，这些学校的建立大大缓解了居住在这一带日侨子女的就学问题。

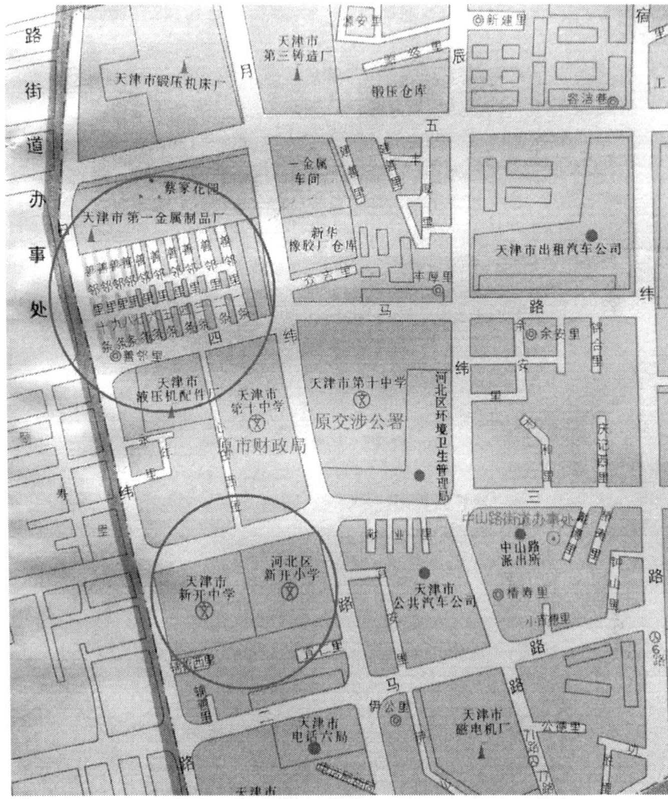

善邻里和新开小学(原春日国民学校)

笔者在这一带走访中，有的老居民回忆起，自己家的先辈曾经给这一带的日侨家庭当过佣人，当时这里的中国居民与日侨民众之间关系还是比较融洽。日本家庭多是拉家带口，很多家庭雇中国人做佣人。很多日本人对佣人态度平和，亲如一家，甚至有的日本人回国也带着中国佣人一起走。由此可以看出，残暴屠杀中国人的毕竟是那些军国主义者，普通的日本国民还是比较友善的。

1945年，日本战败后，在津的日本人绝大部分被遣返回国，尚有极少部分的日本人，由于各种原因留了下来。虽然这些日本人已经融入了中国的社会，毕竟还是与当地人有一些差别。笔者在走访中了解到，在黄纬路东兴里，曾经住着一个日本女人，日本战败后没有回国，嫁给了一个拉胶皮的中国人，周围邻居虽然指手画脚，视为异国人，平时相处还是比较和睦。在1972年中日建交后，这女人携全家人回到日本。

在中山路择仁里三条胡同的一个院里，曾经住着日本人母女俩，住的房间虽然只有八平米多，却收拾的非常干净。也是在中日建交后，回归日本。临回国前，到处找朋友邻居索要布票，购买了很多小花布带回日本，因为在日本这样的小花布比较贵，带回国当作礼品送给亲戚友人。

附录二

从春日国民学校到新开小学

河北区月纬路21号的新开小学，该校始建于1941年4月，校名春日国民学校，是由日本人真部义雄创办的。最初是日本人为在华的日本侨民子弟设立的。

关于该校的创立时间问题，还有另一说法，在1998年曾经有日本人来到新开小学，谈到在日伪时期曾经在春日国民学校读书，回忆说学校建于1938年，并参观了校园，拍照留念。回国后，寄来一只学校标识的银牌，赠给母校以作纪念。

春日国民学校的创立，是在日本发动侵华战争时期，因为在天津的日本侨民急剧增加，其中主要是中小工商业者，日租界已无法完全容纳，很多日本人开始移居华界各区居住。如何教育日本侨民子弟，是侨民所关心的问题，为方便租界外的侨民子弟入学，租界当局开始在日租界外设立一系列的学校。

月纬路的春日国民学校就是在这样的背景下建立的，当时校园范围：北到月纬路，南到日纬路，西到三马路。

新开小学原校长陈祖康在校园介绍学校的历史

笔者采访到新开小学前任校长、曾经在1949年到1955年就读于新开小学、74岁的陈祖康先生，陈校长详细讲述了新开小学的校史。

1949年后，学校改名为三区中心小学，门洞上有已经废弃的横额校名："春日国民学校"依稀可见。校园宽阔，靠三马路一侧为两排相对的U型校舍，当时校舍为平房。教室里铺着老式地板，很多地方已经朽烂，上课时经常有老鼠从地板损坏处窜出来，使学生们受到惊吓。1949年后改造校舍建到一层时，因为正值抗美援朝，资金紧张则停建，后于1958年建成二层校舍。

两排校舍之间是领操台和旗杆，校门左侧有一小花园，花坛里种植着各种花卉。花园东侧是一排音乐教室和图书室，经常从这里传出悦耳的风琴声和嘹亮稚嫩的歌声。靠日纬路一侧是室外体育器械区，有单双杠和虎符，右侧是教师员工和学生吃早点的地方，每日早晨供应豆腐，豆浆等早点，让教师员工吃好，以饱满的精力，为学生们讲课。

不久，校名改为三区一中心小学，因为在附近又新建了一所小学，校名则为：三区二中心小学。当时，三区一中心小学是模范重点学校，很多中小学的教师都要到这里进行培训实习，培养了大批的优秀教师。

1958年，教育局为了解决这一地区中小学校就读不平衡问题，学校拆分为新开中学和新开小学，从校园中间建围墙一分为二。1961年又更名为新开中学附属小学，1963年更名为新开小学至今。占地面积6700平米，操场面积为4000平米。

新开小学建国后历任校长：

第一任校长王某某，后调到教育部任职；

第二任校长郭炳辉，河北区人大主任离休；

第三任校长高耀宗，1958年调到新开中学任校长；

第四任校长马玉昆；

第五任校长张莹，文革时期任职；

第六任校长李振铎，后调到河北区教育局人事科；

第七任校长徐维龙，曾任法政桥第一小学校长；

第八任校长周淑娟，从元纬路小学调来；

第九任校长陈祖康，(1991年到任—1902年退休)；

第十任校长陈惠兰；

第十一任校长王晓迎，至今。

文革前，河北区新开小学、昆一小学和铁一小学并列为小学中的名校。多年来新开小学是红领巾示范校、贯彻国家体育锻炼标准先进校、游泳传统校等光荣称号。

该校历届的毕业生中比较著名的有：全国政协副主席郑万通，著名京剧演员李佩红、中央电视台节目主持人李莹、国家游泳教练李力健均著名儿童作曲家杨延龄，耳鼻喉专家金国威、河北梆子名家毛丽英等。学校培养出来众多的人才，为国家和人民做出很大的贡献。

1998 年 10 月 24 日，新开小学举办了庆祝校庆 60 周年纪念活动，由陈祖康校长主持，新开小学校方还出了《母校六十年》一书，记录了这所名校六十年来所走过的路。

笔者在 2016 年 9 月 26 日去新开小学采访时，见到正在拆除有着几十年历史的老校舍，新开中学已经迁走，校园合并一起，归新开小学使用。在不远的将来，新的四层教学楼将拔地而起，成为包括图书馆、功能教室、报告厅、音乐、美术、书法等多功能型的教学楼，将以崭新的面貌迎接更多的小学生在此启蒙学习。

附：我的校园生活

笔者是在文革时期进入新开小学读书的。那时候的学校，只有靠右边的二层教学楼，形状为 U 形，在教学楼下的中部是领操台。

音乐教室在二层教学楼对面的平房，从那里经常传来悦耳的管风琴声和学生整齐嘹亮的歌声。

当时文化大革命也波及到小学，学校的教学楼和院墙上贴满了大字报，学校让每个学生都要给老师写大字报，为了完成任务，我就写上有时因为身体不舒服，向老师请假时，老师说我装病，然后把大字报贴在校园的墙壁上交了差。

新开小学校门

因为我的家庭出身问题，受到父亲的牵连，在学校里备受欺负，班主任处处刁难我。学校组织游泳，我积极报名，老师却不同意，说淹死了怎么办？在我坚持下，老师让我家长写保证书，淹死与学校无关。可是别的学生就没有这个要求，只是对我这个黑五类子女要求特殊。

新开小学老校舍

班里的学生基本都加入了红小兵，戴上红领巾，却没有我的份。有一次，在新加入红小兵仪式上，一位学习最不好的调皮捣蛋的学生也戴上了红领巾，那学生宣誓后高兴地走回座位上，后座的一位女同学给他整理戴着的红领巾，我在旁边只是羡慕的份。在我上四年级时,班里换了一位班主任,我的境遇得到改善,这位老师对我很好,在当年我就戴上红领巾,使我觉得自己与别的同学一样了。

在文革中,中学停课闹革命大串联没有波及到小学,小学依然在上课,而参与每一次运动却是不可少的。在反击右倾翻案风运动中,开全校大会,一位同学在广播室宣读批判稿,记忆深刻的内容是:"做检讨,一篇一篇真不少……"

当时学校的教育是以政治挂帅,我在整个小学时期写的所有作文和决心书的结尾都是写上:"争做革命事业的接班人!"

学校组织学生到宜兴埠去参加务农劳动,当时的宜兴埠还是田野乡村,在田里摘圆白菜,中午吃饭时,看到一大锅汤的锅底有厚厚的一层黄泥,在农村做饭,菜也不洗就下锅了。

五年级时,学校开珠算课,学校让买小号的木算盘。上珠算课时我却经常忘记带算盘,我临时到学校对面的老式大院里的母亲同事家里去借算盘,那家的老爷爷,就去柜子里找出特别沉重的老式红木算盘给我,在课堂上,这个老算盘特别抢眼,老师同学看成是封建的老古董。

在1975年的时候,学校开始成立兴趣活动小组,有美术、无线电、文学等,我积极报名参加。有一年学校让学生上交废钢铁,学生们就把家里的废铜烂铁交到学校。为了完成任务,有的同学把家里做饭的用具都交上来了,校园里堆满了废钢铁。

在我毕业的1976年,是中国命运转折的一年:1月8日,周恩来逝世;7月6日,朱德逝世;7月28日,唐山大地震波及京津;9月9日,毛泽东逝世,我们返校参加追悼会,很多同学在操场随着哀乐哭起来,有一位女同学竟晕倒在操场上。

采访日记

2016 年 9 月

2016年9月2日 星期五

前几天我到四马路的问津书院参加问津讲坛活动，也是为了见今晚报副刊主任、问津书院负责人王振良先生约我谈稿件的事。王老师说看到我投稿《黄道里与南洋橡胶厂》一文，因为问津书院现在的活动地点在巷肆创意产业园，这里的建筑原来是橡胶四厂。希望我专门写一下橡四的历史和周边的四个居民区的历史情况，出一本小册子。王老师又提出四马路的橡胶厂原址，在老地图上曾标着长途电话局，顺便把这个事情也搞清了。我答应下来，可是也很为难，因为橡胶四厂早已合并改制，原厂的工人也不好找到，橡胶公司也改制多年，老厂的资料恐怕已经无法查找。

另外，我正在写有关天津水西庄的长篇历史小说，断断续续写了三年多时间，已经写成33万字的初稿，计划再写几万字就该收尾了。如今要写巷肆，只得先停写水西庄，集中全部精力，将巷肆和四马路这里的历史写好写细点。

黄纬路与四马路交口

下午三点多，我跟着我爱人和她三姐，一起骑车去黄纬路四马路附近的居民楼区，因为我岳母家地震前就在这附近的黄道里住。所以，我才得以了解黄道里的一些详细情况。今天是采访老住户的第一天，三姐今天有空，帮我找一些熟悉的老邻居。

首先到了军民里，这片楼是 1976 年地震后，第一拨建起的楼房居民区，居住在这里的多是还迁的老住户，虽然至今已经过去四十年了，当时的壮年人已经到了垂暮之年。而且，大多数人也没有再搬迁，还是容易找到一些老人，了解这里的旧事。

第一个要找的是贾重刚,老邻居都叫他贾老大,是一个挺有文化的人,他家几代人都住在这里,采访他一定会有收获的。可是,他家具体住址不清楚,只是知道他家现住在军民里。我们就在这片楼群里打听,可这一片楼房挺多,没有具体目标是不好找的。又寻找原住在黄道里的老邻居赵久富,也没有找到。可巧遇到早年开羊肉铺的回族刘家姐妹刘春兰和刘春平二人,在楼下门脸房开烧烤店。姐妹二人热情地让我们坐在楼下的大排档座位上，为我讲起了她家的历史和这一带胡同的历史情况,为我画了地震前军民里这一片简单的胡同图。因为平房改造前的胡同图,在市、区档案馆没有找到,《天津地名志》是在地震后出版的,没有拆迁前的胡同图。所以，只能靠这里老住户的记忆来绘制平房改造前的老胡同图了。

正聊着，刘家最小的妹妹刘春慧走过来，她是天津曲艺界有名的相声女演员,刘春慧多年来一直做慈善,资助一百多位贫困儿童,被称为“甜妈妈”,这是她多年来默默地献爱心得来的称呼。她还经常为灾区捐款,经常帮助周围有困难的人,被评为“中青年德艺双馨文艺工作者”等 20 多项荣誉称号。

今天是第一次到四马路军民里来,可巧遇到刘家姐妹,基本了解了一些军民里拆迁前的老胡同情况,还是有收获的。

2016年9月3日 星期六

早晨骑车来到海河狮子林桥下的旧书市场，我家离这里也不是太远，我经常过来掏书，海河边的亲水平台环境挺好。天津的图书市场逐年萎缩，旧书市场也没有一个固定地点，早年在李纯祠堂里，后来文化街扩建后，旧书市场在古玩市场里也坚持了几年时间。去年古玩市场不允许摆摊卖书了，书贩们就自发地挪到海河北岸，时间不长又被城管赶到南岸，这里是南开区和红桥区的分界线，两区政府对民众文化还是比较支持，这个旧书市场保存了下来，我们这些穷书生心存感激。

这个旧书市场上，一般类的书很便宜。可是，只要是天津文史方面的书就翻倍的贵了。因为，书贩们知道，这是你有需求，资料性有用的书，就是再贵你也得买。一般老版本的书比原定价也要翻上很多倍，我想这是收藏的需要吧。对于我来说，是无论什么版本的都是一样，我是看内容，不搞收藏。通俗一些的书，还是读装帧精美的新版本要好，老版本多是用非常粗糙的纸张印刷，读起来也不爽。

黄纬路与四马路附近卫星图

下午在四马路的四个居民区转了几圈，也没有找到愿意配合采访的老人。其实，田野调查这件事确实挺难的，你要是遇到对历史感兴趣的人，喜欢怀旧的人才会配合你。而且，必须还是几代人在这里住过几十年的人，是我采访的目标。平房改造已经过去四十年了，这里的居民还是变化很多的，老人越来越少。

看来今天又是白来一趟了，看到不远处的巷肆书吧，我骑车过去，锁上车，走进巷肆书吧，翻阅一些天津历史方面的书籍。这里的书吧是天津最大的书吧，书籍也是最多的。而且，环境特别优雅，是读书学习的好地方。

2016 年 9 月 6 日 星期二

下午骑车去黄纬路，主要目标是要看一看黄纬路小学，这所小学的前身是马玉昆祠堂。马公祠建成初期是非常雄伟的，祠堂门外有一座影壁，门前有两个威严的石狮子，祠堂内大殿巍峨，石碑耸立，纪念马将军为大清立下的汗马功劳。清朝灭亡后，马公祠失于管理，祠堂前松柏林立的小广场，卖地开发房地产，建起了民居院落和商业门面房，祠堂先是被军队占用，后改作学校至今。

我从抗震里拐进去，到了大门口一看，黄纬路小学已经改为河北二幼。我一愣，这是什么时候改的？我看到电动栅栏门后站着一位保安，我询问黄纬路小学的情况，那位保安说："你问黄纬路小学的事呀，传达室的刘大爷以前是黄纬路小学的老人了，你问他吧。"我进了大门，走进传达室，刘大爷今年六十多岁，在这里补差看传达室。他请我坐下，为我讲起这里的历史情况，并且说他小学就是在这里读书。当时校园两侧的配殿还没拆，当作教师的办公室和校长室。后来，学校扩建改造，将两座配殿拆除，建起了新的教学楼。刘大爷现在住在胜天里，对黄纬路小学的历史变迁非常清楚，为我画了一张地震前后小学校园的变化图。我问早年马公祠胡同的位置？刘大爷指着校园里一处位置说，地震前胡同在这个位置,统一规划建设的时候,学校的围墙就扩建出去一些。

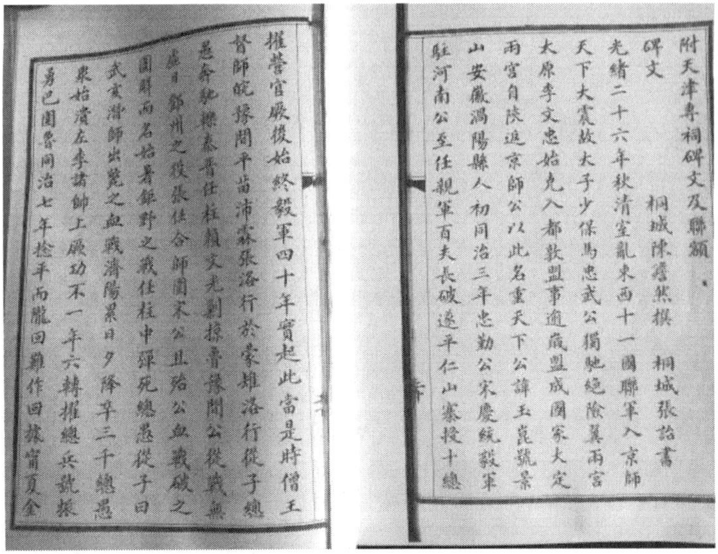
附天津專祠碑文及聯額
碑文　桐城陳澹然撰　桐城張詒書
光緒二十六年秋清室亂東西十一國聯軍入京師
天下大震故太子少保馬忠武公獨馳絕險翼兩宮
太原李文忠始克入都款盟事適成盟成國家大定
兩宮自陝返京師公以此名重天下公諱玉崑號景
山安徽渦陽縣人初同治三年忠勤公宋慶統毅軍
駐河南公至任親軍百夫長破逐平仁山寨授千總
擢營官厥後始終毅軍四十年實起此當是時僧王
督師皖豫間平苗沛霖張洛行於蒙亳洛行從子總
愚奔鄂襲秦晉任柱賴文光則掠魯豫間公從戰無
虛日鄧州之役張任合師圍宋公且殆公血戰破之
圍解而名始著鉅野之戰任柱中彈死總愚從子曰
武受潛師出覺之血戰濟陽累日夕降卒三千總愚
東始潰左李諸帥上厥功不一年六轉擢總兵號振
勇巴圖魯同治七年捻平而隴回難作回據甯夏金

马公祠碑文

我详细地做了记录，马公祠是在我要写的范围内，更是我想了解的重点之一。可是,可以查阅的有关马公祠的历史资料极少,只能实地采风,从住在这附近的老居民,了解一些对马公祠的记忆。

2016 年 9 月 12 日 星期一

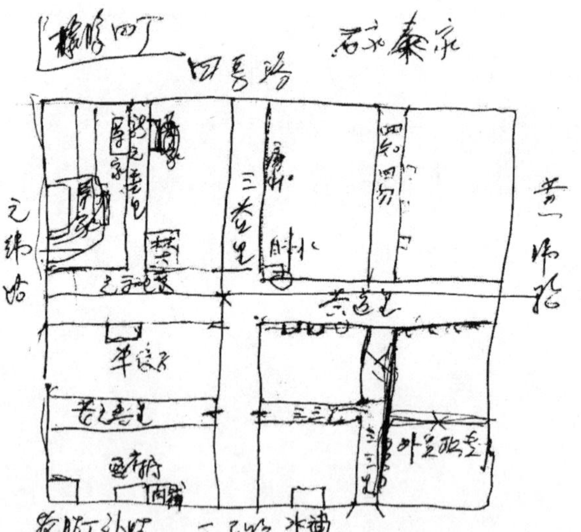

最早采访的老住户绘制的团结里草图

下午我乘坐公交车，到天津市图书馆文化中心新馆的文献部查找有关长途电话局和橡胶四厂的历史资料，翻遍所有书架上的书也没有找到，只是找到一本《天津市行业信息》，书中有简单介绍橡胶四厂的情况，我翻拍下来，也算是仅有的一点收获吧。

昨天我去南京路的电报大楼，查长途电信局的情况，人家大门根本不让你进，门卫说传达室有一位科长，你可以去问问他。我走到传达室的窗口，询问一位正在坐着看报纸的干部模样的人。他说："电报大楼早就改制归联通公司了，你如果查长途电信局的历史资料，很难了，移动有一部分，联通有一部分，不知道在哪保存着。劝你别费劲了，没地方查去。"

这几天，我还特意去了一趟天津市档案局，也是一无所获。如果没有可靠的历史资料，橡四的历史情况就没法了解清楚，文史类文章最重要的是要有史料的依托。这样的话，我就没有信心写下去了。

2016年9月26日 星期一

我曾在9月20日去了一趟新开小学，地址在日纬路与月纬路之间。因为这座小学1949年前是日本人开办的春日国民小学，我在走访中了解到四马路一带曾经是日本侨民比较集中的地方，侨民的子女上学问题需要解决，就将黄纬路的马公祠改为日本人读书的学校，另外在这一时期，日本人在月纬路开办春日国民小学，1949年后名称改为三区一中心小学，1958年学校拆分为新开中学和新开小学。如今，这两座学校合并归新开小学。已经拆掉了历史悠久的老教学楼，新的综合教学楼开始建设。上次我到了学校门口，对保安说要见学校的领导，这时在保安室门口站着的白老师走过来，我说："我正在写中山路历史方面的文章，想了解一下新开小学的校史，需要找校长谈谈。"白老师说："学校的历史很多老师也不了解，我给你介绍一位七十多岁的老校长，他每天来学校接送孩子，你留下联系方式吧。"我在以前写新开小学的一篇文章打印稿上，写下了我的电话号码，将这篇文章交给了白老师。

几天后，我接到了老校长的电话，得知老校长的姓名：陈祖康，今年 75 岁。陈校长对我非常支持，约定周一早晨在新开小学门口会面，他送完孩子，正好接待我。我按约定的时间到了新开小学校门口，等了一会儿，陈校长没有来，我电话打过去，陈校长抱歉说给忘了这件事，住的不远，马上就过来。不一会儿，陈校长骑车来了，把我让进学校，走进教学楼，让现任的王校长开了会议室的门，在王校长的陪同下，陈校长详细讲述新开小学的历史。并且，给我列出了学校 1949 年后的历任校长，以及那些曾经在学校的培养下，毕业后在事业上取得成就，成为名人的名单。

新开小学老校舍

采访后，陈校长还领着我到学校的老教学楼参观拍照，今天的收获挺大的。

2016年10月

2016 年 10 月 4 日 星期二

写橡四遇到瓶颈，我以前经常探访老胡同，写一些老胡同历史的文章，一条胡同走访一两位老住户也就有代表性了，再查找一些地方史料，这篇文章也就写成了。可是，写橡四和周边的居民区的历史，汇集一本书，恐怕就困难很多了。在一个多月里，我心里着急，焦躁不安，想快一点交差，才写下了一万五千字。

这几天国庆节在家里休息，下午我给王振良先生去电话，谈起已经写了万余字，有一些困难，资料查不到，找不到橡四老厂的人。王先生说不急，要写细了。并向我推荐今晚报新闻主任张建写的《口述津沽－民间语境下的堤头与铃铛阁》，让我借鉴张建先生的城市田野调查、口述史的经验。而且，王振良谈起张建真是津津乐道，足足讲了四十分钟。让我开始对张建关注起来。

我是个急脾气，放下手机，马上就奔向天津图书大厦，上到四楼，找到天津古籍出版社问津文库专柜。找了一会儿，也没有找到张建的这本书。看来这本书已

东兴里胡同草图

经脱销了，可见张建的口述津沽是非常受欢迎的，很接地气。不论是文史学者，还是普通百姓，都很喜欢了解自己城市的历史，并且是百姓自己口述的地方史，也就更受关注了。我又去了一趟长江道的图书批发市场的古籍出版社批发部，也没有找到这本书。没办法，只得上网搜一下张建的城市田野调查方面的资料，简单了解了一下，心里就有些谱了。就是要经常到采访地，与老住户交流，详细记录下老住户口述的历史，回家再整理出来文字。我将要采访的内容列了一个大致的提纲，可以重新开始了。只是要采访到更多的老住户，也是很难的一件事。

通过采访写口述历史，这个变化对于我来说也是全新的，文章中要改为居民口述的第一人称。另外，我在一个多月来，对采访的老住户没有照相，没有记下联系方式，再去补充采访、核对稿件也没有办法了，这些都是我对民间口述历史没有经验所致。不过，如今找准了方向，有了目标就好做了。

2016年10月12日 星期三

我在这四大居民区的走访中，基本上没有人不知道南洋橡胶厂过去的老板荣子政的。提起他，都说他是这一带的大资本家、最有钱的人。我的岳母大人生前也经常提起荣家的事，说荣家生了九个孩子，因为生孩子多光荣，曾经得到刘少奇王光美的接见。所以，我把采访荣子政的后人作为重点，在走访的时候经常打听。有的老住户说，荣子政的儿子跟他是小学同学，一起玩大的，如今还在团结里住，就是不知道具体地址。

今天上午我在团结里转悠，特意打听荣家子女的住处。我走到11门附近，见楼下有几位老人在说话，我打听荣子政儿子的住处，一位挺瘦的老大娘告诉我说，荣家的大儿子在后面的楼里住，为嘛知道呢，因为荣家原来就住在这栋楼上，是多年的老邻居。哈哈，太好了！没想到这次直接就找到了，我谢过大娘，推车到后面的楼去找。

荣大成居住的团结里居民楼

我拐到后面的楼房，找到了那门洞，楼下有一位中年人正在锁自行车，我过去打听荣家的住处。那人说："荣大爷刚上楼！"接着他在楼下喊了几声，见没有回应，就对我说："他在家呢，你上楼找他去吧。"我道过谢，锁好车，上楼敲门。一位微胖的老人开了门，我提起荣子政，说明来意，他愣了一下说："你是怎么找到这来的？"接着，把我让进屋。他也是刚进家门，还没有换衣服。换好家居衣服后，问我是哪的，为嘛来问他父亲的事。我解释了几句，他才放心地跟我聊他父亲的历史情况。看来，他经历了多少年的运动，还是心有余悸。

他是荣子政的长子，名叫荣大成，今年 74 岁了。他说："你是第一个来采访有关我父亲的人，多少年过去了，我们都不愿提起过去的经历。"

荣大成非常平静地讲着他父亲的创业史，从经营南洋橡胶厂，到公私合营时期的情况。到了反右时挨整，被打为右派。文革时期抄家，一家十口人从深宅大院，被轰到一间只有十平米左右的房子里。家里的几个子女上山下乡，留城的也被疏散到农村。荣大成自己的前途也受到影响，干了多少年临时工，结婚晚，没有孩子，说起养老问题，荣大成说：“以后只能找一家好一点的养老院，也就这样了。”我听了这些话，神情也是黯然。

我询问橡胶厂 1949 年前的情况，荣大成想了想道：“实在想不起来了，我给你推荐一位从 16 岁就在橡胶厂工作的潘志良，今年 85 岁了，去年还找到我家来看我，留下了电话和地址，他一提起我父亲就称荣经理，我给你查一下电话号码。”荣大成说着拿起桌子上的电话本，查到潘志良的电话号码后，电话打过去，对方的座机已经拆了。手机倒是接通了，是潘的老伴接听的，她说去年潘志良因为得了肺癌去世了。荣大成听了安慰几句，问起跟橡胶四厂的人还有联系吗？潘奶奶说，潘去世的时候，单位来了几个人，也没有留下联系方式。荣大成让我记下潘家的地址，有时间去一趟问问。

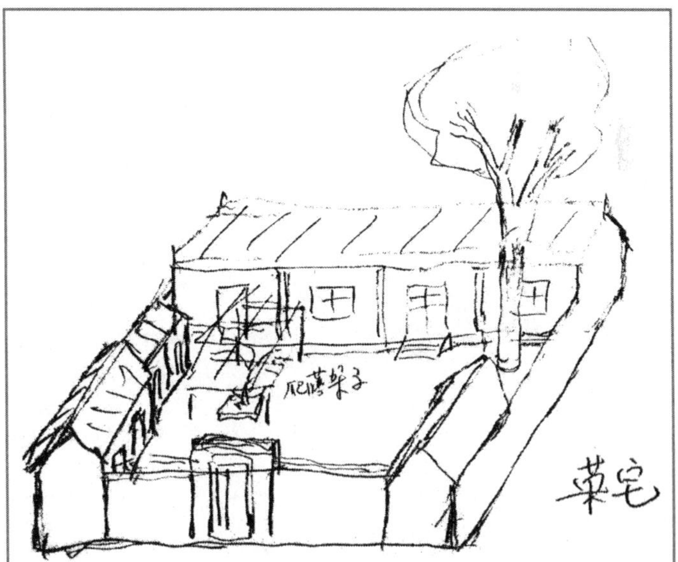

荣家大院草图

此时我非常沮丧，如果能够采访到潘志良，橡胶厂从日据时期的创建，到日本战败后荣子政的接手情况，以及公私合营到文革时期的情况,肯定会非常清楚了。这么重要的线索就这样在我眼前一晃,过去了。唉,口述历史就是要抓紧时间,抢救般地进行,如果要是提前几年做这个工作,就可以多留下非常珍贵的史料。可是,没有如果,不能假设。那就不能再荒废了现在的时间,永远想着从现在开始,可是,一个人的力量是多么的微弱,我只能尽力而为。

从荣家出来,快到家了,才想起没给荣大成照相,只得下次再补照吧。

2016年10月16日 星期日

今天休息，我吃了早点就下楼去黄纬路四马路，在四个居民区转悠一圈，楼群里的老人不多，骑车进了胜天里，看看住在这里的宋梦篁大爷在不在家。

因为前几天我在胜天里骑车转悠，看到中间的一幢楼下有几个人在说话，有老人，有中年人。我推车过去，跟他们讲明，想了解地震前东兴里胡同的历史情况。一位中年人指着一位老人说："东兴里的事你问他，他脑子记忆最好了，胡同的门牌号他都记得。"我笑道："是吗，太好啦！"这位老人叫宋梦篁，今年74岁。我忙打开记录本，画了一张东兴里的图，宋老先生就逐一地指出来，胡同共80号院的具体位置，我都认真地标注在图上。那位中年人笑道："你得给人家奖励呀。"我笑着对宋梦篁说："以后如果印成书，我给您送一本来。"我记下了宋老先生的住址，下次来重点采访一下宋老先生，他对东兴里的门牌号都还记得这么清楚，胡同的历史情况他肯定记忆犹新的。

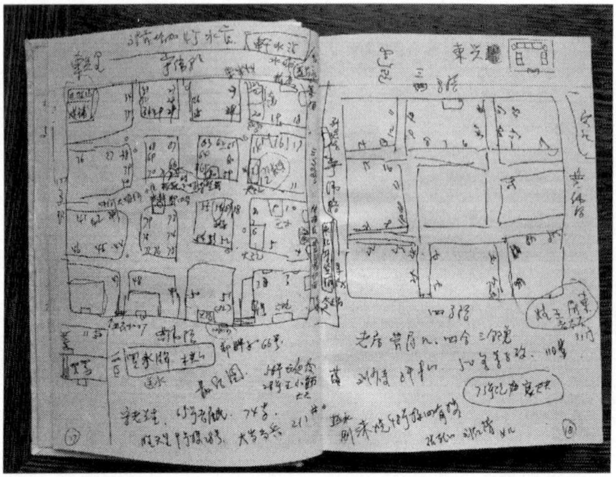

宋梦篁绘制的东兴里胡同草图，每个院的门牌号都标注得清清楚楚

我锁好自行车，上楼敲门，宋梦篁开了门，看到是我，热情地让我进屋，宋梦煌的记忆力特别好，前些天为我画的东兴里门牌号，完全准确，因为我在胜天里几天的采访中，很多的老住户证实了这张图的准确性，让我佩服的不得了。他讲起东兴里在大跃进年代整个东兴里这么多的胡同改成一个幸福大院的往事，是一段非常珍贵的历史，使我们仿佛又回到那些荒唐的年代。他还讲到早年胡同里的居民吃水，要买水牌到水站去打水的历史。可以说，东兴里的历史变迁，在某种程度上概括了天津近代史的进程。

最后，我给宋老先生照相，他也很配合。我告辞下楼，打道回府了。

下午，我去团结里荣大成家，给荣大成补拍照相。敲开门，荣大成一愣，说道："我家今天来人了！"我说："我不进去坐，只是给您拍张照片。"荣大成让我进来，见大屋坐着客人，我就在小屋里，给荣大成照了一张像。

接着，我又到军民里，去找老黑刨冰店的四姐刘春梅，补充一下上次采访她二姐、三姐的采访内容，再让她帮我介绍一些这里的老住户。

今天的收获非常大，心情也轻松了很多。

2016 年 10 月 17 日 星期一

下午，军民里开老黑刨冰的四姑刘春梅给我来电话，说约来两位老住户，让我马上过去。我骑车赶了过去，到了刨冰店，两位老人已经在店里等着我了。一位是住在这楼上的 85 岁的姜凤翔，另一位也是住在军民里，平房改造前，住在橡胶四厂后面的高阳里的陈文仲。

两人你一言我一语地讲起四马路一带老胡同的事，我让陈大爷先讲，然后让姜爷再讲，怕把两人说的记混了。陈文仲退休前在做翻砂工作的，因为岗位空气污染，造成矽肺，如今正在疗养所疗养，这次是趁空回家的。他对橡胶四厂有一些了解，他家住的院子对面就是橡胶四厂的后车间。陈文仲又讲了几句，就回家吃饭去了。

姜爷的身体特别棒，精神也好，一点儿也不像八十多岁的人。姜爷说他家的几辈人，都是很长寿的，基因就是这样。虽然住在五楼，每天上下楼几次，买菜做

作者与刘家四姐妹在黄纬路烧烤店前合影

饭，接送孩子上学，天天闲不住。他说起在日据时期，四马路一带日本侨民比较集中的情况，讲马公祠的历史变迁。他家几代人住在这里，对这里的往事，记忆特别深刻。只是这次采访特别匆忙，没有给两位老人照相。

四姑是个特别热心肠的人，对我的口述史采访特别支持。她开的老黑刨冰店，在天津小有名气，一年四季都有吃客来光顾，还有很多是四郊五县的人特意来买刨冰。四姑讲究诚信，刨冰的配料，都是严格把关，一点也不含糊。比如说红果料，都是用手工捻碎的，因为太累，就买来搅碎机，打出来一看，没有手工的效果好，就放弃了搅拌机，继续用手工制作。

从四姑的刨冰店出来，我来到黄纬路底商的刘家烧烤店，三姑刘春平招呼我坐下，这时五姑刘春慧走进来，刘春慧是天津著名的女相声演员，平时很忙。我说有时间采访您，刘春慧说自己房子正在装修，你想采访的话，我给你说几句吧。我准备好录音，刘春慧讲起小时候的经历，自己的成长过程，以及对相声事业的追求。从小家里生活特别困难，感恩学校老师和邻居的热情帮助，如今要回馈社会，资助贫困学生，支援灾区等。刘春慧越讲越激动，讲到动情处，眼泪都要掉下来了。这是多么善良的人啊，如果社会上有更多这样乐于帮助别人的人，我们生活的世界就会非常和谐美好。

军民里楼口

我看刘家四姐妹都在，就提出给四姐妹照相，二姐去前边的老黑刨冰店喊来四姐一起照相。此时天色已经黑下来，我说这个时间拍照效果可能不太好，刘春慧说，晚上拍照没有问题，上次拍的效果挺好的，就在饭馆门前有霓虹灯牌匾，都照下来。刘家四姐妹站成一排，我拍了几张，又要跟她姐妹一起合影，就让站着一旁的她家亲戚帮我照合影。刘春慧对我说，你是作者，应该站在中间位置。照完相，我看时间不早了，要告辞。三姐刘春平从冰柜拿出两只烧鸡要送给我，说你工资低，需要帮助。不管我如何婉拒，三姐一定要我收下。唉，我受之有愧呀，来给人家添麻烦，还没给人家买点礼物，却先接受人家的馈赠。我收下了刘家的一片心意，心存感激。

2016年10月18日 星期二

黄纬路四马路附近最有名的历史遗址是李纯公馆和马公祠，我的视线一直在关注着这两个地方。我有时想，岁月沧桑，能找到这些遗址就不错了，就别想看到遗迹了吧。一些历史文化建筑，经过那些政治运动，幸运的呢，也许这个古建筑作为他用就保留了下来，不幸运的呢，也就拆掉了。当年就是提倡，砸烂一个旧世界，建设一个新世界嘛。

马公祠是因为早年改为小学，遗址保存了下来，只是历经沧桑，几座大殿分别拆掉，建成了新的教学楼，这附近居住的小孩子都是在这所小学读书学习，如今在这里居住的老人回忆童年，都会想起这所黄纬路小学来，这里已经改为河北二幼。

我经常骑车在抗震里围着河北二幼的围墙转悠，与这附近住的老人谈起马公祠胡同过去的事。在走访中，有人让我去找一位从小就生活在马公祠胡同，如今还住在抗震里的霍树森。

我走进霍树森住的楼栋，敲开一楼的单元门，霍大爷听说我跟他谈一些胡同过去的事，没有请我进屋，而是带我到楼栋外说话，面对第一次见面的陌生人，小心一点是正常的。霍树森说他参军在外多年，对胡同里的事也不太清楚。我说您家离马公祠这么近，就讲讲马公祠和童年的记忆，霍树森讲起马公祠的历史变迁，上小学时在大殿里上课的记忆。解放天津时，这里住着国民党伤兵的情况，以及文革时期父亲被关押挨斗的经过。

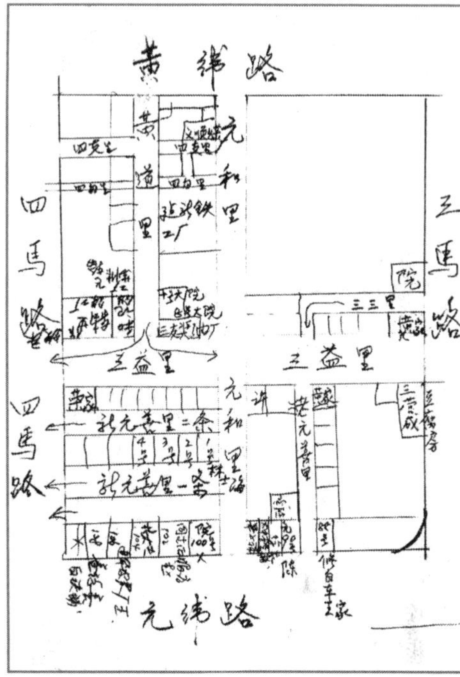

陈宝明根据记忆绘制团结里片早年的胡同图

正说着，住在楼上的王政昌从超市买东西回来，东西放在地上，一起说话。王政昌今年六十多岁，剃了光头，身材魁梧，他是干红白事的“大了”。说起他家老一辈是开棺材铺的，遇到困难人家办丧事，买不起棺材，就让丧家先拿走发送死人，给不给钱，以后再说，邻里邻居的就是多厚道点。我说有时间，您再详细讲讲棺材铺的事，他说那都是上一辈的事，都是听说的，哪清楚呀。

我提出给两位照相，二人在楼栋口站着，我随意地照了几张，就告辞了。

我骑车来到团结里，这次是专程来采访陈宝明，前几天在军民里走访中，听这里的老住户介绍，住在团结里的陈宝明是老住户，并告诉了我，陈家大概的住址。今天时间宽裕，我就找到了陈家。陈大爷开了门，我说明来意，陈大爷热情地让我进屋坐，他老伴热情地给我倒茶水。陈宝明说，你也是为我们这里做好事，我们就要支持你，一起为这一片居民区做点贡献嘛。陈大爷真好，如果都是这样无私地帮助我，一个街区的口述史采访，也就顺利了。

我问起团结里地震前胡同的情况，陈宝明拿出一张纸，凭着记忆为我画这一片老胡同位置图，已经四十年过去了，可见陈大爷的记忆力真好。陈大爷退休后在三马路做黑白铁活，凭着手艺赚钱，陈宝明又给我讲橡胶四厂的情况。时到中午，我给陈大爷拍张照，忙告辞了。

2016 年 10 月 19 日 星期三

我去黄纬路采访，在胜天里转悠的时间最多。因为，胜天里的老人特别多，每天下午，在小区内的张衡石雕像前和小区外围总是有一些老人在下象棋，这些人有很多是别的小区过来的。

我去抗震里的次数少，因为，抗震里的楼房比较分散，在这片居民区里，有黄纬路小学、河北二幼、新华橡胶厂，将居民楼分隔成几段，所以，这里的住户也少很多。

我在走访这四个居民区时，很多老

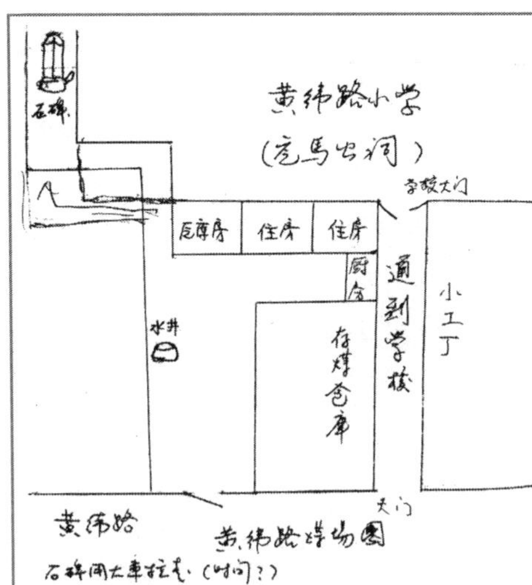

根据姜德成记忆绘制的煤厂草图

姜家煤厂草图

住户经常提起原马公祠正门左侧原来有个煤场，煤场的主人姜大爷在这几大片居民区里,没有不认识的。姜大爷的口碑好,是这里的灵魂式的人物。我从老住户的口中得知姜大爷的儿子住在抗震里,上次我找到姜家住在一楼的家门,开门的是姜德成的爱人,说姜德成腰疼,每天上午去理疗,一般下午时间在家。

今天下午三点以后,我特意去姜家采访,姜德成身材高大,声音洪亮。他让我坐在他平日待客的座位上,我打开手机,开始录音。他看了一眼道:“你录音？”我笑道:“录下来,回去整理。”姜德成开始谈起他父亲姜尽兴一生的传奇经历,为嘛说传奇呢,他父亲在 14 岁时,带着一块大洋,徒步两个多月时间,沿着铁道线走到天津。经过多年的奋斗，在黄纬路马公祠前开了一家煤厂。在日本占据天津时期，煤炭成了战略物资，姜家煤厂因为卖一种受控制的煤炭，被汉奸告密，日本人把姜尽兴抓到东北当劳工挖煤矿，姜尽兴和另一位劳工死里逃生地跑了回来。这些经历确实非常传奇，令我惊奇不已。

姜德成又给我讲起，听他父亲说的，解放天津期间，马公祠住伤兵的事。因为他家煤厂就在马公祠的正门旁，所见所闻肯定是清楚的。接着又讲到公私合营时期，煤厂与周围的煤场合并的事。还讲起他家后院夹道里，以前立着一座高大的马公碑，是马公祠最后一件文物了，后来被某部门用马车拉走的往事。

姜德成讲完，我就让他坐在原位，照了一张相。今天我圆满完成了的采访任务，回家整理录音去。

2016 年 10 月 20 日 星期四

下午三点，我到了黄纬路，在胜天里附近超市外，看到 10 来位老人在这聚会打扑克。我在这些老人之中，见到前些日子在军民里的楼口遇到的一位老人，名叫邓伟堂。邓爷住在团结里，已经八十多岁了。虽然，老人家看起来特别瘦，满口牙没有了，但是，身体特别硬朗。每天下楼出来溜达一圈。因为上次我跟邓爷聊了几句话，他就有事急着走了。周围的人说他老伴是街道居委会主任，邓家是这里的老住户了。我想，邓爷对这一带的居民区肯定特别熟悉，想找个时间深度采访他。今天又遇到邓爷，我心里高兴，我就把邓爷让到一边。邓爷说他是这里的老人了，从小就在这出生长大的，对这里太熟悉了，过去的事就别问别人了。接着，邓爷给我讲他 1949 年前他小时候的事和老胡同的旧闻。马路上汽车如鱼穿梭，环境嘈杂。邓爷就在这马路边，讲起过去自己经历的岁月。

说到最后，邓爷又想起来一段他童年时候的淘气而危险的一件事：在解放天津时,他跟着邻居小孩跑到元纬路玩,看到马路边,停着拉军火的马车。他跟小伙伴打赌,敢不敢把轮胎的气儿放了,他就趁着士兵没注意,偷偷地将马车轮胎的气儿放掉了,当兵的抓住他,找他家大人算账。我问邓爷,这能写进去吗?邓爷看了看我说:“你想写就写吧,七十多年前的事了,小时候嘛也不懂,就知道淘气。”

就在马路边,我给邓爷照了张相。

团结里一角

2016 年 10 月 21 日 星期五

我开始启动搞黄纬路口述史的时候，就想到从熟人开始，先易后难。在老邻居里首先就想到赵久富，只是多年没有联系，住在团结里哪栋楼也不清楚了。后来，打听到他家的详细地址，我与爱人和她三姐定好，下午一起去黄纬路团结里赵家采访。三姐在年轻的时候，跟胡同里的邻居关系挺好的，经常去串门。所以，跟老邻居都特别熟，只是几十年的时间过去了，再寻找老邻居也是感到困难些。住在团结里的，大多是我爱人家以前的老邻居。

赵家原来住在黄道里，与我爱人家是住对门的老邻居。以前三姐跟赵奶奶的关系走的最近。上了五楼，开门的是赵久富的夫人，我爱人一喊嫂子，她仔细看了一眼，也认出来了，让我们进屋，赵久富也在。没有想到的是，赵奶奶今年已经 98 岁，身体还挺硬朗，头脑也不糊涂，只是腿脚不太好，能自己扶墙去厕所。

赵奶奶见到老邻居，还都认出来了。我爱人和她三姐围坐在赵奶奶周围，问寒问暖，格外亲切。我就与赵久富聊起来，他说起赵家是从安徽跟着燕王扫北来到天津的，落脚在北仓，几百年的历史，也算是老天津卫人了。他的记忆力好，文化基础扎实，讲起家里老一辈人的经历，讲老胡同里的人物，还特别详细地将黄道里的历史情况讲了一遍。

笔者和赵久富与99岁的赵母合影

我给赵久富拍照，他夫人问，屋里乱，还用收拾吗？我说，越自然越好，这样才有生活气息嘛。给赵久富拍照完后，又给长寿的赵奶奶拍照。接着，我爱人和他三姐也跟赵奶奶合影，这次采访很圆满。

金秋十月的团结里

赵家曾经被评为“五好家庭”，他爱人曾经得过“好儿媳妇奖”。家庭和睦，人也就长寿。

2016 年 10 月 30 日 星期六

白芳礼生前照片

这几天去黄纬路采访还是有些成绩的，至今已经深度采访了 17 位老住户，整理出四万多字的采访稿。可是离计划完成的采访 40 人、10 万字以上的口述史，差的还远着呢。原来我计划一两个月完成，慢慢感觉到，这是根本不可能完成的任务。去一次黄纬路，如果能采访到一位老住户，就很幸运的了，经常是去了半天，一无所获。唉，需要写的东西太多了，时间对于我真是一种压力，只能无奈地推到明天、后天。

在抗震里走访的时候，老居民说起支教模范白芳礼老人，生前住在东兴里，平房改造后，就住在抗震里。白芳礼的事迹曾经感动中国,也曾感动了我。像他这样舍已为人、无私奉献精神的人在中国能有多少?我听到白芳礼老人曾经住在这里,很是激动。我就想采访他的后代,更全面了解一下白芳礼的家庭生活。我首先找到白芳礼的孙子白松,到他任教的小学找他,学校门卫说他去中山路移动通信营业部办点事,恐怕要等一个小时才回来,如果你着急就直接去移动营业部去找他,地址在中山路红蜡烛旁边。我谢过保安,骑车到了移动营业部,进门看到白松坐在椅子上,等着叫号。我坐到他旁边,说要采访白芳礼住在东兴里的往事。白松听了,为难地说:“我那时候还小呢,爷爷的事情记不清了,媒体都是采访我爸爸,我给你我爸爸的电话、住址。”我忙记下来,表示感谢,白松又问道:“上次你采访我们学校校长的文章,怎么样了?”我说已经写好了,等着一起发表呢。

白芳礼墓碑照片

今天上午,我给白芳礼的儿子白国富去电话,这号码是家庭座机,白国富的爱人许秀芹接的电话,说白国富出去了,一会儿再打电话过来吧。过了一个小时,我又打电话过去,这次白国富接的电话,定好下午三点去他家。

下午,我骑车到民权门白家住的小区。开始,我进错了楼栋,因为当时记错了地址,打电话过去,白国富说,上电梯需要磁卡,他在电梯口接我,我这才顺利地进了白家的门。白国富夫妇俩热情地接待我,沏茶倒水。我这次采访白家不同于以往的媒体,我的采访是以口述胡同历史为切入点,了解白家的家族史,最后再了解白芳礼支教捐款的事迹,主要是以白家的家庭成员对白芳礼家里的生活进行口述。

白国富的爱人许秀琴给我讲述白芳礼在家里勤俭持家,生活费用压到极限,将所有家里的积蓄也都捐给贫困的人和贫困学生,自己一家人过着清苦的生活。自己已经很贫困了,还要捐钱给别人,我听了感慨不已,敬佩有加。

我看时间不早了,提出给他夫妇俩照合影像,夫妇俩很高兴地搬椅子,选位置,在厅里照了相。我在骑车回家的路上,情绪还是被白家的事迹所感染着,我在思考人生的意义和价值,自私与无私的距离有多远。

2016年11月

2016年11月4日 星期五

这些天，我总是在胜天里转悠，特别是在张衡地震仪的石雕像前驻足，这里是老人下棋聚会的地方，四季都有人在这聚集。有时候只有两个人，人多的时候会聚集十几个人。所以，我每次来黄纬路，都要到这“报到”一下，在这里也采访到几位老人。可是，大多数人非常专注于下棋、看棋，对口述胡同历史方面的事，兴趣不大。所以，这里也不是采访老住户最好的地方。不过，也有几位热心人给我介绍了住在这里的老住户。

其中，张顺通是经常到这里下棋的，他对我搞这个社区口述历史挺支持，给我介绍这些棋友里的老住户，并且他自己也配合我对他的口述记录。我特别问起东兴里在大跃进的年代，曾经将整个胡同改成幸福大院的事，张顺通就给我详细地讲幸福大院的详细情况。讲起自己童年时期在胡同的生活和见闻。他帮我介绍的几位老住户，虽然我被那些老住户婉拒，我还是挺感激的。

胜天里一角

这些下棋的老人,让我去采访住在旁边楼上的郑先生,说他有文化,喜欢历史。几个人指着楼上那个放着一捆葱的窗口说,那就是郑家。我听了马上上楼找郑先生,敲门却没有回应。后来,我每次到东兴里来,就到郑先生家敲门,每次都是无功而返。有一次敲门,房里有一个女人回应,也不开门,说郑先生不在家,我问她什么时候回来,那人说,他去了加拿大,不回来了。我很失望,我走下楼,抬头望向他家的阳台,只见那女人正在阳台窗口探头向下看。我想也许一个女人在家,不敢开门吧。

过了几天，我跟那些老人说起，一直找不到郑先生，他去了国外。有个老人说："昨天他还来这看下棋呢，没出国呀。"我为没有采访到郑先生感到遗憾。可是，就在我准备想放弃的时候。一次傍晚，我正在胜天里张衡雕像前跟下棋的老人说话的时候，一位老人指着骑自行车而过的人说，那人就是郑先生。我飞快地骑上自行车追了过去，郑先生对我说："我听说了你一直在找我，你别听别人说，过去的事我说不上什么，真的帮不了你，抱歉！我非常佩服你的执着精神。"我还是想让郑先生给我讲讲过去东兴里的事，就说："听说你曾经给大伙讲过邓颖超在东兴里租房子，搞革命活动的事。"郑先生说："这个是真事，地震前，还有电视台记者到东兴里录像采访呢。其他的事，我就回忆不起来了。"我见郑先生不愿意谈过去的事，只得作罢，谢过郑先生。此时天已经完全黑了，我骑上自行车，回家做饭去了。

2016年11月5日 星期六

今天下午我准备去采访住在胜天里的李树杰，就是下棋的那几位热心人介绍的。另一位，我要去采访的陈卫民，是前几天我在胜天里转悠时遇到的，我看到一位六十多岁的人接一个小女孩放学回家，我过去搭话，问他是不是地震前这里的老住户，他点点头，我说想采访他，说说过去胡同里的老事。他说，可以的，就是平日很忙，周六日有时间。我要他的电话号码，他爽快地给了我。

所以，下午我到了胜天里，先打电话给陈卫民，可是陈卫民说，正在外面买东西，一会儿就回家。因为李树杰跟陈卫民住在一个门栋里，那我就先采访李树杰吧，只见李家门口挂着一块理发的牌子。我敲李家的门，一位大娘开门，我说找李树杰，只见李树杰穿着一身秋衣从屋里出来，肯定是在睡午觉，让我打扰了。我说明来意，打开记录本，让他看东兴里的草图，他了解了我来的目的，让我进屋坐下说话，然后他就滔滔不绝地讲起，他小时候东兴里胡同的见闻和家人的经历，越

胜天里小花园

说越兴奋。这时候,陈卫民打来电话,说他已经到家了,现在你过来吧。我说:“现在我在别人家了,等一会儿就到。”然后,继续听李树杰讲过去的事,他老伴进来对李树杰说:“你一说起来就没完,也不问人家有没有事。”我笑道:“我就想听说这些事!”又说了一会儿,我看谈的差不多了,就给李大爷在屋里照张相,告辞出来。

我出了李家的门,上楼到陈卫民家。陈家住在五楼,见我来了,非常热情让我进屋坐。陈卫民说,他家是在文革时期搬到东兴里来的,对胡同再早的事也不知道,他说起地震那年发生的事,至今难忘。

陈卫民说他是在美院做模特，每天上午去半天，因为他的身体有肌肉、有结构。所以，有很多院校请他去做模特，平日挺忙的，只有星期六日在家休息。而且，周围的邻居也知道他做模特的事。

陈卫民家里很朴实，他说他家的地面还是水泥地，因为地面质量挺好，就没有铺瓷砖。家具还是结婚时候买的，因为都是榫卯活结实，就没有换，也不讲究这些。我看到家具有大衣柜，高低柜，梧桐柜。是四十年前的流行的款式，特别结实是真的。她爱人也过来讲起往事，说她娘家早年是在老城里住，经历了不少运动，还讲了一些老城里拆迁的轶事。

临行，我说给你们老两口照相，他爱人躲出去了，我就让陈卫民坐在贴着他素描头像的桌子旁，照了一张像，我就告辞下楼了。

2016 年 11 月 13 日 星期日

冬天到了，这个时候做城市田野调查是比较困难，因为陌生拜访跟气候有很大关系，室外寒冷，老人们就出来的少了，暖暖和和地在家里休息，一般下午睡午觉，四点左右才出来晒太阳、遛弯。在时间上我不能等，因为有太多的事要做，而田野调查是耗时费力的事，不抓紧时间是不行的。可是，总觉得时间过得飞快，一天没干什么就到晚上了，感叹每天的效率不高。

今天一早，我就准备去军民里，采访一位早年曾经是这一片的居委会于主任。前些日子，我在军民里走访中，有老住户让我采访在居委会工作了几十年的于主任，她对这里过去的情况了如指掌。我上楼敲门，于主任不在。我询问楼下小花园里晒太阳的老人，于主任的去向？那些老人都认识于主任，说她每天去打麻将，经常不在家。我记住了这件事，每次来军民里，就上楼看一下于主任在不在家。

整齐的小区

我想改变一下方式，趁着于主任早晨还没有下楼这个时间，跟她聊一会儿，如果不行，定好下次采访时间也是好的。我上楼见于主任家的大门敞开着，我喊了一声于主任。于主任应了一声，问我什么事？我说明来意，于主任请我进屋，说正在做早点，一会儿要出门，只能简单聊聊吧。她给我讲起她年轻的时候，在仁田西里当居委会主任，做居民的工作和胡同里的老事。讲到那些年搞运动时，胡同里发生的事，以及做计划生育工作的难度，笑谈现在计划生育却又放宽了。

于主任说她喜欢清静，儿孙们接她去住，她不去！一个人生活习惯了。而且，每天去打麻将也方便。

我看到屋里墙上挂着一张放大的合影照，是她 80 岁大寿过生日的四世同堂的照片，还有她与老伴(已故)补拍的婚纱照，看来于主任还很时髦呢。我说，我能将墙上照片翻拍下来吗？于主任痛快地答应，我给于主任照了相。看于主任心急火燎地要出门，我见好就收，告辞走人了。

2016 年 11 月 23 日 星期三

冬季，对我来说，显然不是好的采访时机，虽然居民楼下的人越来越少，不过，出来晒太阳，下棋的老人还是有一些。我就在这些老人中，寻找采访的机会。我知道，这也是很难的事。

胜天里小花园里的地动仪雕像

我每次到黄纬路四马路，习惯到胜天里张衡石雕像前转一圈，看看这里经常聚集的老人有没有可以采访的，跟这里熟悉的老人聊聊。其实，老人聚在一起，也经常聊一些陈年旧事，感叹岁月。我在旁边听着，也有些许的收获，只是不足以记录下来。

有一位叫梁广彩的老人，住在胜天里，他经

常牵着小狗,来看别人下棋。我跟他聊了起来,他说他梁家有一本家谱,记录了几百年多少代的家族历史。我说,您拿来我照张相可以吗?他说,家谱在哥哥家,哥哥住在郊区,太远没法去。我说,您就讲讲家里过去的事情和在胡同里经历的往事。梁大爷坐在小马扎上,讲起早年他爷爷开粮行,在日本侵略中国的时候,从东北运粮食,中途粮食被日本人烧掉了。后来,他父亲继续干粮行,直干到公私合营的时候。

梁广彩谈起往事,滔滔不绝。他讲完后,我给他在张衡石雕像前,照了一张相。他看了照相的效果后说:“哎呀,从照片儿看我都老成这样了。唉!时间过得真快呀,一晃人就老了。”说完,他去看别人下棋了。

2016 年 11 月 25 日 星期五

今年虽然是暖冬，穿一件薄一些的保暖防寒服，也能过冬了。可是，今天的天气还是有点冷。下午，我还是要去黄纬路一趟。在我刚开始口述历史采访初期，没有多少经验，跟一些老人谈话之后，没有照相，没有录音，只是做了笔记，也没有记下电话号码。大多数人，也不给电话号码。在团结里住的冯大爷就是这种情况，在楼下采访他的时候，就没有照相，也没有录音，唯一做对的是，记下了他的电话号码。冯大爷，今年七十岁左右。他上次给我简单介绍了他曾经住过的胡同情况，他说，过去南洋橡胶厂老板荣子政的儿子是他同学。后来，他出国结婚去了。说了一会儿，他急着上楼做饭，我记下了他的电话号码。后来我打电话给他，他说："团结里是我孩子在这住，我住在别处。来这里是帮着看小孩，一、三、五在这儿。"我几次打电话，想再深度采访他，都是因为各种原因，没能见到他。今天，我又来到团结里，在冯家的楼下给他打电话。冯大爷说，现在他在别处，等一会儿过来。我

军民里一角

等了一会儿,还没有来。我问楼下的理发摊的一位老人,是不是这里地震前的老住户。那老人说,我不是这里的老住户。我又打听冯大爷经常在这里吗?他说,老冯有时候来这。这时,从另一楼栋走来一位老人,名叫高学文,我就跟他聊聊,他说从父亲辈就在这住,父亲在四匆里开煤场,对这一带过去的事比较熟悉。我还想听下去,他急着出去买东西,我只得记下了他的住址,他就急匆匆地走了。

我在军民里靠近黄纬路的楼下,看到有两位老人在聊天。我过去跟他们一起聊天,跟他们说明我在写这里的历史、家族历史。其中一位是这里的老住户,我让他讲讲这里的旧事和他家的经历。他讲了一些自己的经历和家里过去的事,说他妹妹响应国家号召,上山下乡到农村去,接受贫下中农再教育。不想,却患上一种很奇怪的病,回到天津治疗也没有治好。他叹息一声说,如果放在现在,也许就有救了,可惜了的。他抱怨这里地震后建起楼房,回迁分房子不公平,有关系有路子的就分的房子多,朝向好。自己家没能耐也就吃亏了。那时候,回迁分房子不是按你家曾经有多少房子分配,而是按照当时家庭的人口分。

等他说完,我问他姓名,要给他拍照。这时候,他说嘛也不让拍照,也不说姓名,站起来合上小马扎就要回家,我无论怎么说也不管用,只得看着他走远。唉,对他的采访只能说是半途而废了。其实,像这样采访后不让照相的人,也曾经遇到过几位,聊可以随便聊,最后就是不能露脸露身份。

2016年11月29日 星期二

今天去黄纬路，直接去团结里，要去采访高学文。进了楼栋上楼，敲开高家的门，高的老伴开了门，我说，我找高学文。高学文走到厅里，一看是我，说道，你怎么找来了。我说，今天我特意来跟您聊聊胡同过去的事。高学文走出门来，就在楼道里，对我讲起他早年的记忆。他老伴送过来一件羽绒防寒服，让他披上，怕冻着了。

我开始提问，高学文讲起他家就住在李纯公馆的高墙下。在他上小学时，他的同学家住在李纯公馆内，当时李纯公馆已经改成针厂。他说，经常去找同学玩，让同学带他登上城墙般的高围墙上，墙头上特别宽，上边都可以开一辆轿车。后来，李纯公馆几经易手，改了很多的单位，逐渐拆除破坏掉了。高学文讲起1949年前他家开煤厂，手摇煤球的情况。后来因为官匪的敲诈勒索，煤场无法经营下去，只能歇业关张了。他讲完后，我提出给他拍照，高学文说："那就下楼照吧，我

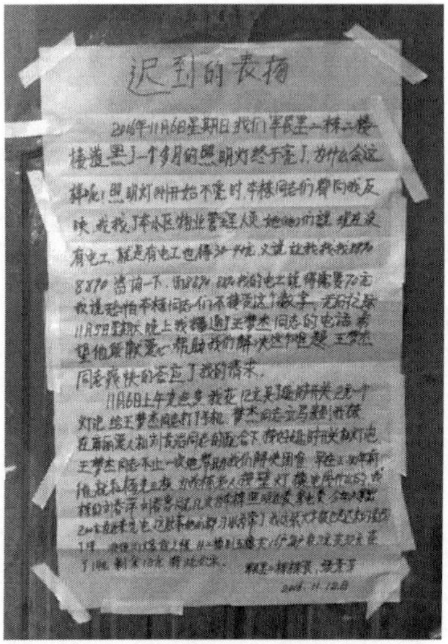

军民里表扬信

正好下楼去拿报纸。”在楼下我给他拍照后，他从信箱里拿完报纸，上楼去了。

我骑车在楼群里转悠，楼下人很少，我穿过四马路，来到军民里。刚到烧烤刘家住的楼栋口，看到铁门上贴着一张感谢信。我走近仔细看了起来。原来是楼道里的灯不亮了，黑了一个多月，出去找电工需要花很多钱，楼长找到一位献爱心的人，修好了灯。并且，表扬刘春平和刘春慧一直拿出钱来为总表充电，为大家献爱心。所以，才贴出了这张迟到的表扬信。可以看出这里的邻里关系融洽，众人都在无私奉献，为社区做好事，这件事反映出这里居民的精神风貌。我拿出手机将这张表扬信拍了下来，这也是我应该记录下来的事。

2016年11月30日 星期三

下午我去黄纬路,骑车到了四马路,向右拐,先去抗震里“转转”。刚骑到楼口,看到一位住在一楼的大爷,在楼外自家空地上与一位胖乎乎的中年人说话。我把自行车停好,走过去说明来意。他名叫康永顺,今年快七十岁了。他就站在那给我讲起来,他家以前住在西窑洼,老一辈在民国时期开粮店的事,特别是日本占据天津的时候,粮食控制的很严,他家的粮店就千方百计地想办法进粮食,使粮店维持下来。我听了觉得挺有意思,就让康大爷详细地讲讲。

康大爷讲完家史,他指着他家楼下门口一大片空地说:“你看我家门口,到了夏天,有好多老人在这坐着聊天,那时候你采访他们多好。现在是冬天,谁还出来呢。”我笑道:“时间不等人啊,冬天也不能停,您帮我介绍一些老住户吧。”康大爷看到前边走来一位老人,对我说,你去找他,他也是这里的老住户。我走过去跟他聊聊,他说自己什么也不知道,没什么好说的。我看他不配合,只得走回来。康大爷又指着对面楼栋说："对面楼里有一位是西窑洼小学校长，有文化，对过去的事肯定知道，有时间你去问问他。"我谢过他，临走时给他照张相。

四马路抗震里一角

我走进对面楼，看高校长在不在，敲了敲门，不在家。我走下楼，刚出楼道口，见一位年纪大的人刚回来，在锁自行车。我走过去跟他说，想了解过去胡同里的事。他说自己不是这的老住户，是从窑洼搬过来的。我说您就给我讲讲窑洼的老事也行，他还是推辞。我对他说，是这里的邻居让我来找高校长，不知道他什么时候在？他愣了一下说："我就是高校长啊！"我笑道："我是专门找您来的，一定给我帮个忙。"他还是说自己记不清过去的事，我只得作罢。

看着高校长上了楼，我继续在居民区里转悠，寻找下一个"目标"。

2016 年 12 月

2016年12月1日 星期四

我是个急性子，心里搁不住事，有任务总是想尽快完成，四马路的口述历史采访，冬天也不能停歇。上午去黄纬路转转，我骑车一直在四马路的四个居民楼区里转悠，楼下的人很少。我心里想着，军民、团结、抗震、胜天，这些具有政治色彩的地名，也反映出当年军民团结的鱼水之情，坚定抗震救灾的信心，胜天却是反映了那个时代的思想意识，与天斗与地斗的大无畏的精神。

我来到军民里，特意到陈瑞东大爷家看看，陈大爷从老家回来了没有？一直想采访陈大爷，是这楼下的老住户推荐的，说陈老爷子的父亲，1949年前在这开机械厂。他老人家还就爱聊过去的事，说起来没完没了，他要是看见你就高兴了，你们爷俩就经常一起聊吧。只是老爷子一直在老家，什么时候回来就说不准了。我一听兴奋起来，陈家在这开机械厂，这段历史比较有意义。而且，陈大爷已经85岁了，身体头脑都好，是难得的采访对象。正好他儿媳妇出来，我问陈老爷子什么

军民里居民围起的小植物园

时候回来,他儿媳妇说:"快回来了,前几天去电话,让老爷子在供暖期回来住,在老家一个人住太冷,给暖气的时候你再来吧。"

我记住了这件事,到了 11 月 15 日开始供暖的日子,就到陈家来问问,老爷子还没有回来。今年是暖冬,回不回来真不好说呀,不管怎样,我也不能放弃。后来,我又去了几次,还是没有回来。今天我再敲门问一声,还真不错,他儿媳妇说老爷子昨天刚回来。真是功夫不负有心人啊,等了一会儿,老爷子和他儿子出来,让我到楼边加盖的房里说话。陈爷的儿子开始陪在旁边听着,也不说话,可能是怕我这个陌生人骗老爷子什么吧。他听了一会儿,觉得谈的都是胡同历史的话题，也就放心地出去了。

陈老爷子身材高大，身体和精神都很好，说话也很沉稳。他给我讲起，他父亲在三条石机械厂做工。后来，他父亲与几位技术人才一起创业，在仁田西里开办机械厂的经过。又讲了一些胡同里的老事，还讲起美国人崔伯曾经在仁田西里结婚和开办外语学校的事，崔伯搬走后，陈家的机械厂就曾开在崔伯住过的院子里。

陈老爷子的国学基础好，说话总是文绉绉的，他在童年时读过私塾，传统观念特别强。而且，他对于新事物也能接受。我问起仁田西里的具体方位，陈老爷子在我的记录本上画了仁田西里的局部详细图。最后，我提出给老爷子照相，陈老爷子推辞了一会儿，还是同意了，我就让老爷子坐在原位，照了几张，然后告辞。

其实我是真想经常来找老爷子聊聊，在他的记忆里，一定还有很多宝贵的历史记忆。只是，不好意思总来打扰，如果我再来军民里，遇见了老爷子，一定会再聊聊过去的事。

2016年12月7日 星期三

这几个月，我心里想的都是采访黄纬路四个居民区的事，感觉压力很大，希望能够尽快完成。虽然现在是冬季，在楼群里采访老人很困难，我还是只要有时间，就往黄纬路跑。

今天我骑车在军民里转悠，在靠近五马路的楼下，有一个烟酒摊，一位大娘穿着防寒服，整个头部围着大围巾。我走过去，跟她聊起来，得知她姓孔，地震前住在东兴里，对老胡同里的事，还是记忆犹新。她的话特别少，我问一句，她答一句。她给我讲了东兴里的曾经的见闻，只是觉得没有什么可讲的，都是普普通通的生活，胡同里也没发生什么大事。最后，我说给您照张像，她也同意，坐在椅子上一动不动，冬天坐在外面，肯定冷啊。可是围的这样严实，拍照效果不好，我说："能不能把防寒服和围巾脱下来，这样拍不好看，我抓紧时间拍一张。"她挺配合，解下围巾。我抓拍了两张，忙让她围好围巾。她笑道："为了照相，一会儿冻着了，就坏了。”

其实，我来黄纬路的次数多了，来一趟没有任何收获的时候，真是太多了。可是，经常也有惊喜，俗话说：“锯动就有末”，你不动，肯定就没有收获的，只有经常来这里转悠，才会有机会。

军民里平房改造前的详细地图，在多次走访过程中，经过许多老住户的回忆，在我的记录本上逐渐清晰起来了。只是，还有很多的地方不能确定，毕竟时间已经过去四十多年了，人们的记忆也许会慢慢模糊起来。我就是要抢救般的记录下来，才会留住年代久远的记忆。

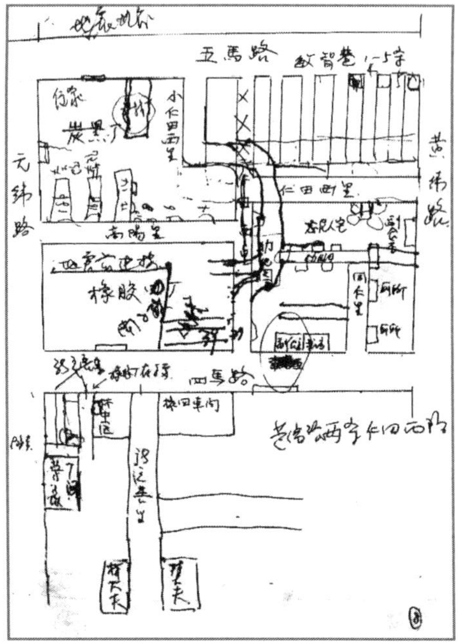

军民里片早年草图，在走访过程中逐渐完善

2016 年 12 月 28 日 星期三

今晚报副刊部主任王振良先生，给我发来短信，让我去找一位叫阎珩的画家。阎珩是砖刻艺术家，让他为我画黄纬路老胡同图，并附上了他的电话号码。我

阎珩先生在工作室

马上给阎先生打电话。阎珩先生接听后，我提出让他帮我画黄纬路的老胡同图，并想见面谈谈。他说，我随时在家，你可以随时来我家。我说那我就马上过去

阎珩家的文房陈设

吧，他告诉了我地址。我马上骑自行车，到了席厂下坡，找到他家。阎先生住在顶层，见到阎先生，初次见面，阎先生很热情地接待我。

阎先生瘦高个，留着长长的胡子，风度翩翩，俨然一位长须长者，其实，他今年五十四岁。他是一位画家、篆刻家，最出名的是刻砖，而且很有特色。他请我在圆桌前的椅子坐下，让他爱人给我倒了一杯茶水。

屋里一面墙的书柜，摆满了图书字画，很多是线装书。写字台上，摆满了篆刻用的石料。书柜上方贴着一张字条，写着：请你尊重你自己，不要动手。我坐的位置正对着书柜的侧面，也贴着一张字条，写着：谈画先谈钱！哈哈，阎先生是个痛快人，性格开朗，不管什么事，都讲究开门见山，不含糊。

我说，我正在做黄纬路的口述史，需要您帮我画一些老胡同的图，如果能画立体图更好了。阎先生说，画这样的画，要很多天，如果画立体的更需要时间。我与阎先生谈起黄纬路，杨先生说，他家七六年地震前住在三马路求是里沿街的二

作者与阎珩合影

层楼房里，位置在团结里对面。我一听，正好是我采访的对象，我就让阎先生讲三马路的旧事、他的家族历史。

他讲起自己家族史，小时候在文革时期经历的往事，还讲起他在学生时期学画的经过以及几十年来所走过的路。

他爱人提议让阎珩带我上楼顶，看看他的砖刻。阎先生说，楼顶上现在都是雪，嘛也看不到，下次再说吧。

他家保存的青砖瓦当，堆的到处都是，床下、桌子下都塞满了。楼道也堆放大青砖和瓦片。他还让我到厨房看看，他家老宅曾经在日伪时期是日本人住的，一直保存的日本制造的自来水用的磁盆，至今仍然还在使用着。

访谈结束，我给阎先生拍照，又让他爱人帮忙给我和阎先生合影。

2016年12月29日 星期四

现在已经是隆冬季节，黄纬路的口述史采访是不能停下来的，时间非常宝贵。其实，在这期间里，骑车陌生拜访成功率也不高，最好的方式是由曾经采访过的人转介绍，那样就能按着住址直接上楼敲门。有些老人很少下楼，当初刚入住的时候，这些老人还很年轻，分在楼上几层都有，如今已是垂暮之年，上下楼腿脚确实不方便。如果只是偶尔一次下楼，让我遇到的概率也是微乎其微。可是，转介绍确实也不是特别多，每次我采访完，都对被采访人说，帮忙给我介绍一些老住户，让我尽快完成采访。可是，真正响应的人还是太少。

抗震里的姜德成是一位特别热心的人，对天津历史也特别感兴趣，对曾经住过的地方特别怀旧，还建了老邻居微信群，把周围和已经搬走的老邻居拉进群里，经常一起谈论儿时的经历。姜家的住房是三室一厅，孩子结婚后另住，老两口住着宽裕，就经常在家招待老邻居来家里聚会聊天。

笔者与殷世杰在采访后合影

我经常去姜家，让姜德成帮我找一些老住户。当我提出想采访原住在福厚里的老人时，姜德成为我介绍已经搬到南马路的殷世杰。我按照姜给我提供的电话号码打过去，殷世杰说他马上要去海南旅游，要一个星期后才能回来。我等了一星期之后，一早就给殷世杰打电话，殷告诉了我详细地址，我骑车马上赶过去。殷家住在离鼓楼商业街很近的高档住宅区里，我乘电梯上楼，殷世杰已经在电梯口等着我了。进了殷家，房屋装修的非常高雅气派，外飘窗处摆着一个欧式的宫廷沙发，书柜里摆满工艺品，墙上挂着仿勃朗宁的画作，桌子上放着作画写书法的文房四宝。殷先生说，自己上老年大学，学习书法、国画，为了每天过的充实一些嘛。

殷先生让我在沙发坐了，去厨房给我泡了一壶铁观音，我与殷先生在茶香中，说起如烟的往事。殷先生从小住在福厚里一号大院里，他的记忆非常好，这个胡同八个院，他将每个院的每户人家的具体情况都讲的特别清楚，我还是第一次遇到能把整个胡同的人家，从姓氏、人口、背景来历都说的这样清晰的人，真是难得。接着，殷先生给我讲述他家族的历史情况，也都是非常值得记录下来的。

我在临行前给殷先生在书柜前照张相，又用自拍与殷先生合影。与殷先生道别，回去的路上心情愉快，这是一次非常圆满的采访了。

2017 年 1 月

2017年1月8日 星期日

下午到黄纬路，骑车来到四马路后，在四个居民区转来转去。军民、团结、抗震、胜天，这四个居民区之间正好都在黄纬路与四马路的交口，这个交口没有红绿灯，黄纬路上汽车很多，开的也很快。我总是穿过这个路口穿插这四个居民区之间，其实，过马路也很危险，就要小心一些。想想，过马路的人，恐怕只有我是来"闲逛"的，有目的，还没有目标，应该说是在寻找目标人群吧。

我还是把侧重点放在抗震里。因为这里的楼房比其他三个居民区的楼房少很多，还很分散。我在靠近宇纬路的楼房看到有两个人在楼下说话，年龄在六十岁以上，我走过去，说明来意，其中一位名叫赵桐春，手里提着东西，应该是刚出去买东西回来，接受了我的采访。

他家地震前住在高阳里，橡胶四厂的后围墙正对着他家的院门。对橡胶四厂的情况也了解一些，对橡胶厂原来的老板荣子政也熟悉，他跟荣家的小儿子荣大鑫是中学同学。赵桐春给我讲高阳里每个院的基本情况,对周围的胡同也了解。他遗憾地说,你现在来采访太晚了,老人越来越少,平房也拆四十年了,回忆起来太困难。我让他给我介绍几位老住户,他说,我们这楼里也没多少老人了,好些家是近几年才搬进来的,原住民不好找。我不好意思多占用他的时间,给他照张相,他就上楼了。

我骑车接着在抗震里楼群里转悠,不觉又到了姜德成家附近。想到前些天采访殷世杰后,对福厚里的了解也就基本清晰了,只是住在八号院的星家的情况觉得比较神秘一些,还想再多了解一些,把福厚里的情况写完整了。我锁上车,敲开姜德成的家门。姜德成正在熬中药,他的腰病一直在治疗中,走路挺费劲的。听我说想了解星家过去的事, 想了想说:"住在前边楼的老芦, 以前住的离星家最近了,他一定知道,你去问问他。"又道:"你一个人去,他不一定接待你,我带你去吧。"我看他腰不舒服,心中不忍,就说这事不急,或者我自己去吧。姜一定要带我去,他去厨房把正在熬中药的煤气关了,扶着腰带我去临黄纬路的那座楼房。芦家住在四楼,姜德成一手扶着腰,一手扶着楼梯扶手,坚持上了四楼,敲开芦家门,芦广朴听说要了解老邻居星家过去的事。对姜德成说:"还是去你家吧,你们先走,我随后就到。"我和姜德成下楼,回到姜家。不一会儿,芦广朴来了,他的警惕性比较高,问我道:"你是哪的?打听老星家的事,你别带是个特务吧。"哈哈,老人对于初次见面的陌生人,提防着点,也很正常嘛。我解释了一番,姜德成笑道:"他来我家七八趟了,就是想写咱们这一片的历史,有嘛问题?"芦广朴这才讲起福厚里八号院星家的事和福厚里老住户的往事。我让他讲讲自己家的历史,他讲起他家 1949 年前在黄纬路上开大肉铺的,门脸房和住房挨着福厚里,对胡同的

这里原是马公祠正门处，已经改为河北二幼

人都熟悉。接着又说起上小学时，在黄纬路小学看到的马公祠建筑遗存的情况。

谈完后，我给芦广朴照了相，结束了这次采访。回家的路上，我还在想，我在黄纬路采访这几个月，大多数人对我都是挺支持，不设防。感谢这里的居民这样信任我，也许我这个年龄和我的长相不像是个坏人吧！哈哈。

2017年1月17日 星期二

赵大爷经常在马路边晒太阳

快过年了，这个时间去采访，恐怕也不会有多少收获吧。因为，人们的心情只放在过年方面了，采买年货，清洁卫生，是最忙的时期。

前两天在胜天里采访石大姐的时候，石大姐为我介绍楼上的苏奶奶和赵桂华大爷，说赵大爷经常在黄纬路的小超市外面坐着晒太阳。我想一位八十多岁的老人，年前也不会忙吧，不如我去一趟黄纬路，如果遇到赵大爷，能把采访他的任务完成了，岂不是充分利用了时间。

下午三点左右，我骑车到了黄纬路，在小超市外的边道上，十几位老人在打扑克，聊天。这些人基本都

胜天里小超市旁总是有老人聚集打牌聊天

认识我了，我停好车，过去打听哪位是赵大爷，有人指向一位年事已高，坐马扎的老人。我走过去，说明来意，赵大爷尚未说话，我的眼睛余光看到，坐在旁边的一位大爷朝着他摇摇头，意思是别理他，或者意思是提防点，别实话实说！我于是扭过头，先把自己采访的目的，跟那位大爷讲了一遍。他点点头，不再有动作表示。我开始按准备好的提纲，采访赵大爷。

赵大爷今年 86 岁了，他讲起在四九年十八岁的时候来到天津，在哥哥的铁工厂里学技术的事。铁工厂主要生产橡胶厂用的压胶机，周围的南洋橡胶厂（后改名第四橡胶制品四厂）和环球橡胶厂（后改名新华橡胶厂），都是用他家的机器设备。而且，他跟南洋橡胶厂的老板荣子政也很熟悉，对荣家的情况也比较了解。

赵大爷说，他结婚时在东兴里租房子住，他讲了很多东兴里的往事。赵大爷讲完后，又郑重地说：“我给你讲讲我来天津之前的事，我觉得挺光荣的！”我说：“您老仔细给我讲讲吧！”赵大爷就讲起少年时期在老家是儿童团的团长，为抗日队伍站岗放哨，从小做革命工作的事迹。这时候，我看到赵大爷面部泛着光彩，情绪也激动起来。他只是遗憾在革命队伍南下的时候，因为他父亲得病，没有跟着南下干革命，否则，自己的生命轨迹就会不一样了。

赵大爷讲完，我提出给他照相，因为他的腿脚不便，就坐在马扎上，我只得选了一个角度照了一张。这时，他的女儿来接他回家吃饭，扶着他回家了。

年前能够采访到一位老人，我很知足，收拾好记录本，我也回家了。

2017 年 2 月

2017年2月17日 星期五

我每次到抗震里，经常在黄纬路小学校门口徘徊，在这附近我采访过好几位老住户，每次来这我都要在这里驻足。就在临五马路的楼口有一家杂货铺，是一楼搭出来的窄长的房子，主人叫闫兆奇。我经常停下来跟他说几句话，可是想要采访他，他也说不上几句就忙别的去了。

我心里想着，一定找时间专门采访他。所以，我这次来，推开他的小杂货铺，跟他说："我今天特意来听您讲讲老胡同的往事和您的家族史，您回忆一下。"他客气地让我坐在小床上，讲起他家地震前住在马路对面的仁田西里，因为自己上山下乡，后来工作也忙，对胡同的事知道的也不多，只能知道嘛就说嘛。

他告诉我，他家现在住的楼房，也准备拆迁了，好几年前就嚷着要拆。因为五马路直接通到海河的永乐桥，将来成为交通干线，所以要拓宽。只是当时赶上奥运会，就一直搁置起来，现在又开始启动拆迁了。我听了一愣，如果这里拆迁了，

抗震里居民楼

这些老居民再去哪找啊,口述史采访得抓紧时间。

回到家,将抗震里这一片,早年的胡同商铺图重新画了一张,这张图是前些日子,在采访过程中,由几位老住户提供的。我绘成图后,在后续的采访中,反复征询老住户的意见,才能确定这张图的准确性。在走访中多次印证了四十多年前,这些老住户的记忆力,令人佩服不已。

2017年2月26日 星期日

春节过后，我爱人的中学同学在中山路的一家饭馆聚会，AA制，每人出一百元。这些同学以前都在黄纬路附近住。在聚会上，跟一位叫邓宝良的同学，提起我在黄纬路四个居民区搞口述史采访的事。这才得知，前些日子，我在马路边采访到的邓大爷是邓宝良的父亲。其实，以前我爱人家离邓家住的也不远，都是几十年的老邻居。邓宝坤说欢迎到他家去，还可以采访他母亲，她身体很好。已经八十岁了，过去是居委会主任。并留下了联系方式。我听了当然是高兴，只是已经采访完邓爷，再去邓家，会不会让邓爷烦了。

我爱人催我好几次去邓家，说，邓奶奶以前是街道居委会的主任，对老胡同的情况肯定了解，找个时间去一趟。

那好，今天就去！我爱人打电话给邓宝良，问现在老人家在家吗？可以去吗？邓宝良说，可以啊，你们来吧。我和爱人在市场买了一大把香蕉，一起骑车到了团

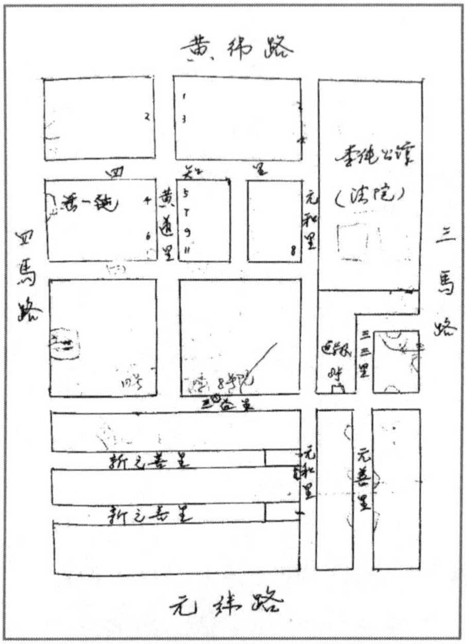

经过多次采访老住户绘制的胡同图越来越清晰

结里邓家。进门见到邓奶奶和邓宝良，还有一位邻居二姐王建新来邓家串门儿。她听说我在写这里胡同的旧事。很热心地一起聊起来。我采访邓奶奶和二姐，邓奶奶讲述曾经在居委会工作的情况和胡同几十年发生的事。二姐讲他家曾经住在四马路62号大院的往事。二姐说：“我支持你。我帮你找我的中学同学，以前都是在这一带住，一起帮你回忆这里过去的事。”我说太好了！于是，互相留下了联系方式。正说着，邓爷也回来了，我就给大家分别照了相。二姐今天来邓家是为了约老邻居去附近饭馆聚会，邀请我两口子一起去。不好再打扰，忙告辞下楼。

2017年2月28日 星期二

黄纬路的口述史采访进展的还算顺利，春节时，我中学的同学在昆纬路的饭馆聚会。一位同学说起新大路今年10月份要拆迁改造，因为这些同学曾经都在新大路住，我听到了以后。心里特别着急。新大路还有大片的平房区，恐怕是河北区最后一片平房最多的地方了。另一位同学也说，你应该抓紧时间去那拍照，明年那些老胡同就不存在了。

我听了，觉得是应该马上对新大路进行抢救式口述史采访。否则，真的会留下遗憾的。

过了正月十五，我在不耽误黄纬路的口述史采访外，就开始了新大路的采访。在庆记东里的采访过程中。得到了苏二姑的帮助。在她带着我采访一位姓牛的老奶奶的时候，我给她照相，还与老奶奶合影，并把院里散养的乌鸡也拍下来。下次我再去庆记东里的时候，见到二姑，她对我说，牛奶奶让我问你，上次给她拍照,相片洗出来了吗?

我听说以后,马上去洗相片儿。然后,再去庆记东里的时候,将照片让苏二姑转给牛奶奶。从这件事我得到启发,给被采访者送照片,这样既联系了感情,又可以在回访中,补充新的口述内容。经过这样做,效果确实不错。

我就带着厚厚的一沓照片,去了黄纬路。首先到老人经常下棋打牌聚集的地方,见到以前采访过的人,就递上照片。其余的人,等有机会再登门送照片吧。

2017年3月

2017年3月10日 星期五

昨天，在团结里邓爷家认识的二姐王建新打来电话，定好今天下午两点，她带着几位同学到我家来。一起回忆他们在黄纬路四个居民区里成长的经历和在老胡同的生活记忆。二姐是特别热心的人，对我的口述史采访特别支持。她将我想采访老住户的事，在她的微信同学群里，对所有的同学说了，让这些老同学关注我的这项工作。这些同学中，对天津历史感兴趣的都积极响应。

二姐来电话说，有五位同学想参加这次聚会，可是，聚会地点不好办。因为，大多数同学家都已经搬到别处去了，在黄纬路聚会不方便。我提出在我家聚会，二姐跟她的几位同学商量后，大家都同意到我家来聚会，在金纬路汽车站会合。

今天的天气特别好，下午两点，我来到汽车站，二姐和三位同学已经到了。二姐为我介绍他的同学，其中王春、马佩莹两位是大学教授。另一位叫张元柏，还有一位还没到，他们都是六十多岁的人。众人到了我家，我爱人一起招待客人，沏上茶,大家坐在一起,说起童年的往事。

王春讲起他家早年住在福厚里,这个胡同共有八个院子,每个院子、每一住户,王春都讲的很详细清楚。接着,他为我画了福厚里每个院子的详细图。就连房屋的具体房型,屋门位置,都画的清清楚楚,我非常佩服他的记忆力。

马佩莹讲起他家地震前,在三马路五十号大院里住,那是一座深宅大院。从这马家大院出来很多特别著名的人,对社会都做出了很大的贡献。

张元柏讲起他的家族历史,他家以前住在四马路三十号,他父亲 1949 年前是银行高级管理者。并讲起了小时候的经历,说到最后,他对我说:“我母亲九十多岁了,身体很好,头脑也清晰,可以去采访他老人家。”我听了更加高兴起来。

潘欣荣大姐是最后一个到的,我爱人下楼去接她,她来了之后,回忆起她家住在贵余里的旧事。她说,她母亲已经九十多岁,还在胜天里住,只是年纪大了,脑子经常犯糊涂,没法采访他。她说在母亲家,从窗户可以看到马路对面的河北区法院(原李纯公馆)。

二姐王建新也补充了我上次采访她的内容,二姐早年住在四马路三十九号大院里,那是一个高知住的院子,旁边是同仁里。

我给每个人分别照相,我爱人提议大家建一个老邻居微信群,可以在微信上补充和修改采访的内容,众人加群后,陆续告辞回家了。

我心里非常感谢二姐王建新,这一次就成功采访了五个人呀,等到过几天再采访到张元柏的母亲,收获更大了。

2017 年 3 月 12 日 星期日

张元柏给我联系采访他母亲的事，定好上午时间，我和爱人来到团结里张家，这是一楼的三室一厅。张元柏的母亲叫陈淑明，她老人家已经九十多岁了，仍然思维敏捷，身体健康，耳不聋眼不花，说起话来特别有条理。一看就是过去的大家闺秀，有文化水平。

张奶奶讲起她小时候，八岁订婚，父母早亡，十八岁嫁到张家的经历。说起张家的家教家风，特别有意义。我和我爱人听了很受教育。张奶奶家里挂着很多老照片，是她在民国时期的结婚照。可以看出，在那个时代大家庭举办婚事新的风气。

在张奶奶经常会客的屋里，摆着一组大顶箱柜。柜子上有四屏镜画，内镶字画，下方是四面镜子，非常精致。能保存至今，实属不易，家具至今仍然光彩鉴人。可以看出，张家人对老家具的爱惜。墙上挂的长幅镜框，镶嵌着一幅华世奎的书

笔者在采访陈淑明老人

法真迹。在靠床的墙上，挂着中堂字画。可以看出，张家诗书传家，文化氛围浓郁。

其中一间屋内，摆着她当年结婚时，置办的德国制造的大镜台，欧式风格，木料敦实，造型精美大气。屋里的墙上挂着张奶奶年轻时候的照片，民国时代淑女的形象。

我征得同意，将墙上挂着的几张老照片拍照下来，只是镜框玻璃反光，翻拍效果不好，将镜框拿下来，在各个角度拍照，效果总是不佳。打开镜框，拿出照片来又不合适，只能就乎拍了几张。我又给张奶奶拍照，老人家坐在老式家具前，非常慈祥地微笑着。

我爱人说，来这儿听张奶奶讲这些往事和家风家教，很受教育。没想到，跟着来采访收获还挺大的。陈奶奶对我爱人说，我耳不聋眼不花，现在还能做针线活。你有什么活儿，拿来我给你做。哈哈，老人家真棒！

2017年3月25日 星期六

暮春之际，是一年最好的季节了，我不分星期天还是平日，只要有时间，就往黄纬路跑。就想多"逮"一些老住户，尽快完成采访任务，继续写我那本长篇小说水西庄去。

年前，住在胜天里的石大姐给我介绍楼上住的苏奶奶，可是，我每次上楼敲门，都没有回应。我想，也许老人被儿女接走住了，也许是一个人在家耳朵背，听不见也是有的。我没有放弃，每次到胜天里总是锲而不舍地上楼敲敲门，却总是无功而返。

功夫不负有心人，今天是星期天。我这次来敲门，苏家还真有人开门。我说明来意，一问苏奶奶也在家，太好了！进了屋，我就跟苏奶奶聊起来。93岁的苏奶奶，名叫张秀珍，老人家除了耳朵有些背了，眼睛差一些，身体特别好，思维敏捷。

苏奶奶给我讲起大跃进的时期，东兴里改成幸福大院的往事。又说起他的大

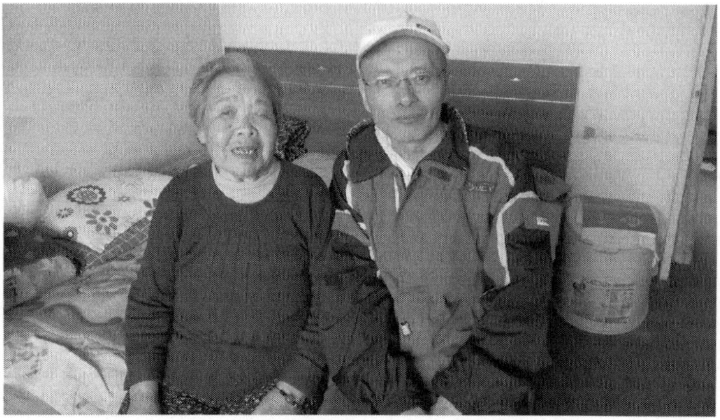

笔者与张秀珍合影

儿子当年参军去了湖南的空军部队，23 岁的时候牺牲了，家里就按光荣烈属照顾。我问道："当时您一定很难过吧！"苏奶奶说："肯定难过呀！这么多年过去了，现在也不知道难过了。"

这时,苏奶奶的一个女儿来了,看到我正在跟苏奶奶聊天,其他儿女在别的房里说话，就用怀疑的口吻问道:"你是干嘛的？拿出证件我看看，找我妈有嘛事？"我向她说明是来采访,了解这里的历史情况,并递给她身份证看。她接过身份证,用手机拍下来,又问了几句话,才放心坐下来跟着一起说话。苏奶奶的大儿子也过来讲东兴里的往事。

她女儿说:"这老太太可享福了,喜欢吃什么就让我们这几个孩子给她做。"接着她问老人家道:"您平时最爱吃什么？"苏奶奶笑道:"爱吃饺子！"她女儿说:"爱吃各种馅的饺子,就爱吃我包的饺子,我和的馅最好吃,老太太才享福呢。"

我看谈的差不多了,给苏奶奶照相。我提出给她家照合影,一家人高兴地聚在一起,拍下全家人幸福的笑脸。

2017年5月

2017 年 5 月 3 日 星期三

上午去黄纬路,专门采访住在军民里的贾重刚,能够采访到贾先生不容易。在我准备启动采访时,想先从熟人开始,我爱人是在黄纬路黄道里长大的,她在家是老闺女,就爱宅在家里看书,邻居很多也不是太熟悉,就找来她三姐,跟三姐定好时间一起去找过去的老邻居, 第一个想到的是贾重刚, 邻居称呼他为贾老大。他是一位有文化的知识分子,只是多年来一直怀才不遇。

三姐领着我和我爱人在军民里打听贾的地址,没有找到。第二次去的时候,打听到贾家住在后排楼,敲门却不在家,邻居说他经常在女儿家住,帮着看孩子。没办法,下次再来吧。

春节的时候去团结里赵久富家拜年的时候,得到了贾重刚的电话号码。电话打过去,贾重刚说他挺忙,没有时间,过半个月再说。过些日子我再打电话,贾重刚说等天暖和再说。一直等到昨天,我打电话给他,他爽快地答应明天上午 10 点

贾家的摆设

在军民里他的家里接待我。

我如约到了贾家的楼下，贾重刚的爱人在楼下晾衣服，说老贾去海河边小广场写大字了，一会儿就回来。等了一会儿，贾重刚拿着写地书的大笔从海河边回来。文质彬彬的贾重刚，热情接待我，他讲起家族的历史，几代人在这里居住的情况和自己的经历。早年他也是特别喜欢历史，曾经写过这方面的文章，在报刊发表过。

采访结束，在书柜前给贾重刚照了相。贾重刚说，你也不是就来这一次了，经常过来聊聊。没有见过面不了解，见了面就一见如故了，这就是面谈的好处。

2017年5月7日 星期日

下午四点去黄纬路,为什么这个时间才去呢?因为,大多数的老人上午很少出来,吃过午饭要睡午觉,四点以后才出来转一圈,很多人常去人多的地方,看下棋是很多老年人的选择。街坊老邻居,可以在这里经常聚会聊天。

我先骑车到胜天里石大姐家,其实石大姐在冬天的时候就已经采访过了,就差照相这个环节了,当时石大姐说头发不好看,以后再照相吧。我又去了多少趟,不是家里没有人,就是石大姐不在家。这次去碰碰运气,可巧,石大姐给我开门,我讲明来意,石大姐还是推辞,我说没有照片不行。因为石大姐的爱人不支持采访的事,我几次来都是被他拒绝。这时,她爱人正在屋里打电话。石大姐说:“这样吧,你先下楼等着我,我换一下衣服,我就说下楼溜一圈。”我道了谢,先下楼在拐角处等着石大姐,不一会儿,石大姐穿着挺漂亮的黄色上衣走来,我就在胜天里的楼牌下给石大姐照了一张相。照完相,石大姐说:“你把上次采访我的稿跟我说一下。”我说:“我一会儿回去把整理的稿子给您打印一份,给您送过来。”石大姐给我留下电话号码后回去了。

我骑车到军民里楼口，见几位老人在下棋,我走过去,说明来意,两位老人都说不是这里的老住户,近年才搬来的。一位老者以前住在敏智巷,答应有时间可以聊聊,下次还是在这里聚会。

胜天里一角

我到黄纬路烧烤店找三姐刘春平，小饭馆的一位阿姨说她不在，拿出手机给她打电话,说正在路上,一会儿就到。等了一会儿,三姐到了,让我到楼后的露天大排档坐下,一脸疲惫地说:“我从早晨吃了早点,到现在还没吃饭呢。”我不好多占用三姐的时间,就让她多找一些老照片。三姐一听翻拍照片,就回屋拿来相册,我翻拍了几张,照片反光比较厉害。三姐说手机里也有这些照片,我说您从微信发给我吧。加了微信,三姐笑道:“上次你申请加我微信,我一看不熟就没加,没想到是你呀。晚上我给你传照片,现在我得吃饭去了,饿坏了。”我告别三姐,骑车回家。

进了家门,就打开电脑,将采访石大姐的文稿打印了一份,趁着今天石大姐在家,打电话过去,石大姐说:“现在你送来吧,我一会儿下楼等你。”我拿着采访稿下楼,骑上自行车,到了石大姐的楼下,把稿件交给了石大姐,我就回家了。我到家不一会儿,石大姐来电话,指出了一处错误,我开了电脑将稿件改好。

2017年5月9日 星期二

下午四点到黄纬路给几位老人送照片，在河北区法院外墙边（原李纯公馆），看到很多老人在打牌，刘世杰在外围观看着，看见我点点头，我拿出照片递给他，他接过照片看了看，继续看别人打牌。85岁的姜凤翔坐在那打牌，正在兴头上，我不好打扰，等姜爷不打牌了，他站起来，看着我笑道："我的照片呢？"我找出姜爷的照片递给他，他看了看，装进上衣口袋里，说道："你采访怎么还没完事？"我笑道："快了，再采访几户就差不多了，您帮我介绍一下这里的老住户。"姜爷说："这一带就数我岁数大了，别人都不知道这里的事情。"正说着，打牌的一位老人向我伸出手道："给我一张照片！"我笑道："没给您照相，我是给采访过的人送照片来的。"姜爷对那位老人说："你是多晚才搬来的，日本时期，这里的事你知道吗？我在这住了一辈子了，人家采访我，给我照相。"那位老人听了坐回去，不说话了。姜爷又给我讲着日本侨民当年住在这一带的情况。这时，住在军民里的陈文仲老两口从这里经过，姜爷喊他过来说话，陈的老伴忙说："没时间说话，要回家做饭去。"

我一回头，见八十多岁的邓爷走过来，他看见我后，惊讶道："好么！你是真有功夫呀，还没完事？"我笑起来："有些事需要再核实一下，也快完成了。"

马路对面是抗震里

跟这老几位告辞，骑车到胜天里小区转转，很多老人在张衡和地动仪石雕前下象棋，我看着这些全神贯注的老人，有些是熟悉的面孔。我的采访经验是，很难成功采访到这些老人，因为他们的兴趣注意力在下棋上，不愿意被打扰。有时候你与一位老人说话，另一位老人在旁边使眼色摇头，意思是别跟陌生人说话，防着点。

今天没有什么收获，看时间不早了，一些老人站起来回家吃饭了，我也回家吧。

2017年5月11日 星期四

下午去黄纬路，今天专门在军民里转悠，因为军民里的采访人数不够。我骑车到了楼区里的小花园，这里经常有老人在下棋。这时候没有多少人，我等了一会儿，陆续走来几个人，坐在石凳上下棋聊天。一位老人看到我笑道："你又来采访了！"说着指着一位观棋不语者道："你采访他，他是这里的老住户。"我走过去与之攀谈，这人叫张伟程，刚办完退休，闲了下来，经常到这里看别人下棋。他听说我要写这里的历史，特别感兴趣，他说喜欢跟文化人打交道。这时，走来一位我曾经交谈过的吴先生，他跟张伟程是老同学，都是这里的老住户。这样，我们三个人就聊起了这里的历史话题。我已经见过几次吴先生，他也是这里的老住户了，很善谈，我就想把他作为访谈对象。只是我每次提及，他总是推脱。

我就与张伟程约定星期六上午在巷肆书吧访谈，其余的几位老人不接受采访，说太忙，没有时间，还要看孙子呢，有的说马上要去北京，替女儿照顾小白眼。

军民里小区里的小花园是老人们活动的地方

我笑道:“您这么大岁数了还这么忙啊,该享享清福了。”在一边看下棋的吴老先生对我说:“你也不容易,打去年就看见你在这里转悠,没有多少人理解你。”

不管怎样,今天能结识张伟程也算是收获吧,希望周六的访谈成功。

2017年5月13日 星期六

今天的风特别大，定于上午9点在巷肆书吧里与在团结里住的张伟程继续聊。不想，书吧没有开门，看玻璃门上的时间表，周六日书吧开门时间是上午10点。先请张伟程进到巷肆创意产业园院里，找到一处铁艺桌椅，坐下开始访谈，谈了一会儿，看到张先生好像有些冷，就请到旁边的展览厅里小坐。不一会，展厅的服务员过来说，这里不能坐。我看看时间也到10点了，就一起进了书吧。张先生说他年轻的时候就喜欢读书，这么多年来经常到不远的河北区图书馆去看书借书，这两年经常到巷肆书吧来看书。是因为张伟程对历史文化的热爱，所以对我特别支持。张伟程为我讲起了自己的家史，滔滔不绝。近中午，张伟程领着我去看他原来住在胡同时的位置，我提出给他照相，张伟程说，等哪天天气好点再拍吧。

下午在家整理采访的录音，其实，这个"活"特别累人，我是先将录音存到电脑里，然后，插上耳机仔细听一段，点暂停，再打成文字。听的时间长了，就容易烦躁起来。这时候，我经常是先歇一会儿，再整理一会儿。没办法，只能硬着头皮干完了。录音变成文字后，还要进行文字编辑，讲述内容前后顺序都是需要重新调整，有的口述经常是反复说，或者是前面说了一段，在后面又补充一段，整理工作就很繁杂。我有时在想，好像我干的是记者的“活”，日间出去采访，回来撰稿，哈哈。

2017 年 5 月 25 日 星期四

下午，给住在军民里的田爱明去电话。问他什么时候有时间见面聊聊，田先生答应傍晚七点可以来找他。其实，田先生是在我去年第一次和爱人和三姐到军民里寻找老住户的时候，在楼下碰见的，那天他正在楼下抽烟，我们走过去跟他聊以前住在胡同里的往事。

田先生，今年六十岁，是个很怀旧的人，很高兴聊起童年的胡同生活。一起聊了一会儿，临别时，我要了田先生的电话号码。可是后来，每次我打电话给他，不是没人接听，就是他说太忙没有时间。我一直留着这个电话号码。在我黄纬路采访接近尾声的时候，我很想把田先生的采访完成了。好在田先生没有拒绝我，这次会面一定要好好聊聊。

我准时七点到了田先生的楼下，等了一会儿，田先生走下楼。他笑道，你还真准时啊！我见到田先生，有些惊讶。怎么田先生比第一次见面时瘦了这么多。不

四马路口的牌坊

等我问起来，田先生问我道，看看我是不是特别瘦了。我点点头说，是比上次见到您瘦了不少，是什么原因呢？田先生说，我总是失眠，睡不好觉，所以，我越来越瘦了。

田先生说，咱们到前面的小花园坐着说话。我跟他来到居民区楼群中的小花园。这里有一组石桌石凳，正好坐在这说话。田先生说起他家以前住在敏智巷，胡同里住着著名相声演员马志存。田先生讲起他家的旧事和他小时候的经历。

接着，他又说，在元纬路那儿还有保留着的老胡同。问我知道吗？我说，我还真不清楚。他提出带我去看看。看我有些犹豫，就说走吧，就算散散步。我和田先生在夜幕中，走到元纬路。这里有一条小胡同，周围都是门脸房，挺热闹的。田先生说上次看到在这个胡同里，正在拍电视片，现在的老胡同越来越少了。

我提出，找个时间给田先生照张相。田先生委婉的拒绝了，说他现在太瘦，照相不好看，以后再说吧。我和田先生在巷肆创意产业园门前又说了一会儿话，天色已晚，我与田先生道别。

2017 年 5 月 26 日 星期五

上午九点多，我到了团结里，给张伟程打电话，说给他照相的事，他答应一会儿就出来。他领我到他家原来住的四匆里的位置照相，我提议再去他住的楼栋口照相，又问家里是否有老照片，他说没有。照相后，张伟程让我进屋里看看，我看到柜子上面摆着的照片，一问，其中一张是他奶奶的照片，他特意给奶奶制作了纪念牌，上面写着“纪念祖母诞辰 120 周年”还刻着“勤劳、智慧、豁达、幽默。”并刻着“传承您的美德，感知您的存在与保佑，我们时常怀念并心存感激。”是 2011 年 8 月敬制的。我看了非常的感

张伟程在曾经住过的胡同自己家的位置照相

动，张先生不忘奶奶的恩德，特意制作了纪念牌，时常纪念。这是家庭观念中，传承良好的传统美德，不忘祖辈对自己的培养教育。

另外两张照片是他父母穿着居士服装的照片，我提议拍照下来，张伟程犹豫了一会儿，还是同意我拍照。我看他挺忙的，就告辞了。

下午三点半，我又到黄纬路军民里，在小花园等着，下棋的老年人还没有来，等了一会儿，走来一位老人，我与他搭讪，他说以前的事忘记了，说不了什么。我走到四马路上，那里下棋的人多了，有一位上次见过的人对我说，你要带着采访证，或者通讯员证才好，要不，人家不知道你是干嘛的。所以，我觉得，在老人聚集的地方反而采访不到人，不如在楼群里不期而遇的人，却是最佳的采访对象。

没有采访到一个人，看时间不早了，回家做饭去。

2017 年 6 月

2017年6月6日 星期二

从这个月初开始，我给这本口述史配平面图、画插画。我的绘画基础不是太好，只是早年的业余爱好，没有系统地学习过。在画插画之前，我考虑了很久，是画出什么类型的插画？我是比较喜欢中国传统白描画法，尤其喜欢清末时期的点石斋画作，其构图严谨，线条流畅，简洁优美。所以，我最终选择以连环画的白描画法进行绘画。

开始画草图是用铅笔，需要经常涂改，到了最后画稿的时候，就要上钢笔了。钢笔画就是不能涂改，下笔难，稍有不慎，就要重新画。只有用到钢笔画的时候，这幅画也就看到成功的希望了。

首先画的是黄纬路上的福厚里，这个胡同有八个院子，最里面的一号院最大，也最讲究，是三道门三进院落，而且还有一个后门通到宇纬路，其余的七个院子的建筑格局也挺有特点。曾住在四号院的王春教授，为我画了一张福厚里的简单平面图,八个院落的建筑格局都画的很清楚。所以,我就想画一张福厚里整条胡同的立体全图,有什么疑问可以通过微信随时询问王春教授。

前几天在画福厚里草图的时候,就遇到难题,要从俯视侧面的角度来画出整个胡同的立体全图,只是纸张的局限,无法将胡同画出整体,只能在三号院的地方断开,分成两段来展现。今天画好了初稿,拍照后发到老邻居群里,让王春教授看看,画的是否正确。王教授看后,指出一号院的三道门,与原建筑不符。他又画了三个门的样式草图,我看后,再重新画第二稿,画好后发过去,再让王教授指正。王教授又指出了另外几个院的二道门画的不足之处,我马上修改过来。这样,福厚里整条胡同全图画了几次后,可以定稿了。

下午三点给姜德成去电话,问他下午有空吗,请教一下新画的马公祠的复原图。因为姜家一直在马公祠的大门口旁开煤场,对早年的马公祠还是了解很多的。另外,我还想画一幅姜家的煤厂图,姜大哥看了我画的马公祠图,提出了建议。我说想画一张姜家早年的煤厂图,姜大哥热情地给我画着草图,讲解煤场当年的情景。姜大哥还准备为我介绍了一位老住户,原住在福厚里 6 号的老住户,现住在百货大楼附近,人家也接受采访,这样对福厚里的情况了解更清楚了。

姜大哥夫妻俩热情地给我讲以前黄纬路上繁华的商业店铺的情况,拿出纸来,画了沿街的每一家店铺的字号,标注的非常详细。

回到家,我马上修改马公祠的草图,这张图确实不好画,因为马公祠的地面建筑早已荡然无存,需要附近的老住户凭着对马公祠的记忆,或者是听老一辈人讲述情况,也是非常宝贵的口述史料。

2017年6月7日 星期三

下午，文友张立巍约我去今晚报大厦听张建的城市田园调查学术研讨会，我很想听听张建搞口述史的经验总结，从中可以学习一些田园调查的技巧。研讨会上，请来了几位著名的文史专家对张建在口述史方面取得的成绩，进行学术研讨。张建老师马上就要退休了，报社为他召开学术研讨会，是对他多年来在口述史取得成绩的肯定，

张建城市田野调查学术研讨会在今晚报社举行

更是对他在报社岗位上兢兢业业、努力工作、干出成绩的褒奖。

晚上，我给原住在福厚里6号院的韩金玉去电话，想明天采访韩金玉，韩金玉觉得没有什么可讲的，我说咱们见面随便聊聊吧，韩答应了，定在明天下午两点去她家。过了不一会儿，韩金玉又来电话说，自己住在闺女家，让生人去家里不太好，改定明天下午三点在抗震里姜大哥家。

2017年6月8日 星期四

中午姜德成打来电话，让我早到一会儿，他说又帮我找了楼上住的何章起，他是过去四马路金家杂货铺的亲戚，我说那就一点半到。姜先生为了我的采访，下午没有睡午觉，我非常感动。姜大嫂拿出一份老年报说，这篇连载文章不错，我接过来一看，是张建的口述西沽连载。可见姜家人非常关注天津的历史，所以，才对我的采访特别支持，姜家接连帮我介绍了好几位老住户，真是非常感谢。

姜大嫂去楼上何家敲门，没有回应，肯定是睡午觉了。我说不着急，改日也行的。不一会儿，姜德成也去何家敲门，屋里有回应了。不一会儿，何章起进来了，他身体不是特别好，坐下慢慢为我讲起童年的记忆。他家以前住在元和里4号，胡同对面就是李纯公馆的高墙。他对我说："我家跟这里家喻户晓的金老五杂货铺的金家是亲戚，金家去年印了一本家谱，送给我一本已经找不到了，你去军民里金家去问问，对了解这一块的历史有帮助。"我谢过他，给他照了张相，他就回家了。

三点多，七十三岁的韩金玉来了，我在电话里怎么听着总以为是男的声音，来的却是一位女的。看我这是什么耳朵，哈哈。韩金玉一直抱歉来迟了，我说不晚，刚采访一个人，那人刚走，您来的正是时候。她身体挺好，头脑灵活，从小在福厚里 6 号长大，对这一带还是比较了解的，而且也非常支持我的采访。

马公祠草图

姜大哥说，我这住的是三室，孩子结婚住在别处，清静。所以，我建了个老邻居群，不管是现在到外地的，还是本地的，都到我这来，我这是老邻居聚会的一个点。

今天，在一天里采访了两位老住户，挺有收获，这要感谢姜大哥对我的支持。

2017年6月10日 星期六

天气不是太热，早晨五点我就醒了，想继续睡也睡不着了。起来画姜家煤场的图，这图一画起来就是几个小时，却只是画到第三稿。到了九点，赶紧洗漱做早点，九点半出门，直奔军民里金老五的儿媳妇的家。

金老五的杂货铺早年在这片特别有名，采访了这么多人，都知道金老五这个人。因为半年前在楼群走访的时候就听说金老五的儿媳妇在军民里住，只是年岁大了，就没有去找。这次在姜家采访到金老五的亲戚，又听说他家还有家谱，就坚定了一定要采访金家的后人。

上了二楼，四家都关着门，不知道哪个单元门是金家。站了一会儿，听到一楼有开门说话的声音，走下楼打听金家住在哪，那人告诉我在左边的单元房里。我上楼敲门，一位老先生开门，我说明来意，那人热情地让我进屋，一位老大娘也出屋让我进屋坐，我知道她就是金老五的儿媳妇，老人有九十岁了。那老先生说，她

牛利身体不是太好，但还是坚持接受采访

老人家年岁大了，脑子有些糊涂，你要等我们姑姑，她去蓟县了，明天才能回来，我说那就跟您谈谈也行啊。那人说，我是姑爷，金家的情况不太了解，你留下电话号码，等我们姑姑回来通知你。只能这样了，我留下电话号码告辞下楼了。

骑车在楼群里遇到烧烤店的刘三姐，她两口子刚从外面回来，我说，还需要把采访你家的文稿再补充修改一下，等您不忙了再说吧。三姐说你去找四姐，她的记忆力好。我说，四姐现在卖刨冰，这个季节正忙，没有时间跟我聊啊。三姐笑起来，上楼去了。

我骑车到团结里，去采访住在楼后一排平房里的牛家。牛大爷得了尿毒症，身体不太好，我来了几次，牛大爷都是去医院了，牛大娘告诉我，他一三五去医院，二四六在家。所以，我赶上今天是星期六，趁着牛大爷在家来拜访。牛大爷从屋里走出来，说还是进屋说话吧，清静。坐下后，牛大爷开始给我讲小时候的往事，从金刚桥海河边讲起，东窑洼、西窑洼到恒源纱厂，讲的非常清楚，我听了，眼前展现了一幅解放前后，海河北岸窑洼一带的全景图，如同看到了一幅天津的“清明上河图”。

牛大爷讲着，身体支撑不住，从床铺上下来，坐在小板凳上，我说您上炕躺着吧，有时间我再来。牛大爷还是继续给我讲着，我不忍，站起来说，我给您照张相吧！牛大爷说，我是不想张扬的人，如果你非要照相，我也不反对。让牛大爷在床铺坐好，我照了几张相。告辞时，牛大爷非要送我出来，在门口我给牛大爷又照了几张相，牛大爷说，我也不知道你的身份，如果你是一个探子我也不怕。我想可能是我总问人家里几代人的事，又到处拍照，引起牛大爷多想，哈哈，没办法。

下午开电脑整理牛大爷的访谈记录，吃过晚饭，一直到半夜十二点还没有完成，太累，睡觉吧，明天再说！

2017 年 6 月 13 日 星期二

这几天我每天都在画插画，腰都疼了。特别是福厚里的立体图，特别不好画！八个院子，不同的房型，有的院子有月亮门，有的没有。每天在微信上与原来住在福厚里 4 号院的王春教授请教，每个院的具体情况。每画一稿，就传给王教授看，王教授特别热心地为我指点，到了第四稿，福厚里的立体图基本可以定稿了。

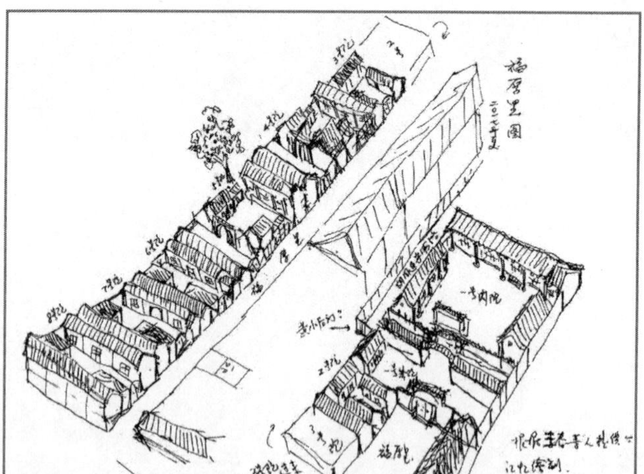

福厚里草图初稿

下午三点多，我画好姜家煤厂的立体图，去姜德成家，让姜大哥帮我看看图。姜大哥非常热心，对我帮助很大，为我介绍了几位老住户。我去姜家大约快有十次了吧，这次去我带着一台足疗按摩机，送给姜大哥。我骑车刚到姜大哥住的门洞口，姜大哥正走过来，姜大哥见我送他东西，说嘛也不要，不管我怎么说也不行。一定让我拿回去。只是一点心意嘛，姜大哥特别耿直，没办法，我只能带回去了。这次来，姜大哥对我画的煤厂图给予肯定，又找出来一张六九年卖老家的房产契约，这是一张宣纸，用毛笔写的。我把卖房契约放在椅子上，拍照了几张，告辞回去了。

晚上将军民团结抗震胜天的胡同图画了出来，将所有的画稿整理好后，集中放进插页夹里，每幅图都是几易其稿，从第一稿到定稿都保留着，到时候用起来就方便了。

2017年6月16日 星期五

今天很热，上午正在单位开会，接到原四马路特别有名的杂货铺金辅田的嫡孙金双路的电话。他说现在有空，让我到第一医院附近的小区见面谈谈，我看看时间已经10点了，就约定10点半。我马上骑车回家拿采访材料，再到金先生的约定处。金先生的这处房子里有很多老家具，摆着佛像，古董和书籍。金先生说，这里是他静修的地方，很少到这里来。因为在这附近验车，正好有点时间聊聊，平时自己很忙。金先生讲

金双路家的摆设(一)

起他是满族人，姓爱新觉罗，到了清朝灭亡时，改成的金姓。金先生讲起爷爷在民国时期在天津开店铺的创业经历，当时不以效益为目的，养家糊口足矣，其余乐善好施，生意反而更兴旺，生意逐渐扩大，后又开办了德兴顺和德兴福。平时乐于助人，周围邻里至今传颂其德。金先生找到华世奎的侄子为他书写了他家铺子的字号“德兴恒”牌匾，悬挂在家里，以示怀念祖辈，教育后代。

金双路家的摆设(二)

时已过午，金先生热情，一定要留我吃饭，婉辞不成，只能领受。金先生带我到小区附近的一家小馆吃饭，又讲起他曾经是大悲院外的素斋馆负责人，与天津著名书画家的交往很多，现在创办一家文化公司，每天挺忙的。饭后告辞，金先生说，下次找出来老照片、家谱，再约时间见面聊。

2017 年 6 月 20 日　星期二

天很热，我这些天一直在画插画，画好了马公祠前的姜家煤场图，感觉画的还可以，看着图，觉得筛煤柳条筐下的花盆，不确定应该是正着放，还是扣着放呢，这个问题当时忘了问了，如果画反了就会贻笑大方的，还是去一趟姜大哥家，问清楚了。等到四点了，我穿上衣服下楼，骑着自行车到了姜家楼下，见楼房外檐搭起了脚手架，好像准备刷外墙涂料。我心想，这座楼看来近年拆不了了，如果要拆，就不会装饰外墙的。因为五马路与海河天眼桥相连，很多年就闹着拓宽马路，却一直没有动静。

敲开姜大哥家门，姜大哥很热情，看着我画的图，肯定画的没错，花盆是正着放的。姜大哥夸我画的真好！因为，他曾经在这个院里住了几十年，这幅画是他童年的记忆。我提出让姜大哥拿着这幅画，照一张相，姜大哥拿着画，走到小院里，让我拍照。从照片背景看，五马路对面的二五四医院（过去的曹锟花园）墙上刷着几个拆字，看来，五马路早晚要改造，只是时间问题了。

辞别姜大哥，来到军民里，想找陈文仲核对一下橡四厂图。敲陈家门，陈大娘说陈爷出去了，在四栋那跟人聊天呢。我骑车在那转了一圈也没有看到陈爷，我在老黑刨冰店停下来，想跟四姑打听陈爷的电话号码，四姑看见我，忙说：“我可没工夫跟你说话，太忙了。”是呀，夏季正是卖刨冰的季节嘛！再说老黑刨冰店远近闻名，肯定忙啊。我笑道：“我只是想问您一下陈爷的电话号码，不打扰您。”四姑说：“我告诉你，他住哪，你去那找他。”我又在楼群里转转，找不到陈爷，只能先打道回府，做晚饭去了。

姜德成拿着姜家煤厂图

2017 年 6 月 22 日 星期四

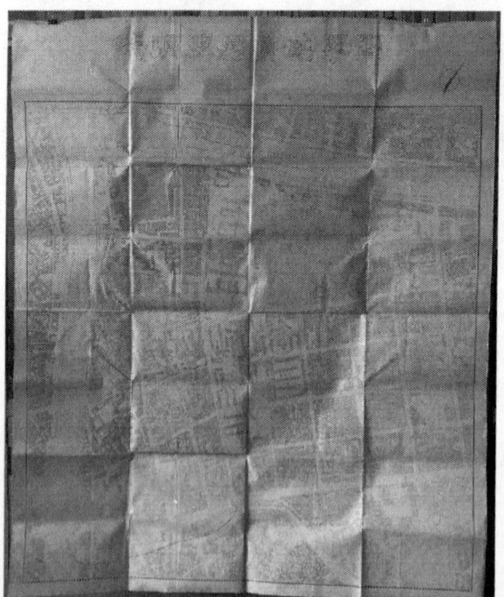

金双路借给笔者的 1979 年中山路图

今天下了一天的雨，下午在家整理金双路的录音和金家杂货铺的历史情况，可巧金双路来电话，说你马上到黄纬路抗震里附近的五金店来，我把家谱和老地图借给你。我答应马上就到，看外面还在下着小雨，开车来到黄纬路。在抗震里一家底商见到金双路，金先生坐进我的车里，把家谱给我，我翻阅起来，家谱的简介有六千多字，非常详细的记述了金家自晚清至今的历史情况，以及爷爷辈在黄纬路四马路开办商铺的创业过程和发展的历程。这

金双路家里的佛堂

本家谱是金双路的近八十岁的姑姑金淑珍主持撰写，金双龙、金双瑞助写集金氏家族老人回忆而成的。在我们的城市里，能够用数年时间写出一本六代的家谱，真的是不多，而且是非常有意义的。相于记录朝代的大历史，家谱记录的家族历史就是小历史，已经纳入中国刚刚兴起的“公众史学”。

我看了金氏家谱非常高兴，提出将家谱的简介全文引用进四马路口述史书中,金先生很爽快答应。金先生打开一幅七几年的中山路绘图,这是一比二千比例的晒图,绘制了从海河到月纬路的详细地理情况,是研究中山路二十世纪七十年代的最佳资料。我提出还要采访姑姑金淑珍,金先生答应道:“我姑姑住在八里台,有时间我陪你去一趟。”临别时,我嘱付金先生给我提供老照片,金先生答应下来。

2017年6月26日 星期一

这几天天气热了，每天还在画插画，画橡胶四厂的插画，烟筒很费劲，因为工厂的大烟筒都是用砖垒的，就要表现出烟筒的砖来，画的半圆很不规则，效果不好，怎么办呢？我就想找一些工具，开始找了一个小瓶子盖，来比着画，效果还是不行，经过多次试验，最后，觉得用一元硬币的弧度正好表现出大烟筒砖的大致效果来。

下午我拿出金氏家谱，仔细读起来，这是金家后人在2014年写的一本家谱，记载了自清末至今六代人的世系家谱，当年金家人从老家徐水来到天津，在四马路开办德兴恒杂货铺，记载了金氏族人的创业、生活的经历。家谱里还附有世系表四张，非常详细地记录了金家五代一百余年的人口状况。

我觉得应该提倡、引导现代人编写新式的家谱，有了家谱就是记住自己的根，将家族所有成员编入家谱中，可以使家族和睦，让子孙后代认祖归宗，记住前

家里保存着的当年家族创业时的牌匾

辈创业的艰难，教育后人，这是多有意义的事啊。

我将家谱翻开，放在桌子上，将每一页都拍照下来，等到编书的时候，可以当做配图使用。

拍照好后，我给金双路打电话，要家谱的电子版，这样我可以少打这些字了，能省不少事。金双路说电子版有，我给你问问。我跟金双路加了微信，等电子版找到了，通过微信传过来。我表示感谢！金大哥是一个干事业的人，特别讲诚信，办事效率还特别高，答应你的事很快就办好。我特别喜欢与这样的人交往，希望我们永远是好朋友。

2017年7月

2017年7月1日 星期六

今天休息，一心想着给黄纬路口述史画插图，早晨就不去海河边的书市了。坐下来开始画东兴里胡同，画了一上午才有了点眉目。为嘛说画起来不容易呢？因为没有参照物，胡同已经拆迁四十年了，只是根据老住户的回忆，早年的记忆有时候是模糊的，也容易淡忘。所以，我这些插画也算是根据别人回忆，进行的艺术创作了。

中午，我匆匆忙忙地吃完饭，去抗震里姜德成家，将那本张建的《口述西于庄》上册带去，姜大哥对我的帮助特别大，为我介绍了几位老住户，总是想表示一下，上次我特意送他脚底按摩机，他非让我带回去。没办法，我看姜大嫂喜欢看老年时报连载张建的口述西沽，看的特别仔细。当看到我包里的口述西于庄这本书时，全神贯注地翻看，我就想自己看完这本书，就给姜大嫂看吧。前天下午我带着这本书去姜家，敲门没人应，就先回家了。我想中午去应该在吧，冒着酷暑骑车到

元和里草图

了五马路抗震里楼下，喊了一声姜大哥，屋里应了一声，姜大哥看到我笑了：进屋吗？我说，不进去了，这本书给您看吧。姜大哥高兴地收下了，我告辞走人。

接着骑车来到望海楼大街的银行，找到我的中学同学张金辉，金辉以前住在新大路，现在他家老宅涌泉里还在，我约时间采访他，再去他的老院拍几张照片。金辉特别支持我，答应在休息的日子再聊。

回到小区，到快递箱取快件，寄来的书《传习录新解》。上了楼，换了衣服，继续画图。这次是画李纯公馆的高高围墙下的胡同：元和里，这是一条非常直，非常长的胡同，从黄纬路一直通到元纬路。胡同左侧的李纯公馆那高高的围墙，据说墙体特别厚，墙头上可以开一辆轿车，墙砖是跟天津老城墙砖一样大，周围住户称呼这条胡同叫“大墙胡同”，确实挺形象。现在我要画一张元和里的实际图，还是比较容易的，反正李纯公馆的高墙画起来简单，右侧是普通居民大院，跟对面高墙比起来要矮很多，只是比例不好掌握。

对我来说，还是有一个遗憾，那就是李纯公馆拆改前，院内的建筑布局，费了好长时间也没有找到任何资料，曾经进过院内的几位老人也记不住了当年的具体情况，每个人凭着记忆画的草图都是差别很大，所以，无法确定早年的建筑情况。这处李纯公馆遗址是在团结里范围内，如果不细写一下，有些说不过去，我只能尽最大的努力吧。

2017年7月5日 星期三

插图画好了，在征询老住户意见后，很多时候是需要修改的

这些日子因为口述黄纬路做收尾工作，整理文字，补记采访日志，画插图。精神比较紧张，时间不够用，晚上脑子里都是这些事，根本睡不着觉，早晨还醒得早，一整天都有些犯困。下午接着补写采访日志，幸亏我平日有记日记的习惯。只是写的日记比较简单一些，记录每天发生的比较重要的事情。所以，就得重新整理自去年9月份开始的采访过程。

拿出盖碗，泡了一杯绿茶，喝了一会儿。打开画夹，找出已经画好的福厚里图，在征询老住户意见的时候，又发现了一些错误，还得重新画一遍。这幅图不好画，一条胡同八个院子，要画得准确到位了，真是不容易呀。

正忙着，手机来了短信，又是快递到了，下楼先把快递取回来。这两年，几个出版社和图书公司出版的新书经常寄给我，我还经常在当当网和孔夫子旧书网买书。所以，我就经常去小区的快递箱取快递。每次取快递都要穿过楼后小花园的树荫小道，这是我最喜欢的小道了，这里种着好几棵枣树和南方的树种，遮天蔽日的。还种着石榴、无花果，到处是绿油油的植物。看书写文累了，我就到这里散散步，放松一下精神。有时候，我来到这里，在石凳上坐了，看书、整理笔记，带着泡好茶的紫砂壶。没有时间发呆，到这里也闲不住，好些采访日记的文本是在这里整理的。好一处清幽的地方，这里就像是我的私人小花园了。

笔者经常穿过这条小道去取快递

2017年7月21日 星期五

下午两点多，金双路打来电话，说下午有时间带我去八里台采访他姑姑，定好3点在西南角会面。我开车按照约定的时间，到了西南角接上金大哥，去八里台方向。这个时间卫津路车不算多，如果是上下班时间就会堵的厉害。

金淑珍在为笔者画老胡同图

姑姑金淑珍住在六楼，她今年七十多岁，身体挺好，非常健谈。她是“德兴恒”杂货铺老板金辅田的女儿，金双路的姑姑。金淑珍坐下来，从桌子上拿起金家的家谱,递给我看,她讲起自己童年的记忆和家族开了几家商铺做生意的情况。

金淑珍一边讲着，从柜子里找出一本相册，很多是她年轻时期的照片。还找到一张“金老五”金辅田的照片,这就是“金老五杂货铺”当年的经营者。在黄纬路一带，提起金老五是无人不知的。我在金双路的帮助下，将这些照片翻拍了下来。金双路忙着去厨房做饭，一定要留我吃饭。饭后又谈到八点半，我让金双路给我和姑姑拍一张合影，

金淑珍与金双路

金淑珍家的摆设

时间不早了,忙告辞。外面下起了中雨,我开车送金双路回家,到了天穆,金双路请我到他家做客。一进门,只见大大的单元房屋,到处摆着字画、瓷器、工艺品、书架、老家具,仿佛进了艺术的宫殿,真是目不暇接,琳琅满目,叹为观止。特别是一间佛堂,真是金光闪闪,佛像庄严,精美的摆设美轮美奂,摆满了佛堂,柜子上摆着佛经。可以看出,金双路对佛教的虔诚和对佛教文化的热爱及其文化修养。金双路提醒我脱鞋再进佛堂,他为我讲解每件艺术品的情况。金先生领我进了他的书房,这里是书的世界,我不停的拍照。金先生应我的请求,找出来他家的老照片,有他童年、青年时期、全家合影的照片,并找出几张他收藏的民国时期天津历史风景的照片让我拍照。

时间已经是 11 点多了,我忙告辞,外面还下着雨,我开车回家。今天收获很大,心里很兴奋。

2017年7月30日 星期日

下午在家整理采访记录，看整理的差不多了，我收拾一下，下楼去黄纬路抗震里姜德成家，补拍老照片，以前拍的几张照片，存在电脑里说嘛找不到了。前几天我就给姜大哥打电话，说要补拍照片，提前把照片找出来，姜大哥答应了。骑车先到黄纬路口洗几张在新大路采访的照片，然后到了抗震里，进了姜家，只见桌子

姜德成保存的粮本和煤本

上已经放着几张黑白照片,我忙补拍下来,姜德成还找出来保存的粮本和煤本,让我拍照,他又补充了一些口述内容。我又坐了一会儿,告辞。再去别的采访人家要老照片。

我骑车出了抗震里,来到四马路对面的胜天里,刚骑到第三排楼,见到宋梦篁在楼下与邻居聊天,我上前打招呼,问有没有老照片,宋热情地请我上楼,从柜子里找出两个相册来,说相片只有自己年轻时候的,行不行?我点点头,打开相册,年代最早的,是宋老先生学生时期的照片,还有参军时期的照片,我用手机将这些照片拍照下来。

我又提到宋老先生曾经帮我画的东兴里胡同全图,能不能再帮我画一张更详细的图,我好按照平面图画一张立体图。宋老先生答应道,过几天我画完了给你打电话,你来取。我留下电话号码,告辞回家了。

2017年8月

2017年8月1日 星期二

下午5点多，住在胜天里的宋梦篁打来电话，说东兴里的图已经画好了，让我有时间去他家拿。我听了非常高兴，说马上就去拿。到了胜天里，上了楼，宋老先生已经开着单元门等着我了。进了屋，宋梦篁请我坐下，指着圆桌上摆着的两幅图纸，笑道："我只能画到这个水平，你根据我画的为基础，爱画什么样的就画什么样吧。"我拿起图纸，看起

胜天里的老人经常聚在一起下棋

来，只见东兴里胡同一共八十个院的位置，宋老先生给标的非常详细，就连每个院门的方位都标的清清楚楚。不得不佩服宋老先生惊人的记忆力，这种能力恐怕是天生的吧。宋老先生又讲了一些老胡同的老事，我非常感谢宋梦煌老先生对我的支持，宋老先生也希望我这本书能够写成功。辞别宋老先生，我骑车来到胜天里的小花园，在张衡石雕像前，有两堆儿老人在下棋聊天，我看这老几位没有我认识的，我拿出手机从不同的位置，朝着这些老人拍了几张。这些景象是新的小区没有的，在新的小区里，是老死不相往来的状况。可以看出，在老的社区里，还保留了过去住在胡同里的生活习惯，因为这些老年人是非常需要与人交流沟通的。

2017年8月3日 星期四

下午继续画插画，按照曾经住在四马路62号的二姐王建新讲述的大院的情况，我画了一张插画草图。然后用手机拍下来，用微信给二姐传过去，让二姐提提意见。二姐指出了房屋位置细节上的错误，我按照二姐的指点，画了第三稿，传了过去，二姐又说，这个院的大门非常高，在一侧门上有一个只供行人出入的小门，而且小门经常开着，这样画才比较真实，我又画了第四稿，才得到二姐的肯定。

我又将前几天画的四马路口粮店门前的草图拿出来，这幅图是根据在二姐的老邻居微信群里，大家对四马路口粮店的的记忆，我画的一幅插图。大家回忆起，在他们童年的时候，粮店前有一个邮筒，附近的孩子们特别喜欢爬上去，坐在上边玩耍，这是孩子们的制高点。在夏天，坐在邮筒上烫屁股也是要坐上去玩的，童趣特别有意思。我就按照大家讲的，画了这幅图，大家又告诉我邮筒的形状，并且发来过去邮筒的老照片，供我参考，对我真是大力的支持啊。我一边画着一边将草图传到微信群里，让大家指正，群里的大哥哥大姐姐们详细地讲，粮店左右窗户的位置、高度，以及粮店左右是院门还是商铺，使我很顺利地画好这张图。

时间已经到了半夜时分，我开始画马公祠胡同的草图，这是根据曾经住在马公祠胡同的霍树森和马公祠煤厂姜德成等人的记忆，来画这幅插画。这条胡同的一号院是马公祠马家的故宅，门前有一座大影壁和石狮子，是这胡同里的亮点。还有一座日本人建的二层楼房，后来改成派出所。我只能根据几位老住户的回忆来画这幅插画，以一号院的影壁为中心，画成这条胡同的局部图。然后，再去征求这几位老住户的意见。

我画草图都是用铅笔画，一般是在准备定稿时，已经征求完老住户的意见后，再用钢笔画。所以，橡皮是我经常使用的，很多的橡皮屑要随时倒进纸篓。三角尺总是跟橡皮放在一起，可是，橡皮对塑料有“腐蚀性”，时间长了，透明的三角尺上被腐蚀的坑坑洼洼。其实，这个常识我早就知道，只是早就忘记了。没办法，三角尺凑合用吧。

其实，绘画对于我来说，只是业余爱好，画起来虽然不是太难，难就难在没有参照物，胡同、建筑已经拆除四十年了，只是根据老住户的讲述来绘画，这就需要借助我对过去岁月的记忆和我的经验来画，当然不会百分之百的准确绘出老胡同、老建筑的原貌。虽然经过了老住户的点评，我心里还是发虚，究竟像不像呢？也就是凭着大多数老住户对早年胡同故居的追忆，用我的画笔呈现出来，能表现出来一点点当年故居的原貌，是对曾经生活在这里的人们的一种慰藉。

2017年8月18日 星期五

下午时间，还是要画插画，我又新列出新的插画题材：水铺、副食店、杂货铺、磕灰图等。天气还是有些热，不至于开空调吧，我开了小电扇，能坐住了，开始画。

那就先画水铺吧，在我采访过程中，提到水铺的人非常多。而且，水铺对于我来说也不陌生。在我童年的记忆里，我曾经拿着暖瓶去水铺打热水。水铺里的大锅灶，我记忆犹新，只是水铺里的细节有些模糊。水铺图我是在五月初开始画的草图，我将画的水铺草图发进朋友圈中，征求年纪大的朋友指点。不一会儿，很多朋友提出自己的意见，陈爱东大姐发来回忆水铺的链接，使我对水铺有了更多的了解。感谢大家对我的帮助，也感叹如今网络的便利。

早年胡同里还没有接自来水的时候，居民都是到水铺去买水，水铺墙外伸出的水龙头是居民打水用的，一桶水二分钱。有专门挑水的给送到家，送一挑二分钱。水铺还卖开水，墙边垒着一个大灶台，两口大铁锅烧水。一口大锅是用锯末煮

天天在画插画

水，另一口锅是用余温来加热，那时候的水铺就已经知道利用热能了。烧水的木锅盖是两半的，是为了保温。天津卫有个歇后语："水铺的锅盖，两拿着。"过去的居民都是在做午饭前生炉子,到了晚上就灭火。所以，去水铺打热水就很方便了。我就是根据这些记忆,将水铺的草图画出来。

今天就要将水铺图用钢笔定稿,画好了水铺内景,还是觉得比较呆板,觉得要是再画出两个人物,才比较有生气,那就画一个卖水的中年人和一个来买水的半大孩子,这样就比较形象些了。

画好水铺图,又开始画老胡同磕灰图。过去厕所少,每个院里基本都有一个小耳房是厕所,当然是干厕,房里放一个马桶,解手前,掀开马桶盖,往马桶里倒一些炉灰,等专门串胡同磕灰的收走。磕灰的人是拉着平板车,车上放着几个四方大竹筐。进了胡同,停下车,开始摇铃铛,院里的居民远远听到铃铛声音,就去小厕所里将马桶放在院门外。嫌有臭味,就转身进院,等磕灰的倒完后,过一会儿再出去将马桶拿进来。

这是早年胡同里每天出现的场景，如今画起来，恍若隔世之感。如果说给现在的年轻人听，也会觉得新奇，可能也不会信。毕竟，那早年胡同里的场景距离现在是那么久远了。

我画胡同的背景，磕灰的人正在摇铃铛，一辆平板车上两个大竹筐，又在院门外画几个马桶，这样就基本能够再现了当年磕灰的景象，挺有生活气息的。

这里的胡同都是“横平竖直”，非常整齐，没有私搭乱盖的。可是这样看不出老胡同蜿蜒曲折的韵味，几条胡同画起来都是千篇一律，没有多少个性。虽然如此，也是要忠实于原貌啊。

傍晚，我与王振良先生联系，我说其中的一篇《问津书院与巷肆》，需要配巷肆创意产业园老总的照片，另外需要巷肆改造前的照片。王先生说，老总的照片就算了，他比较低调，不喜欢这样，巷肆改造前的照片会提供给你的。我讲了最近的写作进展，王先生对我鼓励一番，并叮嘱要把绘画的过程写进日记里，画稿的一稿、二稿、三稿、多稿都要保存好。

直到今天，已经正式画好十一幅插画，计划是画三十幅左右，胡同示意图八幅。是要抓紧时间了，只是最近身体不是太好，也不敢拉晚。没有办法，时间总是不够用的。

2017 年 8 月 19 日 星期六

上午吃了早饭，收拾屋子后，已经是 9 点多了，今天想着去黄纬路回访几户曾经采访过的老住户，主要是要补充老照片。我先打电话给住在胜天里的陈卫民，问今天在不在家，说书中需要配一些老照片。陈卫民很爽快地说，以前的照片也不多，我给你找找看。我说，我现在去您家可以吗？他说，你来吧。我马上换上衣服下楼，骑车到了黄纬路胜天里，上楼到了陈家门口，我喊了一声，陈卫民从屋里答应，让我开门进来。我进了陈家，陈卫民的爱人也在家，让我进屋，见陈卫民正在翻箱倒柜找过去的照片。不一会儿，从两个相册里翻出很多过去年代的黑白照片，照片摆了半个床铺，才找了几张他年轻时期的照片来，我翻拍下来。陈卫民说，还有他做模特的照片，找了一会儿，没有找到。

陈卫民指着桌子上玻璃板下压着的一张美术学院学生的作品，是以陈卫民做模特的画像，用炭条画的人物画，印在台历上，问我道："这是美院学生为我画的素描像,需要吗？”我当然是需要的。可是，由于玻璃板曾经被水泡过,因为年久,这张台历已经紧紧粘在了玻璃板上，陈卫民只能拿小刀很费力地，一点点地把台历刮了下来。可惜台历也被刮破了一些,纸面上的白点很难去除了,只能这样了,拍照完回去再修版吧。

李树杰家的家具都是自己制作的

陈卫民又从柜子里找出一张美术学院老师送给他留作纪念的画作,以陈为民为模特的裸体钢笔画,人物骨骼肌肉很有特点，局部还绘上了颜色,是一幅很棒的裸体画作。纸质为牛皮纸,非常结实的纸。只是因为一直卷成卷儿了，打开照相的效果不佳,陈卫民和他爱人想了一个办法,两个人手指各拉住一角,将画纸拉平,让我拍照。果然,出来的效果不错。陈为民说,另一张模特照片,等有时间找出来给你打电话吧。我说好啊。我又问了一句:“您开始做模特的时候，家里人反对吗？”陈回答说:“没反对过！”

我提出给他两口子照像,他爱人笑道:“那我去换一件衣服。”不一会换好衣服,我让他俩站在朝阳处,照了合影,我告辞下楼。

李树杰早年自己制作的家具

没出这楼栋，李树杰家住在一楼，我敲开李树杰家的门，他老伴开了门，让我进来坐，我拿出上次拍照的照片送给李树杰，提出需要几张家里的老照片，李树杰说照片有呀，就是不好找。我说您有时间找一找，不着急。李树杰对我说："我找找看，你过几天再来吧。"

我只得先拍了几张屋里摆设的照片，拿出手绘的东兴里图让他提意见，他说差不多，画的挺不错的。我在他家几间屋子转一圈拍照，李树杰指着家具说，这些家具都是我结婚的时候，自己打的家具，有酒柜和被格子，大衣柜是亲戚给做的，因为质量好，现在还在使用着。

出了李家，骑车到了抗震里，去霍树森家，敲门喊霍爷，霍的老伴开门，说老霍在屋里呢。我进了屋，见霍树森正在看电视。我说："需要您的几张老照片，配在您的口述史文中。"霍树森说，只有在部队时的照片，再早的照片没有，因为以前穷，家里孩子多，哪有钱照相呀。我说在部队的照片也行，霍树森开了柜门,找出来两个老相册,其中一整本都是他在1965年被部队派到越南参加抗美援越的战地照片,有七十多张,非常宝贵,我拍照了一部分。霍拿出三枚越南颁发给霍的军功章,说有一张胡志明亲笔书写的奖状,不知道放哪了,下次再说吧!

霍从一个小塑料袋里拿出来一块不大的非常不规则的铁皮来,对我说:“你知道这是嘛么?”我拿起来看了看,用手掂了掂,别看这块厚铁块不大,却挺沉甸甸的。我摇摇头说,看不出来这是什么。霍笑着说:“这是炮弹皮,我在战壕里向外观望敌情,当时炮火连天,远处爆炸声后,就是这块炮弹皮打到离我脑门只有几公分的战壕上,炮弹皮是烧红的,差那么一点,我就该牺牲了。”我听了,又拿起那块炮弹皮看了看,说:“您真是命大呀,吉人自有天相。”霍感慨地说:“在前线牺牲的战士,被炸的缺胳膊缺腿的多了去了。曾经有一个炸弹,里面装满钢珠,在我脚边爆炸了,大家都以为我死定了,没想到,在我脚边有几个子弹箱,挡住了钢珠的扩散,你说多悬呀。”

我说您给我详细讲讲,在抗美援越战争的事。霍笑道:“这要说起来,两天两夜也说不完呀,随便说说,讲到哪是哪吧。”霍就讲起在北京部队,挑出来十三个人的小分队,派到越南前线,支援越南的抗美战争的整个过程。我看时间已经是12点半了,忙告辞,下次再详细听霍爷讲讲。

推车刚走到楼口,见小卖部的阎大爷在门口坐着,我走过去问阎大爷要老照片,阎大爷摇摇头道:“照片找不到了,这里一直闹着拆迁,很多东西都扔了。”我只得作罢,骑车回家吃饭去了。

下午,我给金双路去电话,说我想画一张金老五杂货铺的立体图,让他为我画一张草图。然后，我再画一幅正式的图。等了一个小时，金双路从微信传过来一张杂货铺的草图，一下午我就画这张图，还没有用钢笔画。因为，老父亲头晕，我还要伺候他，心情不集中，就没法画好。

到了夜里 11 点，已经很累了，明天再画吧，洗澡睡觉。

2017年8月20日 星期日

父亲一直住在我这，这几天头晕的毛病又厉害了，想着去哪个医院输液。开始，父亲想去市政府小医院。可是，医保卡放在父亲自己家里，我只能扶着父亲打车去取医保卡，那里邻近第三中心医院，也就顺势在这个医院里看病了。现在医院对输液进行管制，主要输液的液没有，只有一种液可以输，取了药，扶着老爷子回他

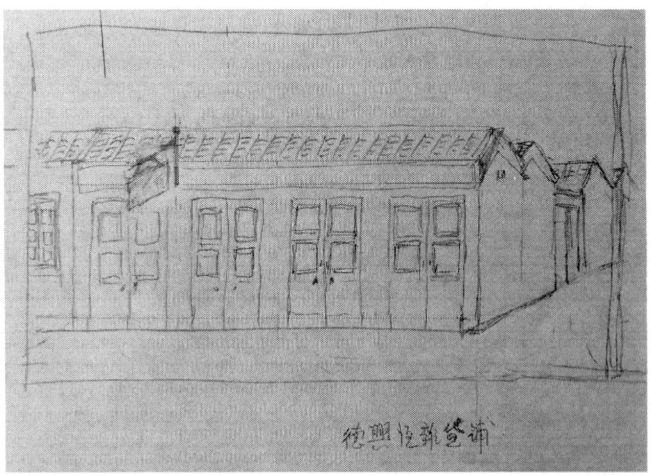

德兴恒杂货铺草图初稿

的住房里输液，弟弟妹妹陪着，我乘公交车回家。

吃了午饭，开始画“金老五杂货铺”的插画。前两天，我让金双路凭着记忆，画一张他家早年杂货铺的草图，通过微信发了过来。我就根据这个草图，稳住心情，用白描的画法绘制一张杂货铺外景钢笔画。这张图画了一下午，杂货铺邻近橡胶四厂，门脸房四个门，早年挂着一面布招牌，上书“德兴恒”字号。又画上右侧仁田西里胡同，金家的院门。这样，金家的杂货铺和后面的住宅全画出来了。拍照后用微信发给金双路，让他指正。不一会儿，金双路回复说，很好！我说，那就这样了。金双路回复道，OK。我得到肯定回复后，才放下心来。

2017年8月21日 星期一

下午时分，我拿出采访记录本，查看曾经采访的老住户，没有提供老照片的逐一打电话过去，希望能够再找找过去的照片。先打电话给军民里的贾重钢，他说："哪有时间呀，每天要看孩子，那就周六周日再说吧。"

我又打给荣大成，最好能找到一张荣子政的照片，荣大成说："没有，经过这么多年的运动和抄家，什么也没有留下。"说完就挂了电话。我曾经找他要过老照片，他说没有。我只是做最后的努力，尽量再找一找，如果这样的话，只得作罢了。

电话打给砖刻艺术家阎珩先生，希望能给我提供几张老照片，阎先生说："太早的照片没有，自己十几岁以后从农村来到天津，才开始照相。"我说："那也行啊！再把近年的工作照和艺术照片，通过微信给我发过来。"阎先生说："那没有问题，我给你找找。"不一会儿，阎先生从微信发过来十几张照片，我提出要阎先生屋顶上存砖的照片，阎先生又上房拍了几张照片发过来。

阎珩家房顶保存的砖刻用砖

傍晚我又拿出金家杂货铺的插画,仔细看起来,这一看不要紧,发现了一处错误,店铺门口的石阶的朝向画反了。不画台阶吧,又觉得少点什么,重新画的感觉是无奈的,非常沮丧,时间是宝贵的。

我又三易其稿,最终完成了这幅插画。时间已经是半夜了,困觉的不得了,赶紧睡觉,明天继续。

2017 年 8 月 24 日 星期四

父亲的病越来越厉害了，前天我和妹妹、兄弟媳妇送父亲去医院检查，照 CT 发现颅内大量出血。马上办了住院手续，准备做手术。这几天我与弟弟妹妹倒班在医院陪护，因为我日间要上班，只能值夜班了。虽然，病房里有空床可以睡觉，哪里睡得着啊。白天也就没有精神，疲劳不堪。有嘛别有病，既花钱又受罪。

下午，我把已经采访的 48 个被采访人的所有照片，重新整理一遍。为每一个被采访人建一个文件夹，将文本和相关的照片集中归纳起来。原来的分类的方法不对，虽然备份了几份，感觉还是很乱，到了用的时候不好找。重新归纳后也便于编辑，整理后发现，其中有的照片没找到。于是，从电脑里、U 盘、移动硬盘、云盘里，查找备份的文件，才找齐了照片。

晚上，继续画插画。其实，我在童年时期就喜欢绘画，只是乱画而已，到了上中学的时候，开始学国画、篆刻、书法、雕刻。开始是临摹，后来的创作也没有多少提高。上班后，买了大量的碑帖，认真揣摩。什么都想学，就是没有坚持的恒心，也没有拜师学艺。所以，也就半途而废，一事无成。

在写文方面呢，我是喜欢看书的，中学时期的作文还可以，语文老师经常将我的作文当做范文，在语文课上朗读。虽然说，写作绘画是需要天赋的，我觉得勤奋还是非常重要的。如今，写这本巷肆及其周边的口述历史，写文、绘画都能派上用场了，只是要求自己多走心一些，尽量别留下太大的遗憾。

画插画用钢笔画，难点就是一笔下去不能有一点错误，否则就会前功尽弃。所以，一幅画我是要画很多遍。可是，画出来人物的表情，每一次都是不同，画出什么效果，有时自己也不能把握，这是可遇不可求的事。重新画的，经常是还不如上次画的，就是这么纠结。

晚上的成绩就是将四马路粮店的插画画好了，这幅画很有时代的特点。过去的粮店都是凭本定量供应，墙边堆着快到天花板的粮食袋，粮食要倒进木箱子里，拿铁勺舀进一个特制的铁桶里，然后过秤。柜台前有几个铁皮漏斗，买粮食的人用布口袋从漏斗下口去接。因为，在我小时候经常拿着粮本和布口袋去附近的粮店去买粮食。所以，记忆非常深刻，画起来也容易的多。因为，粮店对于那个年代的人，是非常重要的事，毕竟这是人们唯一取得粮食的地方。

2017年8月26日 星期六

这几天开始上一个培训课，上下午都有课，而且，考勤抓的特别紧，课程要到9月11日结束。心里一想，这得耽误多少时间呀。可是，在上课的时候，老师也不讲什么，课堂上就是闲聊。不管心里多急，也得乖乖地去上课。这时，我想着，时间不能就这样白白地流逝，何不带着画稿在上课的时候画呀，就是画一些草图，也不算耽误时间的。于是，在下午上课的时候，带来纸张、铅笔、钢笔、三角尺，开始画起来。虽然环境不是太好，可是心里特别宁静，心无旁骛，画起来，特别出"活儿"。

在画仁田西里胡同的时候，胡同的建筑已经画好，总觉得胡同里不画上几个活动中的人物，这幅画死气沉沉的。于是乎，就在胡同的画面中，添上几个捉迷藏的小孩子。其实，这是老胡同里经常出现的风景。孩子们喜欢跟小朋友在胡同里玩耍，男孩子喜欢一起玩抽嘎嘎、逮木头、扇麻号、推铁环，在胡同里跑来跑去。女孩子喜欢玩捉迷藏,跳房子是拿粉笔在地上画几个方格子,然后,在象征房子的格子里跳来跳去。女孩子玩的最多的是跳猴皮筋，两个女孩子拉着长长的猴皮筋,手举的挺高,一个女孩子活波地跳着,用脚尽量压着越举越高的猴皮筋。

我绘画是需要有一定条件的,不是说坐下来,放好纸,拿起笔来,现在开始画吧。不行的!绘画就是创作,要有灵感,心要静下来,开启想象力,全神贯注。只有这样,方能画出来。

2017年9月

2017 年 9 月 3 日 星期日

今天是休息日，上午九点多，吃完早饭，骑车去黄纬路，先到胜天里，去找李树杰家征集老照片。在楼下正好遇到李树杰与陈卫民在聊天，我跟二人打招呼。李树杰笑道："我就知道你今天该来了，照片找出来了，请进屋坐吧。"进了屋，李树杰去屋里拿出一个纸盒子，里面都是过去的黑白照片。李树

笔者与李树杰合影

李树杰找出来一盒子的老照片

杰将照片全都倒在茶几上，开始找需要的照片。李树杰说："我年轻的时候，喜欢照相，然后自己洗照片，所以，黑白照片比较多。只是可惜没有在胡同里照几张，放到现在就宝贵了。"其中有几张是文革时期的照片，相纸的一半印着毛主席语录或是林彪语录。可以看出，那段历史在每个家庭里留下了烙印，普通百姓只是紧随时代的步伐，这些历史是应该记录下来的。我翻拍下这些照片，详细询问并记录了每张照片的拍照时间、背景等信息。又说了一会儿话，我看看时间，还要去别的家，就告辞了。

我骑车到了胜天里石宝华家敲门，石大姐看到是我，问有什么事？听说要老照片，她说照片不好找，过些日子找找看吧，因为在家看孩子，就不让你进屋坐了。我说，过些日子我再来问问，就上楼去找苏奶奶。敲开苏家门，苏奶奶的外孙子说，姥姥和姨在楼群里的小花园坐着呢。我下楼去找，在张衡和地震仪石雕像前的小花园，见到苏奶奶和她女儿在坐着说话，我上前说明来意。苏奶奶说，照片没有了，都在孩子家里，我又去她老闺女家问问，没有见到人，只能过些日子再来吧。

我骑车穿过黄纬路，来到团结里，想去找陈宝明问一下老照片，刚骑进团结里楼群里，就迎面看到住在平房的牛利，正在院里的躺椅上坐着。我一想，还是先问一下他，有没有老照片可以提供。我骑车过去，牛利也远远看到我过来，他站起来，搬起躺椅，请我到门外坐着说话，我问有没有过去的照片？他说，老照片在文革时期早就烧掉了，一张没有了，只有新的照片。接着，牛利跟我又是一番长谈，说起他家的老事，倒也是补充了一些访谈内容，一直谈到中午 12 点多，我忙告辞，回家吃饭。陈家也没有去成，下午再说吧。

李树杰找出来一盒子的老照片

可是，到了下午，我已经非常疲倦了，睡个午觉。醒来已经四点多了，头还有些晕，只得在家休息，哪也不去了。

2017年9月7日 星期四

上课的时候也在画插画

父亲今天办理出院了，手术后恢复的挺好，毕竟八十岁了，若不是平时身体不错，怕这次就危险了。把父亲接回家，临时雇的护工先跟着回家照顾，再请来保姆。这样，我和弟弟妹妹也就放心多了。

上培训课时继续画插画，今天画的是杂货铺内景，货架上画了烟酒、香皂、油盐酱醋等，柜台上画上三个那个年代放零散糖豆的卧式玻璃缸，一个称重量的秤。售货员进柜台里面去，是经过一个柜台上的翻板。画中的人物，是一位售货员和一位买东西的少年人。在画草图的时候，售货员是女性，在用钢笔画的时候，售货员的头型却画的不像女性。急中生智，将售货员改画成男售货员吧，这也是阵前换将，瞬间易容了，哈哈。

柜台外的少年，在草图中，是递钱给售货员的动作，在用钢笔画的时候，递钱的手怎么也画不好，觉得还是画成手递醋瓶子的动作手势好画些。于是乎，递钱就变成递瓶子了。恐怕这就是顺势而为吧，看来，计划赶不上变化，一笑。钢笔画就是这样难画，毕竟我的绘画基础太差，人物造型、比例、景物的透视感等，都是凭着自己的想象，肯定有很多不准确的地方，恐怕会贻笑大方了。

2017年9月9日 星期六

上午九点，我骑车来到黄纬路，继续找被采访人征集老照片，先到团结里找夏大姐，夏大姐退休前，在橡胶四厂工作过，在厂里是看自行车棚的，是金双路为我介绍的。我上楼找夏大姐，没人应门，走下楼。遇到一位八十多岁的冯奶奶，她热情地帮我按门铃，还是没有人回应。这时，一位五十多岁的男人正在擦汽车，对我说，你采访这位陈奶奶吧，她家可是有文化人。冯奶奶说，他老头子以前是出版社的编辑，文化水平相当高。她女儿写书法，是宁书伦的弟子。我说，那我就采访您老吧。她开始同意，说咱们去前边有座椅的地方聊聊，我跟着她往前走，到了那，她又反悔，说你别采访我了，你去采访别人吧。没办法，只得作罢。我骑车到军民里贾重钢家，贾没有在家，他夫人在，我问照片的事，她说照片没有找到。我问贾大哥是不是去海河边写地书去了，她说你找他也没用。我从包里拿出上次我来采访贾大哥时，给贾重钢拍照的两张照片，给了贾大嫂，我很失望地告退了。

我又到团结里找陈宝明，陈很热情地为我倒茶水，就是没有照片可以提供。出了陈家，我骑车在抗震里转悠，从姜德成家路过，就停下来，姜大哥在屋里看到我了，就出来打招呼，他问我："上次让你采访陈家小人书铺的事，你去了吗？"我说："上次打了电话，没有打通，后来一忙，就没有联系。"姜大哥说："你还是给他打电话，把小人书铺的历史情况写进去。"我答应下来，骑车来到陈家开的卖公墓的门脸房，见屋里没有人，就按照牌匾上的联系电话打过去。陈学良接听了，我说明情况，陈学良答应接受采访，因为他住处离这很远，过几天到五马路来，打电话给我，我再马上过来。我嘱咐他，找一下家里的老照片捎过来。他都答应下来。

每次采访必带的记录本

十一点了，我到军民里于主任家，上了三楼，喊于主任在家吗？于主任的外孙开了门，见于主任在家呢。可是，八十多岁的于主任已经忘了我曾经采访过她。我说，您找找老照片，她翻开一个盒子，只有几个代表证。于主任说："你来的时间不好，正是做饭时间。"我听了这句话，闻到一股烟味，我忙走到厨房，只见灶上的铁锅冒烟了，突然冒出火来，他外孙也跑过来。我忙从旁边拿起一个锅盖，盖住铁锅，锅里的火马上熄灭了。我对于主任说，煤气已经关上了，屋里有烟味，进别的屋里避一下吧。白烟逐渐散去,我不好再打扰,只能抱歉一声,匆匆告辞了。回家的路上,心里很不是滋味,打扰了人家的生活,也没有征集到照片。

下午去军民里陈文仲家,我递给他一张照片,是上次采访他时,我为他拍照的。问他家里的老照片有没有,他说没有,照片早扔了。我说进屋拍照一下家居环境,他说,他女儿在屋里睡觉呢,我只得作罢。

我在四个居民区拍照，尽量拍一些代表居民区风貌的照片，当做书中的插图。我在四马路与黄纬路交口处的木牌坊前驻足,牌坊上的匾额是行楷四字:松竹碧影。这个木牌坊虽然是前几年新立在这里的,却很有文化韵味。这个路口是四个居民区的交汇处,在这里拍照对于我以及这里的居民是最有意义的。可能再过数十年,这个牌坊也会成为这里的记忆坐标,供后人追忆的吧。

2017年9月11日 星期一

下午一点半了，我刚做好饭，抗震里陈学良打来电话，说他现在就在五马路，如果有时间就马上过来吧。我听了很高兴，说等我吃完饭，一会儿就到。

陈学良夫妇和三姐合影

陈家1949年前后，是在黄纬路上开小人书铺的，就在马公祠附近。我想写一下小人书铺的历史情况。采访陈家也许是我在黄纬路的最后一次采访活动了。我吃完饭，骑车来到五马路抗

陈学良找出来保存的老照片

震里的陈家。陈学良和他的大姐、三姐也在，陈学良非常热情地为我讲起他家跟马公祠的渊源。因为，马公祠的历史变迁，是我非常关注的，而陈的姥爷是看祠堂的，马公祠殿堂拆掉的过程，陈家也挺清楚，我意识到这次采访非常有意义。陈还讲起他父亲开小人书铺的往事。陈学良是一位非常爽朗的人，说着话总是哈哈笑着。陈找出一张与小人书铺有关的照片，是陈学良的母亲在公私合营后，与小人书铺同仁的合影照片，照片上书写着："河北区图书租赁业纪念三八国际劳动妇女节五十周年合影"。从这张照片可以看出小人书铺在公私合营后，改成图书租赁的情况，是难得的一张历史照片。

陈学良讲述马玉昆的家眷曾经存放在陈家的四只樟木箱的往事，这四个樟木箱至今还在陈家。我说，能不能把那四个樟木箱拍照下来，通过微信发给我，陈学良答应下来。

采访后，我给陈学良拍照，又让陈学良的爱人和三姐一起合影。这次采访挺成功，感谢陈家的积极配合，也感谢姜德成的介绍玉成。

2017 年 9 月 14 日 星期四

这些日子，每天低头画插画，颈椎的毛病已经很厉害，夜里失眠，半夜里醒来，再也无法入睡。白天头晕，什么也干不了。午后，强打精神继续画插画，为了尽量少低头，我将一个小凳子放在书桌上，凳子上铺一块板子，这样就可以站着画。下午时间，继续完善黄道里胡同图。这是我爱人曾经住的胡同，她家九号院外，有一颗挺粗的柳树。她的童年少年时期，经常在这颗树下乘凉，写作业。所以，我要在图中主要位置画出这颗大柳树来。四知里是黄道里的横胡同之一，胡同的自来水管的位置，是在封堵的四知里口处。远处

因为颈椎的问题，绘图时加了一个小板凳，站着画

康永顺在自家门前

是黄纬路，马路对面是东兴里。这张图的位置是准确的，图画的表现形式是俯视。因为，黄道里是一条很宽的胡同，从这个角度看，才能看出胡同的特点。

画到三点钟，这颗柳树算是画好了。想着陈家小人书铺有关的照片里，有一张照片忘了拍照了。联系陈学良，他说，你随时去抗震里找我三姐，照片在她那。我骑车到了陈家，摁响门铃，三姐来开门，很热情地让我进来坐，她进到里屋，拿出来两盒老照片。我找到那张照片翻拍,又跟三姐聊起来。三姐对小人书铺的记忆特别深刻,我觉得应该将她讲述的内容记录下来。我就让她给我再讲讲他家开小人书铺的情况,我打开了录音功能,三姐将她童年时代的记忆,详细地讲给我听。等她讲完后,我特意给她拍照,把她也当做口述人之一。我让三姐再讲讲小人书铺的室内布局,我好回去画一幅小人书铺的插画,我按照三姐讲述的,画了一幅屋内陈设平面图,让三姐看看。三姐看后,肯定地点点头,这样我就能回去画一幅立体图了。三姐的爱人一直病着,三姐不时地进屋去照顾,我看时间不早了,就告辞出来。

我骑车从抗震里楼群里穿过去,路过康永顺的家门口,他正在屋里洗菜,我喊他一声,他看到是我,走出来跟我说话,我让他找找家里的老照片,他说过几天找找看,我又给他在门口照了几张生活照,看到他家养的两只小猫。我说,您抱着小猫一起照相吧。康永顺就抱起两只小猫, 在门外小猫的立体猫窝上照了几张相,挺好玩的。

2017年9月15日 星期五

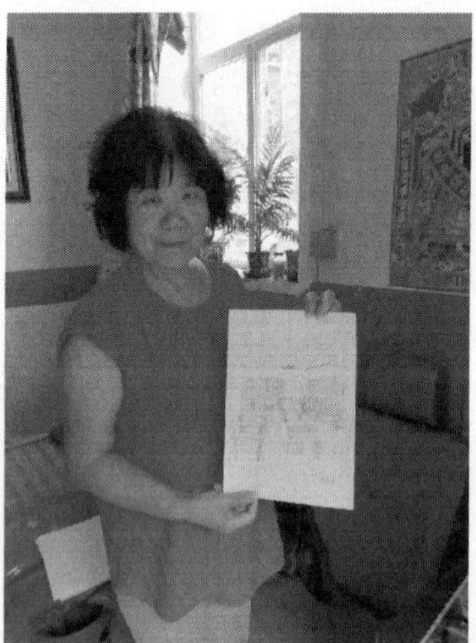

陈学霞拿着陈家小人书铺插画照相

父亲回自己家养病，书房空出来了，我将之恢复了书房的功能，这里又成为我每天读书写作的好地方。每天我都要把书房擦的一尘不染，将书柜里的书籍，重新整理了一遍。家里的卫生环境、精神面貌是很重要的嘛。

下午继续完善黄道里图，九号院外的柳树已经画好了，再把胡同里房屋画全，就算完稿了。再将画稿放进插册里，完成一项任务。

拿出一张纸，用铅笔画陈家小人书铺室内的草图。画好后，觉得挺满意，就是不知道相似度是多少？还是再跑一趟，让曾经在小人书铺里经历过的陈家三姐看一看，再修改一下。然后，我就可以定稿了。说去就去，我带着这幅草图，骑车到了陈家，三姐看了这幅草图，连连点头，说很像很像！画的比真实的还好。我让三姐拿着这幅画照了张相，见证他家小人书铺的图画。

黄纬路团结里边道上坐着很多聊天的老人

出了陈家，我骑车在四马路的四大居民区里，到处拍照。这里的楼房新貌，也是要拍照下来。特别是楼房的标识的地方，更要多拍几张。在黄纬路团结里边道上坐着很多聊天的老人，我停下车，走过去拍了几张。这些老人看我朝着他们拍照，看了我一眼，没有任何表情，继续聊天闲坐。

我在胜天里张衡石雕像前，找正在下棋的曾经采访过的老人，让他们回去找找家里的老照片。两位老人都是摇摇头，说没有老照片了。我说，您回家尽量找找，不着急，过几天我再来。

2017年9月19日 星期二

这几天在画巷肆的插画，接连去了四马路巷肆几次，从不同的角度拍照。由于现在是秋季，树木茂盛。无论你站在哪个位置拍照，也不能拍下巷肆建筑的全貌，只能一部分一部分地拍照。在作画时，感到哪个窗户位置不确定时，就再次来到巷肆，仔细观察一番，窗户的数量、位置、形状，力图准确些。

进了巷肆书吧，拍一些室内的照片，这里的工作人员已经认识我了，给我提供很多方便。我提出上楼拍几张院内的全景，看到院内停放两辆车，拍照的效果肯定不佳，只得作罢。

回到家再继续画，画好一幅画，真的需要几天时间才能完成。到了用钢笔的时候，就要全神贯注，一丝不苟地趴在桌子前，慢慢地画。颈椎的毛病越来越厉害了，只得画一会儿休息一会儿，一画起来就是连续几个小时。这些天工作也特别忙，父亲的出院手续虽然已经办完了，因为是在家摔伤的，不能走医保报销，要到医保中心的意外伤害险办理报销手续。需要先去医院的档案室复印病历,还要去看望父亲,感到时间真是紧啊。

2017 年 9 月 23 日 星期六

上午去海河边，是想找贾重钢，问问老照片的事，他家住在军民里，离海河边不远，听说他经常去那里写地书。我不好再去他家，由于上次去他家问老照片的事，已经跟我说没有了，再去恐怕就不合时宜了，去海河边“偶遇”比较好些。因为，我在采访一位老住户，在他提供的照片里，有一张是贾重钢的母亲和大妹妹的合影，我拍下来，让贾认证一下，并趁机让他再找找家里的老照片。

我在海河边的“天津之眼”永乐桥旁转悠两圈，也没有看到贾重钢，只得骑车回到抗震里，到了康永顺家门口，康在跟几个人说话，我走过去问照片找到了吗？康说没有找到，记得有两包老照片，不知道放哪了，过几天再找找看。我说您尽量找找，我过些天再来吧。

干什么事都是不容易，做这项工作就是这样，是要有锲而不舍的精神，坚持做完做好。

骑车到了中山路，突然想起，应该去一趟住在中山路军区大院的李桂芝奶奶家。她今年已经90岁了，她曾经跟着丈夫去朝鲜参加抗美援朝，经历不凡。因为我姑姑曾经在这个军区大院的将军楼里住过，所以，我跟李奶奶很熟悉。我曾经采访过她老人家，还没有给她拍照片呢。刚骑进军区大院，就看见李奶奶在跟一位邻居说话，我走过去跟李奶奶打招呼。李奶奶看到我，招呼我去她家说话，我跟她说着话，进了她家。提出要翻拍一些家里的老照片。李奶奶翻出两个盒子，找出几张老照片来，让我拍照，有她跟丈夫在抗美援朝时期在朝鲜的合影照片，也有她与家人的合影，我都翻拍下来。屋里镜框里的她与丈夫在朝鲜的合影，我是以前就拍照过了，这次就不再拍照。我又让李奶奶找出一直珍藏的勋章，李奶奶说，就在这盒子里呢，说着从大盒子里，拿出几个红色的小盒子。这些勋章里有抗美援朝的勋章，有李奶奶热心参加公益事业得的奖章，一共有六枚，我都拿到窗前的桌子上拍照下来。

最后，我给李奶奶拍照，李奶奶打开柜子，拿出一套出席正式会议时穿的西服套装，要换上。她女儿进来说："现在天还这么热，又是在屋里照相，穿这一身多热呀，穿着短袖的就可以，我给您找我新给您买的那身衣服。"说着，从柜子里拿出来一身绸缎的衣服，让李奶奶换上。换好衣服后，站姿和坐姿各照一张，每次照相的背景里都有她与丈夫在抗美援朝时期在朝鲜的合影。拍照后，我拿出记录本记下李奶奶家的电话号码，告辞回家。

下午继续画插画，一鼓作气，将巷肆外景的插画画完了。这幅画画了很久，巷肆的整面外墙上，那么多的窗户，位置、大小、形状都有不同，所以，要画准确了，就需要反复的修改。这幅画已经画了七张了，今天是最后一幅定稿了，我长吁了一口气。

33幅插画基本完成了，只剩下马公祠图，需要重新画。恐怕还需要几天时间才能完成，一直画到半夜一点多，还没有画好。明天继续吧！唉，总是明天明天，心里着急。

2017年9月25日 星期一

今天是单位发薪的日子，忙活了一天，傍晚回到家，没吃饭先画“马公祠全图”，祠堂门前的石狮子也不好画，因为纸太小，要表现的场景却很大，想画细致了很难。前些天，我将四张A4纸粘拼在一起，就是一幅大很多的画稿了，因为收拾书房时，不知道放在哪了，另外，画稿太大，也不便于插册存放，只得作罢。

这幅插画，其实是在五月份就开始画了草图，因为画起来难度大，还需要住在马公祠周围的老住户的回忆和多次补充，才能画的离原貌接近些。如今只剩下这幅画了，只能硬着头皮画下去。这次将主殿前的平台上加上汉白玉的石栏，房屋的位置也调整了一些。

画到半夜时分，这幅画才画完。这样一共画了33幅，插画已经全部完成。我如释重负，精神也轻松了很多。

下一步再整理采访日记，我觉得只有被采访人的口述，是不全面的，应该有一个对被采访人的介绍和家庭背景以及采访过程做一个补述。这样,才比较全面地了解了采访稿的全部内涵。如果不能在每篇采访稿后,作一篇补充介绍,那就写一篇采访日记来补述,也不失为一个好方法。

2017年10月

2017年10月3日 星期三

国庆节黄金周,许多亲友都去旅游了,我没有闲暇时间去,还是在家继续整理黄纬路的访谈资料。自从上月底完成了全部插画后，马不停蹄地整理采访日记,将记在记录本上的采访日记,输入电脑,存入文档。需要干的活还很多,只能一项一项的完成,着急也没有用。

新买的高配置的电脑挺好用！每天文字处理,就应该有一个好一些的电脑,工具是很重要的。说起电脑,也挺有意思,最早是买的台式电脑,淘汰以后,买笔记本电脑,觉得省地界儿,还能移动使用。等到笔记本坏了,正赶上一体机,也挺省地界儿,只是用了三年,运行速度越来越慢,经常自动关机,再开机一看,刚打的字一下子就没有了。沮丧的很,只能是,打两行字存一次盘。这也不是事呀,去维修店一问,原来是散热的问题,一体机的短板就是散热问题。想想还是买一台新的吧,于是从网上选了一台高配置的商用台式机,花了六千多元。唉,换来换去

将电脑垫高防止颈椎病发作厉害

还是回到台式机，看来，台式的电脑才最适合我。我将电脑用几本书和画册垫高，这样可以平视显示器，以防长时间低头看电脑颈椎病厉害。

采访日记已经整理了五万多字，尽量记细一些，只是我惜字如金，从来不会长篇大论，简单记清楚了也就罢了。从出去走访到采访录音的整理，再到绘图、校对，将这些过程全都记进采访日记里，也是特别有意义的事情。既记录了采访中的过程、花絮，也是对被采访人的补述，又记录了自己艰辛走访的历程。采访日记应该是田园调查、口述历史工作，不可缺少的一部分。

2017年10月5日 星期四

这两天完善平面示意图，一共8张。因为，我没有接触过电脑绘图，只能用钢笔手绘一张平面图，不注上文字，拍照后，上传到电脑，用照片处理软件，将文字PS在图上。这样，也有一些电脑绘图的效果。其实，我学用电脑绘图也没有问题。只是，电脑不好下载软件，上个月曾经想下载绘图软件。没想到，绘图软件没有下载到，却下载了一堆流氓软件。电脑马上就不好用了，费了好大的周折才得以恢复，所以，不敢轻易下载软件了。

黄纬路四个居民区改造前的胡同平面图，画起来挺顺利的完成了。接着画橡胶四厂和荣家宅院及四马路到五马路商业街门脸商铺的的平面图，也顺利的完成。从早晨到下午四点，一直在画着，最后还差一张三马路商业门脸图没有完成，因为东兴里对面有一个胡同没有标上胡同名称，当初也忘记问了，资料也不好查。没办法，只能去一趟黄纬路，找老住户问一下。

胜天里小花园是居民聚集的地方

下楼骑车先到胜天里，去找宋梦篁老先生。正巧，宋老先生在楼下跟人说话呢，我推车走过去，拿出图来问宋老先生。他看着图，说这个胡同具体的名字也想不起来了，只是记得大家都叫修车胡同。因为，在那个胡同口一直有一个修车摊。他说，你去问一下住在前面楼栋的95岁的潘奶奶，她女儿以前就住在这个胡同里。

我从包里拿出一张曾经采访过的赵大爷的照片，问宋老先生认识吗？他说，赵大爷就住前面的楼栋里，天天看见他。我说，那您转交给他吧。宋老先生接过照片。我又一想，最好还是再见赵大爷一面，征集一下老照片。我又拿着照片去找赵大爷，上楼敲门没有人开门。宋老先生说，你去小花园找找看，他经常拿个小马扎在那坐着。我骑车来到张衡石雕像的小花园，那里总是有十几个中老年人下棋聊天，我转了一圈，没有找到赵大爷。遇到两位曾经采访过的老人，再次问老照片找到了没有？他们专注于看棋，回答还是没有找到照片。

我骑车到军民里找老住户问老照片的事，去敲门也是家里没有人，那就回家吧。

2017年10月8日 星期日

早晨起床看到外面还在下着小雨，原准备上午去黄纬路团结里，拜访曾经在橡胶四厂工作的夏大姐，想让她帮我找橡四的科室干部。只是秋雨阴凉，不便造访。

这两天我在为这本书写前言，微信向王振良先生讲了一下写作进度，并将三幅画好的插画发过去。王振良肯定道，画的挺好，有味道！并嘱我写前言的时候，重点写选题的意义，选题过程，寻访过程，操作方法，侧重于学术。再写一篇后记，交代一下与学术无关的杂七杂八。

雨天清净，泡茶写文，最为相宜。写至深夜，前言基本成稿，后记也一挥而就，只待最后再补充内容。

2017年10月10日 星期二

从前天到今天，一直下着雨。今天只是从昨天的中雨转为小雨，天气降温的很多。我将黄纬路东兴里的老胡同图发到二姐王建新的老邻居群里，让曾经住在东兴里的附近的潘欣荣给指点一下，看看哪里画的不准。潘欣荣画了一幅东兴里临宇纬路的图，沿街的门牌号都标的一清二楚。按这样修改的话，东兴里的图更全面一些了。

下午，我给住在新大路庆记东里的二姑苏秀芬打电话，问一问连雨天，庆记东里是不是淌水了？二姑说，不是大雨，不会积水。我询问新大路什么时候开始拆迁？二姑回答说，还没有开始，也许会推迟。我说，最近也没去新大路，天天忙着整理黄纬路的口述史。有什么需要帮忙的事，尽管说话。二姑说，你天天挺忙的，有事也不好意思麻烦你。

放下电话，只为新大路的拆迁放缓，心里略微轻松了一些。最近每天忙着整理黄纬路的书稿,有一段时间没有去新大路采访了。因为新大路今年要动迁,所以,总是想抢时间,在拆迁之前,完成新大路口述史采访。我就希望拆迁能够推迟时日,给我赢得一些时间。

通过这一年多对中山路的采访,我与很多的被采访者成为好朋友,互相之间有什么需要帮忙的,都是尽心尽力去帮忙。特别是有些年纪大的老人,我尽量给予帮助。

2017年10月15日 星期日

这几天在做校对书稿工作，还是差很多被采访人的老照片，另外，我一直在等着一位曾在橡胶四厂的人事科长，是要听夏大姐的信。

上午九点多，我骑车去黄纬路，先到团结里找夏大姐问问人事科长旅游回来了没，夏大姐开了门，说老科长刚从新疆旅游回来，我跟他联系，然后给你打电话。我又写了一张电话号码给夏大姐，又拿出一个青瓷小礼品盒送给夏大姐，夏大姐说什么也不要，关上了门。我道了谢，走下楼去。

骑车到胜天里找八十多岁的赵桂华，问问有没有老照片，他老伴开门问找谁，我问赵大爷在家了吗？他老伴说，他在三马路的妇幼医院门口坐着呢，你去那找他吧。我骑车到了三马路，果然赵大爷坐在马路边晒太阳，周围坐着几位老人在聊天。我走过去，赵大爷看见我笑了笑，我递上上次采访他时，给他照的照片，让他回家找找早年的老照片，赵大爷摇摇头说："没有照片，我不喜欢照相。"我说:“找找您小时候的照片,跟家人合影的照片。”赵大爷笑道:“我小时候在农村,不照相。”我说:“中年时期的呢?”赵大爷说:“有一张照片挂在家里镜框里,是有一年呀,我在三马路边喂一只喜鹊,这只喜鹊跟我熟了,飞到我手上吃食,我回家,喜鹊也跟着我回家。我儿子给我和喜鹊照了一张相,这样的照片行吗?”我说:“行啊!”赵大爷说:“下次,你去我家去照吧。”

赵大爷在路边给一只喜鹊喂食,喜鹊感恩跟着赵大爷回家

我打电话给住在胜天里的一位老大姐,想问一下她,老照片找到了没有?接电话的是别人,说她出去了,没带手机。我又给军民里的田先生打电话,问他什么时间有空,补拍一张照片。田先生说,我正在上班,傍晚6点吧。

我来到团结里,找陈宝明大爷,我在整理他的访谈记录时,出生日期一栏,不知当时是什么原因,只写着75岁,没有具体出生年份。上楼敲门,没有回应,估计出去购物了。下楼远远看见八十多岁的邓伟堂,刚买了大饼准备进楼栋上楼,我忙过去喊住他,问老照片找到了吗?他说:“照片有啊,相册这么一摞,就是不知道放哪了。”我说:“让您孩子帮着找找,过些日子我再来。”邓大爷点点头,上楼吃饭去了。

我在四马路与黄纬路交口的牌坊前,拿出手机拍照了几张。也别说,这路口有这牌坊,就显得这路段的人文环境提升了不少,这是中国的历史文化在生活中的体现,是我们中华民族的图腾。

已经是中午时间了,骑车回家。吃完饭,继续整理文稿,将每次出去采访时,经常带的记录本里的内容、草图拍照下来,可以放进采访日记里配图。忙到 7 点,却忘了与军民里田先生定好的 6 点见面。给田先生打电话过去,表示歉意。田先生说:“我也回来晚了,没关系,下次再说吧。”是呀,天黑了也没法拍照,只能下次再说了。

晚上,我在整理有关四马路的文稿,手机响了一下,我打开看,是住在胜天里的那位老大姐来的短信:“请你以后不要给我打电话, 我老娘岁数大有病离不开我,千万别去我家,我先生不支持,影响情绪,不好意思了,拜托了。”我看了短信也觉得不好意思,因为采访的事,给人家带来不愉快,这不是我的初衷。这位老大姐喜欢天津的历史文化,对我的采访很支持,可是他先生特别反对。其实,对她家的采访稿已经完成了,只是差几张配图用的老照片。这就没有办法,不能再给人家添麻烦了。我回复道:“好的!您已经帮我很多了,实在对不起,给您添麻烦了。”

2017年10月17日 星期二

下午又在整理采访日记，这几天给每一篇日记配照片，这时才觉得采访相关的照片太少。因为我平时在采访中，很少拍照，也就是说当时没有这个意识。如今再补，却很困难了。虽然我在早年很喜欢摄影，这些年一直忙于工作，将摄影这个爱好荒废了。我又多次到黄纬路四个居民区拍照，也只是拍一些楼房街道的照片，口述人的照片没法再补了。另外这些天一直阴天，

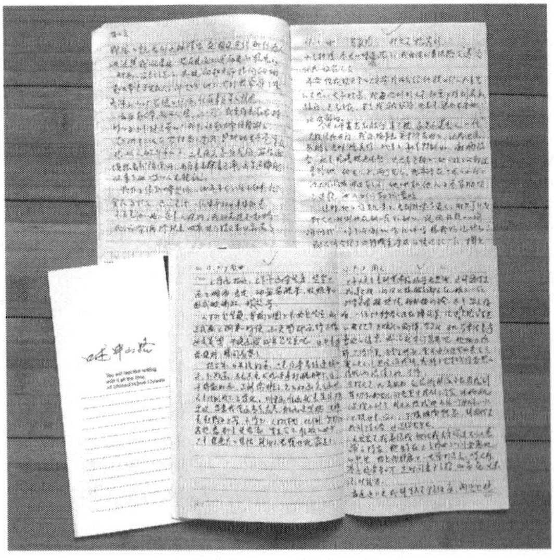

采访回来写的采访日记

还总是下小雨，给拍照造成困难。

我将33张插画原稿都从插册里拿出来，该落款盖印章的都补齐了，只是这些插画大多数不适合落款，只适合盖一枚印章，否则画面上显得比较乱，只能越简单越好了。做完这项工作，用手机给每一幅插画拍照。可是，拍出来的效果很不好，很多张插画的画面不正走形，光线灰暗。我想，也许用扫描仪应该能解决这个问题吧。可是，去哪找扫描仪呀，还是自已想办法。试了几种方法都不行，最后想的办法是，将手机放在小桌上，镜头探出来一部分，画稿放在凳子上，凳子面再放上一块玻璃板，画稿四边用长尺压好，避免拍照出来画面走形。就这样，一张一张仔细地拍照，三十三张插图拍完后，上传到电脑进行修图。看每一幅插画的效果还不错，也只能这样了。

后 记

从2016年9月开始启动河北区四马路巷肆创意产业园及其周边四大居民区的口述史采访，到最后整理和校对，用了一年多的时间。在这段时间里，我的大部分时间都是在采访、整理录音文稿中度过的。别的写作选题都暂时放下，只有专注，才能做好一件事情。

我自己为书中画了插画33幅，历史复原平面图8幅，历时三个月才完成。我每天趴在桌子前，一笔一画地作画，累得我犯了颈椎病，苦不堪言。搞口述史真的很累，所以我很能理解写“口述津沽”的张建老师的辛苦，确实不容易。

采访日记的前半部分是后来根据有关采访笔记补写的，难免记录得不太全面。可是，我觉得这个日记特别重要。因为，只有口述人自己的讲述，缺少了对采访过程的叙述，缺少对口述人及家庭情况的了解，是不完整的。对于这些缺少，采访日记正可以弥补上，使口述记录更完整，更生动。

在这期间我还去新大路的平房区采访，因为我听到确切消息，新大路大片的平房区在2017年10月份开始拆迁改造。所以，在这一年里，我心急如焚，实在忙不过来。我抓紧时间抽空去新大路采访老住户，只成功采访了23人。而我的能力有限，只能专注地做一件事情，不得已将新大路放一放，先完成黄纬路和四马路这个选题，再继续完成新大路的采访。口述中山路这个系列选题，我也许还会继续进行下去。

我真诚地感谢居住在黄纬路这四个居民区的居民对我的理解、信任、帮助和支持。感谢姜德成、王建新、刘春梅等人对我的帮助，为我介绍老住户，使我尽快完成采访任务。我还要感谢《今晚报》副刊主任王振良先生对这个选题的提议，以及对我的点拨和支持。感谢巷肆创意产业园工作人员对我提供的帮助，感谢问津书院和天津古籍出版社能够接纳这本书，感谢责任编辑唐舰老师付出的辛劳。

书中肯定有错误和瑕疵，望专家和读者指教。

张振东　2017年10月28日